儒家文学史纲

黄玉顺 著

海天出版社
HAITIAN PUBLISHING HOUSE

· 深圳 ·

图书在版编目（CIP）数据

儒家文学史纲 / 黄玉顺著 . — 深圳 : 海天出版
社，2020.8
ISBN 978-7-5507-2858-5

Ⅰ . ①儒… Ⅱ . ①黄… Ⅲ . ①儒学—关系—中国文学
—文学史研究 Ⅳ . ①B222.05②I209

中国版本图书馆 CIP 数据核字（2020）第 034940 号

儒家文学史纲
RUJIA WENXUE SHIGANG

出 品 人　聂雄前
策划编辑　韩海彬
责任编辑　韩海彬　何旭升
责任技编　梁立新
装帧设计　深圳市无极文化传播有限公司

出版发行　海天出版社
地　　址　深圳市彩田南路海天综合大厦（518033）
网　　址　www.htph.com.cn
订购电话　0755-83460239（邮购、团购）
印　　刷　深圳市华信图文印刷有限公司
开　　本　787毫米×1092毫米　1/16开
印　　张　22
字　　数　305千
版　　次　2020年8月第1版
印　　次　2020年8月第1次
定　　价　68.00元

目 录

绪　论

绪　论[1]

关于儒学与中国文学的关系，有学者归纳了这样三条："首先，儒家文化开辟了中国文学发展的道路"；"其次，儒家的理论和实践，奠定了中国文学的基石"；"再次，儒家文化思想濡化了历代文学家的灵魂"。[2] 这个归纳充分强调了儒学对于中国文学的历史作用，但是不够确切，或者说失之简单化。我们显然既不能简单地说就是儒家文化开辟了中国文学的道路，也不能简单地说就是儒家文化奠定了中国文学的基石；但是我们也不得不承认，儒学对中国文学确实发挥过巨大的作用。充分认识这一点，对于我们准确把握过去、今天，乃至未来的中国文学现象肯定是大有裨益的。

这里，我想着重提出五点讨论。

一、我们今天对儒学所应持的态度

自从"五四"以来，甚至更早些时候，儒学就不断遭到批判、攻击；到"文化大革命"，这种攻击达到了无以复加的猛烈程度。然而，儒学虽然失去了过去的崇高地位，毕竟仍然顽强地生存着。不仅生存着，而且正在昂然地走向世界。说真的，我实在是不能理解那些直到今天仍然对儒学持"全盘否定"态度的同胞。为什么不能对儒学全盘否定？因为：

儒学乃是中华民族的自我意识。一个民族犹如一个人，他的精神中最核心、

---

[1]　这篇绪论曾以《论中国文学与儒学的关系》为题，收入文集《独立苍茫自咏诗——黄玉顺早期文存》，四川人民出版社 2018 年 9 月版。

[2]　吴定宇：《儒家文化与中国文学》，见《学人》（第 4 辑），江苏文艺出版社 1993 年版。

最根本、最具有生命意义的就是自我意识；丧失了这种意识，也就丧失了自我，那就虽生犹死、虽存犹亡了。这种自我意识在民族文化上的体现，就是"民族文化主体意识"。亡国不可怕，还可以复国；真正可怕的就是丧失了民族文化主体意识，那就真是万劫不复了！儒学作为民族意识的文化表现，正是中华民族的自我意识——中华民族文化主体意识。

儒学又是"大中华文化圈"得以维系的唯一精神纽结。试问在我们这个民族众多、散布广袤的大家庭里，有哪一种思想文化传统，足以获得普遍认同，从而避免分崩离析？你别无选择，只能是儒学。海峡两岸暨香港、澳门，以及海外，中华民族的共同精神文化命脉，唯在儒学。只有儒学才是我们共同的文化基因、共同的精神血缘。舍此，其后果是难以想象的。

儒学还是人类世界精神文明的重要一极。自"轴心时代"以来，世界分别形成几大文化传统，后来其他几个文化传统陆续衰亡，唯独中华民族文化传统虽屡经危难却仍然绵延不绝。近代以来中华文化确实陷入了空前的危机，而西方文化却一枝独秀；但时至今日，越来越多的有识之士已明白看出，世界正在向多极化方向发展，西方文化的"一言堂"正在被冲击，东方文化正在复兴，中华文化正在崛起。虽不能说 21 世纪就是中国的世纪，但在未来世界的文化论坛上，必定会有中华文化发出的强有力的声音。而儒学作为中国文化的重要传统，无疑是未来中华文化重要的发言人。

我的意思并不是说儒学已经是尽善尽美的了，正相反，儒学确实存在许多问题，必须进行现代化转换。其实，许多人已经做过或者正在做着这方面的工作。这个工作还将继续下去。但那是另一个问题；这里的问题是：对儒学应持一种怎样的基本态度？我想说，儒学是我们全体中国人文化精神上的父亲。无论他是怎样的疾病缠身、老态龙钟，你都不应该遗弃他，而应当去理解他、帮助他、救治他，让他返老还童，"长生久视"，这才是我们应有的态度。

二、儒学的本质

什么是儒学？迄今为止已经有许多说法：封建主义哲学，封建专制意识形态，"吃人的礼教"，统治阶级的官方哲学，心性之学，内圣外王之道，等等。这里有一个逻辑常识问题，就是对于任何一个概念，我们都可以给出若干种不同的定义来，而且它们都是正确的。例如"人"，可以有种种说法：无毛两足动物，会思考的动物，会说话的动物，社会动物，政治动物，会制造工具的动物，会劳动的动物，等等。但是，在这些不同界定中，总有一个是最能揭示其本质规定的。我的判断是：儒学是中华民族最基本的意识形式。也就是说，它是中华民族最基本的情感形式、意志形式和认知形式。

儒学是中华民族最基本的情感形式。它的核心，即"仁者爱人"；不仅爱人，而且"仁民爱物"，由人类而及于自然，"民胞物与"。这种仁爱情感的艺术升华，就是"诗乐"文化。孔子曰："兴于诗，立于礼，成于乐。"[1] 如果说"礼"是"仁"的外部表现、理性设置，那么"乐"就是"仁"的内在表现、情感设置。所以《诗大序》云："诗者，志之所之也。"这里的"志"就是"情"，故"诗言志"[2] 即后世所谓"诗缘情"[3]。所以又说："情动于中，而形于言。言之不足，故嗟叹之；嗟叹之不足，故永歌之；永歌之不足，不知手之舞之、足之蹈之也。"可见"诗乐"乃是"情""动于中（内心）"的结果。诗与乐，是中华民族的最高情感形式。

儒学又是中华民族最基本的意志形式。它是中华民族生命意志的体现，是其生存方式的反映、生命意向的表达。正是在这个意义上，我把儒学以及中国哲学视为一种"东方生命哲学"[4]。它的终极关怀是中华民族的生存问题，它的基本内容是民族群体的生存结构："仁"是其内在结构；其外化，便是"行

---

[1]　《论语·泰伯》。
[2]　《尚书·尧典》。
[3]　陆机：《文赋》。
[4]　关于中国哲学之为"生命哲学"，可以参看拙文《生命结构与和合精神——周易哲学论》，载《社会科学研究》1998年第1期。

而宜之之谓'义'"[1]，于是有"礼"；"礼"是其外在结构；这些都是形下结构，其形上结构则是"一阴一阳之谓'道'"[2]；"道"之在人、在物者，便是"德"。儒学把"天地人"视为一个宇宙大生命系统，"天人合一"，以"天"（自然）为本，以"人"为贵，以"致中和"、求生命存在之和谐。

儒学还是中华民族最基本的认知形式之一。这是一种"主体思维"——情感体验型的意向思维，自我反思型的内向思维，主体实践型的经验思维，自我超越型的形上思维。[3] 这种认知形式的基本内容，就是"格致诚正""学问思辨"。《大学》云："欲修其身者，先正其心；欲正其心者，先诚其意；欲诚其意者，先致其知；致知在格物。物格而后知至，知至而后意诚，意诚而后心正，心正而后身修。"这种"内圣"之道始于格致，终于修身，过去囿于旧说，以为只是一种道德修养理论。其实，"格致"是有普遍的认知意义的，近代以来，已将科技纳入"格致"的语义范畴。[4]"格物"为实践，"致知"为认识。认识的过程，就是"学、问、思、辨"和"行"。《中庸》云："博学之，审问之，慎思之，明辨之，笃行之。"这同样是具有普遍的认知意义的，不可局限于道德修养上。"学问思辨"是认识的问题，"行"则是实践的问题。综观上述，儒家学理的认知形式，就是"实践——认识——实践"的结构，这是一种普遍的认知结构。

三、儒学的要义

儒学最基本的思想，我想可以用《礼记·中庸》开宗明义的三句话来作一个总括：[5]"天命之谓性，率性之谓道，修道之谓教。"这里，须作两点说明：

其一，第一句"天命之谓性"，是讲人性的形而上学依据的。人性乃是天（自然）所赋予的，所以叫作"天命"。但所谓"天命为性"，是从天的角度来讲的；如果从人的角度来讲，应该说是"得天为性"。人得天命而成人性，叫作"德

---

[1] 韩愈：《原道》。
[2] 《周易·系辞传》。
[3] 参见蒙培元：《中国哲学主体思维》，人民出版社 1993 年版。
[4] 明清许多学者称"科学"或"物理学"为"格致之学"。
[5] 以下参见拙文《儒家哲学的三句真谛——〈中庸〉开篇三句的释读》，《中州学刊》1999 年第 5 期。

性"（德者，得也）。德性得自天，这就叫"得天为性"。不仅人，万物也都是得天为性的，此即《周易》所谓"乾道变化，各正性命"[1]。物得天而为物性，人得天而为人性。只不过人"得天独厚"，而最尊贵。

其二，第三句"修道之谓教"，是讲人生修养问题的（不仅指道德修养，也包括知识修养）。儒家之讲人生修养，其终极便是"天"。如孟子讲由"尽心"而"知性"，由"知性"而"知天"。其实知性本身已是一种知天了，因为得天为性，性本身便是一种天，故称"天性"。"知性"是知这个小"天"，"知天"是知那个大"天"；而这两个天本来是相通的，所以才能由知性而知天。这有点像西文的 human nature（人性）本来便是一种 nature（自然），人性是"人的自然"。人即天，人道即天道。在这个意义上，应说"修道为天"。

所以《中庸》开篇那三句可以复述为：得天为性，率性为道，修道为天。这是一个"环"，所谓"圆而神"。圆上有三个点（天、性、道）和三段弧（由天而性，由性而道，由道而天），圆心即所谓"中"，那就是"人"。这意思是说：性不离人，道不离人，天亦不离人。这个圆可以说覆盖了古今中外一切哲学的基本课题，略述如下：

第一个点：天。对"天"的探索，即所谓"本体论"（此处狭义）。"本体"含义有二：一指万有的"本原"（origin），这是宇宙论的课题（详见下段）；一指万有的"本质"（essence），这是本体论（狭义）的课题。就"天"被理解为存在的"本质"来看，儒、道、释是相通的：无论我们认为他们的看法属于哲学意义上的，还是神学意义上的，都已陷于偏狭，因为"天"本是个非分析性的（未曾分化的）观念，既是自然（所谓"唯物的"），也是理念（所谓"唯心的"），又是上帝（所谓"神学的"）。"天何言哉"（孔子），"天地不仁"（老子），这是自然之天；"天地之大德曰生"[2]，"天行健，君子以自强不息"[3]，这是理念之天；"天之未丧斯文"（孔子），"天之道，损有余而补不足"（老子），这是神性之天。其实它们就是同一个天，即万有之同一本质。

[1]　《周易·乾象传》。
[2]　《易传》。
[3]　《易传》。

"天"有时指万有的本质,有时却指万有的存在本身。自然是天,社会是天,心性是天,一切是天。自然是天,自不待言;社会是天,以其无意识、不可控方面而言;心性是天,也是以其无意识、不造作方面而言。这就是道家讲的,不论人、社会、自然界,"无为"便是"自然"("自然"一词,从语义上来看,就是"自己如此"),也便是"天"。中国美学是最重"天"的,讲究天然、天真、"天籁","清水出芙蓉,天然去雕饰"(李白)。

第一段弧:天—性。这是讲"天命",从人来看则是讲"得天"(德性),是讲人性的来源,即上文说的"得天为性"。在哲学上,这属于宇宙论的问题;其目的,在于揭示人、人性的生成过程。上文说"天"为万有之本质,是中国哲学的本体论(狭义);这里说"天"为万有之本原,是中国哲学的宇宙论。中国哲学的宇宙论最关注人、人性的生成,追寻人之本、生之本。在美学上,则是关心审美德性的生成。上文说过,得天为性,谓之"德性";"爱美之心,人皆有之",也是一种德性、天性,谓之"审美德性"。这是全部儒家美学的基石,或曰儒家美学的形而上依据。

第二个点:性。对"性"的探索,是所谓"人性论"的事情。这里与上节讲人性的来源或其形而上依据不同,是讲人性的具体内容及其本质的。道家认为人性即是自然,老子多谓之"道",庄子多谓之"天";儒家认为人性即是仁义礼智孝悌忠信等,但也认为这些都是天性,也是自然。(当然,两家对"自然"的理解有不同)在美学上,儒家的审美德性也是一种天性自然;它主要是"仁"心的一种流露,因为"仁"是一种爱心("仁者爱人""仁民爱物"),审美德性就是爱美之心。

第二段弧:性—道。这是讲"率性",即是讲行为方式的。在哲学上,这属于人生论或者人生哲学的问题。所谓"率性",就是随顺本性行事,不做作,不造作,孔子所谓"从心所欲",不假安排。"率性为道",循性行事即所谓"道"。此处之"道",当然指"人道";但前面说过,人道也是一种天道。在美学上,"率性"就是随顺审美德性、爱美之心,不要刻意雕琢;这也就是审美规律、求美之"道"了。

第三个点:道。对"道"的探索,是所谓"规律论"的事情。"道"之义有广狭："率性之谓道"，专指人道，为狭义；"修道之谓教（或天）"，则兼指人道与天道，为广义，因为所修之道不限于人事，还有"知天"与"事天"的问题。《周易》所谓"有天道焉，有人道焉，有地道焉"，可见"道"是广大包容的。前面说过，审美之道就是随顺爱美之心，但那是就审美之道的本质而言。而就审美之道的具体内容而言，它是"人道"的一种，有其特殊的规律。例如孔子讲："知（智）者乐水，仁者乐山。"[1]这就是一种审美之道。

第三段弧：道—教／天。这是讲"修道为教"或"修道为天"的。在哲学上，这属于认识论的问题。此所谓"认识论"是广义的，包括狭义认识论和道德论（此略相当于康德的纯粹理性论和实践理性论）。我们既说"修道为教"，又说"修道为天"。"为教"是说这是一种教化过程：对他人而言是教化、教育，对自己而言是自我教育、自我修养。"为天"是说这种教化就是由"尽心"而"知天"：其根基在"天"（基于天性、德性），即所谓"自诚（而）明"，因性而成修；其目的亦在"天"（知人道之天即天性，复知天道之天即天然），即所谓"自明（而）诚"，因修而成性。此即所谓"性修不二"（熊十力语）、"天、人合一"。在美学上，即是由知"审美德性"而知"天地有大美而不言"（老子）。在审美教育上，即是由启发爱美之心，而认识求美之道，进而至于把握天地之美。

以上讨论表明，《中庸》之于儒学，确实具有普遍的哲学意义、美学意义。

四、"儒学"与"中国文学"的界定

研究任何问题，总需要首先力求明确两大元问题：研究什么？怎样研究？前者是关于研究对象的问题，后者是关于研究方法的问题。我们的研究对象乍看起来不成问题，既然题目已定，还有什么不明白的呢？其实不然，其中确有若干必须先行解决的问题，撮要如下。

何谓"儒学"？

---

[1]　《论语·雍也》。

　　这个问题，关系到如何给儒学"定性"。上文虽有涉及，但意犹未尽。例如儒家的"五经"，其实本是孔子创立儒家学派之前"古已有之"的，算不算是儒家的东西？再如魏晋玄学，何晏的《论语集解》，是否应该划入本书"儒学"的范围？又如近代以来的一些学说，譬如维新派康有为的思想体系，算不算是儒学？这涉及怎样对"儒学"作历史定位的问题。如果把儒学界定为一种封建主义哲学或者农业文明时代的意识形态，那就连所谓"现代新儒学"也算不上是儒学了。然而如果我们超越这种狭隘的界定，则结论正相反。而这又涉及一个更为根本的问题：儒学是否具有历史超越性？或者说，儒学是否只能是宗法时代或封建时代的东西？换句话说，工业文明时代的儒学是否可能？如其可能，如何可能？这些都是必须给以回答的问题。

　　我的观点是：我们必须重新认识儒学的历史性质。"五四"以来，儒学被简单判定为封建文化的代表。这是相当偏颇的。必须重新认识儒学。如果儒学只不过是一种封建文化，那又如何说明中国封建制度确立以前的"古儒家"、封建制度崩溃以后的"现代新儒家"？按照现今许多学者普遍接受的观点，中国的封建制度[1] 是在战国以后才正式确立起来的；而早在这之前的春秋时代，孔子便已经创立了儒家学派；至于儒学的许多基本观念还可以推得更早，至少可以上溯到周初的周公那里。至于现代新儒家，谁都知道他们是"接着"宋明理学讲的，是地地道道的儒家，然而其所处的时代已非封建时代；尤其是他们的"第三代"，如今很活跃，却是处在中国港台地区、欧美那样的资本主义环境中。

　　这就说明，如何认识儒学的历史时代性质，这是一个必须重新研究的问题。在我看来，儒学也和任何一个民族的任何一个时代的文化形态一样，至少包含两大层面的内容：一是特殊的历史的层面，即"变易"的层面；一是普遍的超越的层面，即"不易"的层面。[2] 否则，你就无法说明文化的继承性；但我们都承认，文化总是有继承性的。如果没有继承，"发展"的观念就是不能成立的：

---

[1]　这里所谓"封建"，按现今学界通用的概念，不是指周代那种"封侯建国"制度，而是秦代以来确立的地主经济、君主专制的社会制度。但前一种用法更切合固有语义，见下文。

[2]　汉儒对于《周易》之"易"，有所谓"三易"之说：变易、不易、简易。此说所体现的辩证观点颇有助于说明历史传统。传统中具体历史的东西总是"变易"的，但其中总有某种超越历史的"不易"的东西，这种一以贯之地传承下来的东西总是"简易"的。这种不易的"一"是历史地表现为"多"的。

凡旧的东西一概抛弃，凡新的东西一概另起炉灶，一切永远从头开始，何来发展？如此，则人类将永远处在原始阶段。这不仅是一个研究对象的问题，同时也是一个研究方法的问题：历史性的形式，含有超历史的内容。

据此，我把儒学的历史分为"三时九期"。所谓"三时"，是说儒学的历史可分为三个大的时代：先秦的宗法封建时代[1]，自秦至清的君主专制时代，近代以来。所谓"九期"，是说以上三大时代的儒学又各分为三个时期，加起来共九个时期。近代以来的儒学三期：（1）维新派的儒学；（2）现代新儒家的儒学；（3）当前以及未来的儒学。"未来儒学"，这是一个值得研究的重要课题。在我看来，至少有几点是可以肯定的：儒学虽屡遭厄难，但仍然生存着，并且会继续生存下去；儒学不仅仍将存在，而且目前已经露出了某种"复兴"的势头；未来的儒学将是现代化的儒学，而且它首先应该是超越了"现代新儒家"的儒学。这种"未来"的儒学，已经在萌蘖中了。

何谓"中国文学"？

这个问题比较简单一些，但也不是毫无问题的。"文学"与"艺术"关系密切，有时候纠缠不清。在儒家，则尤重两大艺术形式：诗，乐。这两者其实本是一回事，统谓之"歌"：诗是歌之词，乐是歌之曲。（当然，两者后来发生了分化）"诗"之广义含"乐"，"乐"之广义含"诗"。作为儒家核心经典之一的《诗经》，其实就是一部歌词。至于所谓"失传"的《乐经》，我向来持怀疑态度。人多以为《乐经》应是类似《礼记·乐记》那样的东西，然而《乐记》乃是音乐理论，不是音乐作品或者乐谱。可是既然《诗经》是一部作品集，专门记录歌之词，那么与之相应的《乐经》也应该是一部作品集，是专门记录歌之曲的乐谱。但这必须有一个前提，就是当时已经发明了记谱的方法。可惜这种记谱法至今还没有发现，也无文献记载，无案可稽。

诗与乐是中国文学艺术的最高形式，儒家尤重赋诗作乐、兴诗成乐、诗教乐化。因此，把它们列为"中国文学"最重要的内容也就是顺理成章的事情了。

---

[1]　此处所谓"封建"，即是本来意义的殷周时代的"封侯建国"。

五、儒学与中国文学的关系

　　我想，我们首先应该弄清"文学"的内部关系。说到文学，我们首先指的是文学"创作"，如诗歌、散文等的创作。创作的结果便是作品，例如《诗经》。与创作发生直接关系的，是文学"批评"。文学批评是对具体作品的评论，如孔子讲"《关雎》乐而不淫，哀而不伤"[1]，这就是对《诗经·关雎》的评论。评论是依据一定的理性原则来进行的，这种作为评价标准的理性原则，就是文学理论，中国谓之"文论"。例如上述孔子对《关雎》的评论，就与他的一种文学理论有关：诗歌"可以兴，可以观，可以群，可以怨"[2]。而文学理论本身又有其更深刻的理论基础，那就是文艺"美学"的观念。孔子认为诗"可以怨"，但是应该"哀而不伤"，不可过度，这是基于儒家的一条重要美学观念的：乐者，和也。[3]"和"的含义之一是"中和"，它是作为儒家基本哲学观念之一的"中庸"思想的体现，就是调和持中，过犹不及。

　　美学、文论、批评、创作，这四者是互相影响、互为因果的，孰先孰后，不可一概而论。这些乃是文学的普遍结构因素，不单儒家如此。它们构成文学的内部关系。至于文学的外部关系，大致也可以划分出四个方面：政治、经济、社会、文化。它们也是相互关涉、相互渗透的，共同构成文学的历史背景、时代环境。文学有它的内在规律，即受内部关系的制约；同时也受外部关系的制约，即受社会、文化、政治、经济的制约。

　　再说儒学，它本身并不是一种内容单一的学术，而是包含了哲学、伦理学、政治学、美学、文艺理论、文艺创作、民俗学、教育学等等在内的一种丰富完备的文化系统。单就文学而言，我们当然可以说有一种"儒家文学"：儒家美学，儒家文论，儒家的文学创作，儒家的文学批评。这是把它们从儒家文化体系中分离出来，以便于进行专门研究。举个例子来说，唐代古文运动当中产生的韩

---

[1]　《论语·八佾》。
[2]　《论语·阳货》。
[3]　《荀子·乐论》："故乐者，……中和之纪也。"《论语集解》引孔安国："乐不至淫，哀不至伤，言其和也。"

柳散文，本身不仅是文学创作（散文），其中也有文学批评、文论、美学的内容，但它们首先是儒家的经学、哲学、政治学、伦理学等。此即"横看成岭侧成峰，远近高低各不同"，所谓"仁者见仁，智者见智"了。

此外，还存在大量非儒家文化系统的文学，例如道家、道教、佛教的文学。这些东西，有许多也可以纳入本课题的研究，因为它们与儒家的文学往往有关系：或者是互动的，或者是交叠的。所谓"互动"，是说互相影响，互相吸收。例如道家魏晋玄学的文学，就受了儒家的重要影响；儒家宋明理学的文学，也受了佛道的重要影响。所谓"交叠"，是说有时候对一个文学现象，你很难简单讲它是儒家的，还是道家的抑或佛家的。例如李白的诗歌，你就不能简单说它们是儒家的或是道家的。当他高唱"我本楚狂人，凤歌笑孔丘"时，是颇有道家之风的；然而当他悲叹"大道如青天，我独不得出""白骨成丘山，苍生竟何罪"时，分明是一腔儒家的悲悯执着情怀。

所以，儒学与文学的关系是复杂的。但我们似乎可以做出这样一个估计：整个中国文学，或多或少，或近或远，或直接或间接，都与儒学有关。

导论

导　论[1]

第一节　儒学的审美德性论

儒学将一切建立在人性论的基础上，儒家文艺思想亦然。儒学谓人性为"德性"，则人性在审美方面的表现可以叫作"审美德性"。所以，要谈儒学的审美德性论，就必须从儒学的一般德性论谈起。

《礼记·中庸》开宗明义就说："天命之谓性，率性之谓道，修道之谓教。"我们曾经说过，这三句话可以说是概括了儒家哲学的全部领域及其基本精神。这三句话可重新表述为：得天为性，率性为道，修道为天。这是一个"圆而神"的环，几乎囊括了古今中外所有的哲学问题："天"为存在论问题，"得天为性"为宇宙论问题，"性"为人性论问题，"率性为道"为人生论问题，"道"为规律论问题，"修道为天"为认识论问题。[2]

得天为性，叫作"德性"（德者，得也）。德性就是"天性"，它是浑然一体的心灵存在：以三分法来看，包括了"知""意""情"三方面；以二分法来看，则包括了认识（感性认识、理性认识）、意向（情感、意志）两方面。其中"情"或"情感"是儒家所尤其看重的，一切都"发乎情"[3]。最高级的情感是审美情感。"爱美之心，人皆有之"，由此可见，审美情感也是一种"天性"或者"德性"。

---

[1] 这篇导论曾以《儒家审美论》为题，收入文集《独立苍茫自咏诗——黄玉顺早期文存》，四川人民出版社 2018 年 9 月版。
[2] 黄玉顺：《儒家哲学的"三句真谛"——〈中庸〉开篇三句的释读》，《中州学刊》1999 年第 5 期。
[3] 《毛诗正义·关雎·序》。

一、得天为性

我们讲爱美之情也是一种德性，即"审美德性"，这是从形而上学的高度上探讨儒家的美学思想，就是为"儒学与文学"这个题目奠定一个儒家哲学的基础。为此，我们不得不先讨论一下儒家的形而上学。

（一）儒家形而上学

过去人们以为中国哲学，尤其儒家哲学，是没有形而上学或者本体论哲学的，这种论调现在是越来越少人附和了。然而关于儒家形而上学的究竟，仍然是一个需要深入研讨的问题。要讨论这个问题，首先必须从"形而上学"这个概念说起。

"形而上学"这个概念，当然是舶来品，是从西方哲学那里翻译过来的。这个词的西文为 Metaphysics，意思是"物理学之后"。原来古希腊的安德罗尼克（Andronicus）编纂亚里士多德的遗书，把凡关于"第一哲学"亦即本体论的著作都编排在物理学著作之后，"形而上学"由此而来。所以，形而上学就是关于宇宙"本体"（Noumenon）的学问，或者关于"存在之为存在"[1]的学问。

但是"形而上"这个词语，本身却是地地道道的中国货。我们都知道，它出自《周易·系辞传》："形而上者谓之道，形而下者谓之器。"那么，"形而上"这个词语的中文意思跟西文意思是不是可以比较？这当然是可以的。其实，《周易》哲学本来就是儒家形而上学的一个典范文本。西方哲学"本体"的两个基本意义，《周易》哲学都已经探讨过了：一是"本原"，亦即世间万物的最初来源问题，中国哲学范畴的"本末"之"本"问题，"体用"之"体"问题。《周易·序卦传》讲："有天地，然后万物生焉"；"有天地然后有万物，有万物然后有男女，有男女然后有夫妇，有夫妇然后有父子，有父子然后有君臣……"这里的"天地"就是万物的本原，是用"乾坤"两卦表示的，这是《周

---

[1]　亚里士多德语。原文"to on hei on"，英文"being as being"，或译"是之为是"。它是最普遍最抽象的"存在"本身（希腊文 on）。

易》的开头两卦；进一步说，天地还不是最根本的，最根本的是"太极"。二
是"本质"，亦即世间万物的根本规律问题，中国哲学范畴的"道""理"问题。
《周易·系辞传》讲："生生之谓易"；"一阴一阳之谓道"。这生生之易和
阴阳之道，就是天地万物的本质规律。我们曾经说过，《周易》的形而上学就
是"生命本体论"或者"生命存在论"，它是把宇宙视为一个大生命系统的，[1]
人是这个大生命系统的一部分，而文学艺术又是人这个生命系统的一部分。

那么，《周易大传》成书以前的儒家哲学是否有过形而上学？我们来看看
孔子和孟子。

孔子确实不大讲形而上学问题。他的学生子贡就曾感叹过："夫子之文章，
可得而闻也；夫子之言性与天道，不可得而闻也。"[2] 但"不大讲"并不等于不讲。
孔子言"性"的地方确实很少，只有一句"性相近也，习相远也"[3]；但他讲"天
道"的地方却不少，而这个"天道"所讲的正是形而上学问题。"天"即自然，
"天道"就是自然的本质、规律。杨伯峻先生讲，孔子之所谓的"'天'有三
个意义：一是自然之'天'，一是主宰或命运之天，一是义理之天"。[4] 我们
分类举例如下：

（1）自然之天：

　　　天何言哉？四时行焉，百物生焉，天何言哉！ [5]
　　　巍巍乎，唯天为大。[6]

（2）主宰或命运之天：

---

[1]　黄玉顺：《生命结构与和合精神——周易哲学论》，《社会科学研究》1998 年第 1 期。
[2]　《论语·公冶长》。过去对这句话是有误解的，以为孔子不仅罕言性，而且罕言天道。其实孔子言天道的地方是
　　不少的。子贡那句感叹的意思是说，孔子纵然也谈了天道，但很少谈性与天道之间的关系(我们不可忽视了那个"与"
　　字）。事实正是如此，对性与天道的关系的探讨是在思孟学派那里进行的，例如《中庸》开篇讲的"天命之谓性"，
　　以及新发现的郭店楚简中的《性自命出》。
[3]　《论语·阳货》。
[4]　杨伯峻：《论语译注》，中华书局，1980 年，第 10 页。
[5]　《论语·述而》。
[6]　《论语·泰伯》。

> 天生德于予，桓魋其如予何？[1]
>
> 天之将丧斯文也，后死者不得与于斯文也；天之未丧斯文也，匡人其如予何？[2]
>
> 不怨天，不尤人；下学而上达。知我者其天乎！[3]

（3）义理之天：

> 获罪于天，无所祷也。[4]

　　杨先生所讲的这三类，孔子其实是并无这种区分的。天就是天，它是浑然一体的最高存在，中、外的早期思想观念都是如此认为；说它是上帝或者自然，那是后人的观念。无论如何，这些例子表明孔子也是有他的形而上学思想的。

　　我们再看孟子，他讲"天"的地方比孔子更多了。据杨伯峻先生的研究，孟子言"天"的大致情况如下：[5]

（1）自然之天，例如：

> 天油然作云，沛然下雨，则苗浡然兴之矣。[6]
>
> 天之高也，星辰之远也。[7]

（2）义理之天，例如：

> 仰不愧于天，俯不怍于人。[8]
>
> 存其心，养其性，所以事天也。[9]

---

[1]　《论语·述而》。
[2]　《论语·子罕》。
[3]　《论语·宪问》。
[4]　《论语·八佾》。
[5]　杨伯峻：《孟子译注》，中华书局，1980年，第10页。
[6]　《孟子·梁惠王上》。
[7]　《孟子·离娄下》。
[8]　《孟子·尽心上》。
[9]　《孟子·尽心上》。

（3）命运之天，例如：

　　　若夫成功，则天也。[1]
　　　吾之不遇鲁侯，天也。[2]

　　其实孟子也跟孔子一样，所说的"天"本来并没有上述区分；或者换句话说，就是兼有上述几个意思。孟子谈"天"的地方很多，例如他的名言有："尽其心者，知其性也；知其性，则知天矣"[3]；"莫之为而为者，天也；莫之致而至者，命也"[4]；"顺天者存，逆天者亡"[5]；等等。这些都表明，孟子也有他的形而上学思想。

　　其实以上所讲的都还只是西方的"形而上学"概念；广义来讲，形而上学不一定只是讲宇宙万物的本体的。中国哲学的形而上学更注重于讲人性论，这种人性论之所以是形而上学的，是因为它总是把"人"与"天"联系在一起，不论讲"天人合一"，还是讲"天人相分"的都是如此。儒家形而上学的核心，就是我们下面要讲的德性论。

（二）儒家德性论

　　儒家形而上学的核心是"德性"论或"心性"论，[6]即是讲人"心"或人"性"的；至于"天"或"命"等，只是一种形而上学的虚设。这是因为讲到人的"性"，就得问它的来源或者根据问题：我们既然称之为"天性"，那么它就跟"天"有关系。"天"赋予人以"性"，所以《中庸》说"天命之谓性"，或者换个角度，叫作"得天为性"；循性而行就是"道"，就是"率性之谓道"；通过学习反思其性，就是"教"，就是"修道之谓教"。所以，儒家形而上学的基本内容就是"天人之际"（司马迁语）的问题。不过，这里的"修道为教"

---

[1]　《孟子·梁惠王下》。
[2]　《孟子·梁惠王下》。
[3]　《孟子·尽心上》。
[4]　《孟子·万章上》。
[5]　《孟子·离娄上》。
[6]　这方面最重要的著作之一，是蒙培元先生的《中国心性论》，读者可以参考。

也可以说"修道为天"，因为修道的反思其性就是反思其"天"（天性），"性"就是"天"。所以孟子才说"尽其心者，知其性也；知其性，则知天矣"[1]。

可见儒家理解的"天"并不等于所谓的"自然界"。"天"就是"人"本身。"天"这个字的字形，本来就是"人"字加个圆头，就是"颠"，即头顶的意思，所以谈"天"时不能离开"人"。所以孟子才讲："万物皆备于我。"[2] 我就是天。讲"天"就是讲"人"，就是讲"我"，就是讲"性"——天性、德性。

何谓"德性"？ 德者，得也；得天为性，是谓德性。德性含知、意、情三个方面，外发为真、善、美三种追求。这里所谓"德性"，亦即孟子所说的"良知良能"：德性"未发"之时，是为"良能"，就是心灵的全面的潜能；"初发"之际，是为"良知"，就是孟子所说的"仁、义、礼、智""四端"[3]；"已发"之后，则为认识（感性认识、理性认识）、意向（情感、意志）。仁、义、礼、智，即孟子所谓"四端"，其中"智"是认识（知）的问题，"仁"是情感（情）的问题，"义""礼"则是意志（意、行）的问题。仁、义、礼、智，归根到底也就是一个"仁"，由此可见，在儒家哲学里，"情"是根本。

最高级的情感之一，是审美情感。我们知道，"爱美之心，人皆有之"，可见爱美之情也是一种德性，此即"审美德性"。既有审美德性，于是，人本身就是一种艺术性存在，就自然而然地要去"赋诗作乐"。

（三）审美德性论

德性作为良能，在其"未发"之时本是浑然一体的；而一旦为"已发"，就发为所谓"知""情""意"。由此可见，德性良能本身已经包含着"智能"（认识潜能）、"情能"（情感潜能）、"意能"（意志潜能）。未发即有"智能"，故其发而"能知"（能够认识）；未发即有"情能"，故其发而"能感"（能够喜怒哀惧爱恶）；未发即有"意能"，故其发而"能行"（能够付诸意志行为）。

发为知、意、情，是心灵的活动；这种活动的最高目的追求，是

---

[1]　《孟子·尽心上》。
[2]　《孟子·尽心上》。
[3]　"良知"和"良能"是有所不同的：良知是对良能的当下直觉。

"真""善""美"。从"美"的目的结果倒溯回活动，即是"情"；再从"情"倒溯回良能，便是"情能"。良能中所固有的情能，便是我们所说的"审美德性"。由此可见，所谓审美德性，就是人天生的审美潜能。在儒学看来，人心固有作为天性的审美德性；唯其如此，此审美德性"感于物而动"，才有审美活动；对此审美活动进行反思的结果，形成审美知识；将此审美知识用之于教育，就有了审美教化。

二、爱美之情

（一）性情之分辨

说到"德性"，说到"爱美之情"，那么，"情"与"性"是什么关系？这就是"性情之辨"的问题，是儒家哲学着力分辨的一个问题。

对于这个问题，儒家学人历来颇有争议。董仲舒认为，性有善有恶，"天两，有阴、阳之施；身亦两，有贪、仁之性"[1]；性中之"贪"而恶者，就是情。唐代李翱主张性善情恶说，认为："人之所以为圣人者，性也；人之所以惑其性者，情也。"[2] 而韩愈则认为，性、情都是有善有恶的。他把性分为上、中、下三品，情也相应分为三品："上焉者，善焉而已矣；中焉者，可导而上下也；下焉者，恶焉而已矣。"[3] 王安石则认为，性与情是一致的，是一种体和用的关系："性者，情之本；情者，性之用。故吾曰：性、情一也。"[4] 但他又认为，性无所谓善恶，而情则有善有恶："有情，然后善恶形焉；而性，不可以善恶言也。"[5] 这些说法，恐怕都不符合孔孟的原意；但是王安石把"性"与"情"理解为"体"和"用"的关系，则是很高明的。

在孔孟看来，"仁"既是性，也是情。前面说到，儒家所谓"德性"可以用一个"仁"字来概括。德性就是"仁性"。然而孔子说过：仁的意思是"爱

---

[1]　董仲舒：《春秋繁露·深察名号》。
[2]　李翱：《复性书》。
[3]　韩愈：《原性》。
[4]　王安石：《性情》。
[5]　王安石：《原性》。

人"[1]，"惟仁者能好人，能恶人"[2]。这"爱"或"好"与"恶"，不是情感是什么？孟子所谓"恻隐之心""辞让之心""羞恶之心""是非之心"，所谓"亲亲而仁民，仁民而爱物"[3]，也显然都是情。孟子认为："人皆有所不忍，达之于其所忍，仁也"[4]；"仁者以其所爱及其所不爱，不仁者以其所不爱及其所爱"[5]。所以，正宗的儒家观点应为：情乃是性的表现，性为体，情为用。

（二）仁性之外发

儒家所理解的情，其实质就是仁性的外发，爱美之情亦如此。所以我们才有"仁爱"之说，仁和爱的关系就是体和用的关系。这种体用关系，也就是"未发"和"已发"的关系。"良能"未发之际，便是性；已发之后，便是知、意、情，尤其是情。这是因为，"仁"作为"性"或"良能"，兼智能、情能、意能；但其根本，则是"情能"。在这个意义上，儒家哲学可谓"唯情论"或者"情感至上论"。这与休谟的情感哲学颇能相通。

也唯其如此，审美情感就成为儒家追求的最高精神境界。孔子之"吾与点"的典故，就是这种审美至上的观念的表现：

子路、曾皙、冉有、公西华侍坐。

子曰："以吾一日长乎尔，毋吾以也。居则曰：'不吾知也！'如或知尔，则何以哉？"子路率尔而对曰："千乘之国，摄乎大国之间，加之以师旅，因之以饥馑，由也为之，比及三年，可使有勇，且知方也。"

夫子哂之。"求，尔何如？"对曰："方六七十，如五六十，求也为之，比及三年，可使足民。如其礼乐，以俟君子。"

"赤，尔何如？"对曰："非曰能之，愿学焉！宗庙之事，如会同，端章甫，愿为小相焉。"

"点，尔何如？"鼓瑟希，铿尔，舍瑟而作。对曰："异乎三子者之

---

[1]　《论语·颜渊》。
[2]　《论语·里仁》。
[3]　《孟子·尽心上》。
[4]　《孟子·尽心下》。
[5]　《孟子·尽心下》。

撰！"子曰："何伤乎？亦各言其志也。"曰："莫（暮）春者，春服既成，冠者五六人，童子六七人，浴乎沂，风乎舞雩，咏而归。"夫子喟然叹曰："吾与点也。"[1]

仁作为一种情感，是心灵的本真状态；美作为一种情感表现，是心灵的最高境界。所以，孔子、儒家才会将"美"视为最高的精神追求。

（三）仁心之感触

作为审美活动的仁心之外发，不是没有对象的；审美活动总有其具体对象，所以它本质上是仁心之感触。更确切地讲，正因为有了对象，内在的仁心才会被触动；正因为有了审美对象，才有了审美活动。我们日常所谓"感动"一词，很能说明问题：无感，则无动；无物，则无感。不感于物，也就不会怦然心动。当然，这里所谓"物"是泛指一切事物的。王阳明说得好：

> 意之所用，必有其物。物即事也。如意用于事亲，即事亲为一物；意用于治民，即治民为一物；意用于读书，即读书为一物；意用于听讼，即听讼为一物。凡意之所用，无有无物者。有是意即有是物，无是意即无是物矣。[2]

一切事物，都有可能感动仁心，于是发为喜怒哀乐之情。

当然，仁心的感触发动不一定就是审美情感，它有可能是其他的感情。这是因为仁心本身既可以是审美情感，也可以是道德情感。人们一般都把仁理解为一种道德情感，这固然是不错的，但是在我的理解，作为道德情感的仁还不是仁的最高境界，仁的最高境界乃是审美情感，也就是前文提到过的孔子之"吾与点"那样的情感。一般人对儒学的理解都局限于伦理道德哲学，其实这并不是儒家的最高境界。孔子所向往追求的最高境界，也就是"莫春者，春服既成，

---

[1] 《论语·先进》。
[2] 王守仁：《传习录中》。

冠者五六人，童子六七人，浴乎沂，风乎舞雩，咏而归"那样的境界。我们的仁心被大自然感动，被春、被风感动，于是我们心旷神怡，"忘却营营"。那种境界当然不能被庸俗地理解为游手好闲的意思，而是对大自然、春、风那样的自然之美的感受，对大自然所透显出来的生命力的感悟，对回归、置身大自然之中的由衷愉悦。那是超脱了功利，超脱了道德的。

为说明这一点，我们不妨借助于冯友兰先生的境界说。冯先生把境界分为四等：自然境界、功利境界、道德境界和天地境界。前两种境界是与"仁"无缘的；即便是波德莱尔的《恶之花》那样的作品，也都是化丑为美，即中国美学所谓"化腐朽为神奇"的。而"仁"则可以有两种境界：道德境界之仁对应于道德情感，而天地境界之仁则对应于审美情感。"天地"也就是上文所说的大自然，而我们知道，儒家是把大自然与我们自己视为一体的，这也就是所谓"天地万物一体之仁"。这种参赞天地化育、"上下与天地同流"的境界，远不是道德观念所能涵括的，它已超越了伦理、政治、社会的藩篱。只要还在道德境界之中，更不用说还在功利境界之中，那就绝对没有真正的审美情感、审美境界。

三、赋诗作乐

我们一旦被事物所触动、感动，就会情不自禁地赋诗作乐。不要把所谓"赋诗作乐"看得太神秘、高深，其实，原始人、远古先民们都能赋诗作乐：他们随心所欲地唱歌、跳舞，歌词就是诗，歌曲就是乐。例如著名的《诗经·国风》，基本上是一些民歌，也就是所谓"没有文化"的人所赋的诗。当年的汉高祖刘邦，实在是一个没有多少所谓"文学修养"的人，而且瞧不起儒生。可是在他衣锦还乡时，却能情不自禁地唱出一首流传千古的《大风歌》：

> 大风起兮，云飞扬。
>
> 威加海内兮，归故乡。
>
> 安得猛士兮，守四方！

　　现代科学技术的发展也渗透到音乐之中，结果弄得连"原始人"都会的赋诗作乐，我们现代人、"文明人"反倒不会了，感到高深莫测了。我们丢失了我们的宝贵天赋。可是我们看看今天幸存的那些所谓"野蛮人""不开化"的民族部落吧，他们却还没有失去他们的音乐天赋、艺术天赋，他们人人都是诗人，也人人都是歌唱家。他们为大自然、为自己的生活而随时引吭高歌、放声歌唱。《诗大序》中对诗的解释，正是这种情景的真实写照："在心为志，发言为诗，情动于中，而形于言；言之不足，故嗟叹之；嗟叹之不足，故永（咏）歌之；永歌之不足，不知手之舞之、足之蹈之也。"这是何其平易、何其自然的事情。

　　当年孔子及其门徒就是如此，他们周游列国，纵然颠沛流离、穷愁潦倒，乃至险象环生，可是仍然一路琴瑟，一路歌吟。

（一）诗言志

　　中国是诗的大国，诗歌是中国文学最典范的形式。所以，儒家特别看重诗歌。孔子晚年整理"六经"，其中就有《诗经》。他说："吾自卫返鲁，然后乐正，《雅》《颂》各得其所。"[1] 相传现存的这部《诗经》就是经孔子改编过的，这虽然不一定就是历史事实，但孔子重视诗则是毫无疑问的。

　　他之所以如此重视诗歌，就在于他看到了诗歌的重要意义：诗歌乃是仁心情志的自然感发，又反过来影响人们的心志情感。就前一方面看，那就是中国诗歌美学中的一条重要命题"诗言志"说。此说出自《尚书·尧典》："诗言志，歌永（咏）言，声依永（咏），律和声。"这里总共是五个关系项：

志（情）—诗（言）—歌（咏）—声（依）—律（和）

　　其中最根本的就是"诗言志"。后来历代学者都从此说，例如荀子说过："诗，言是其志也。"[2] 汉代《毛诗序》也说："诗者，志之所之也。在心为志，

---

[1]　《论语·子罕》。
[2]　《荀子·儒效》。

发言为诗。"唐代孔颖达解释说："包管万虑，其名曰心；感物而动，乃呼为志"；又说："诗者，人志意之所之适也。虽有所适，犹未发口，蕴藏在心，谓之为'志'；发见于言，乃名为'诗'"。[1] 后来刘勰指出："民生而志，咏歌所含。"[2] "在心为志，发言为诗"并不是说只要说出来的话就是诗了，而是特指那种表达"志"的言，那才是诗。那么，什么才叫作"志"？

"志"就是"情"。陆机《文赋》提出："诗缘情而绮美，赋体物而浏亮。"这里所谓"诗缘情"，也就是《尚书》所讲的"诗言志"。这就是说，"志"即指"情"，所以又有"情志"之说。一般来说，"志"指情感意志，尤其是情感。所以《毛诗序》接着说："情动于中，而形于言。"诗歌的根本功能并不在于认识，而是在于表达感情。

关于诗歌的功能，孔子说："诗可以兴，可以观，可以群，可以怨；迩之事父，远之事君；多识于鸟兽草木之名。"对此，朱熹解释：兴是"感发志意"，观是"考见得失"，群是"和而不流"，怨是"怨而不怒"；"人伦之道，诗无不备"。[3]这个解释把诗歌的功能讲得很全面透彻，而其首要的功能，就是"感发志意"，亦即感动、促发自己的道德情感、审美情感。这也是"诗言志"的意思。

但在儒家，这个"志"更有其具体所指，那就是"仁"——仁爱之情。孟子曾对"志"有一番阐述，他说，所谓"志"，就是要"志于道""志于仁"；这就像"羿之教人射，必志于彀"。[4]这正是孔子所说的"诗无邪"——志于善、无志于恶，志于仁、无志于贪。总而言之，就是仁心的情感之维，由感触而外发。仁可以外发为道德感、正义感等等；但是，在儒家看来，情感之维乃是其最原初、最本真的东西。因此，在儒家看来，真正的"诗言志"就应该是仁爱之情被感动而发为歌咏。这种仁爱之心，发之于爱父母之情，发之于爱子女之情，发之于爱君之情，发之于爱夫爱妻之情，发之于爱天地大自然之情，卒而发为咏叹，而发为歌唱，这就是"诗言志"了。

这样发出的言语，似乎自然而然地就有了一种韵律节奏，成为诗歌。确实，

---

[1]　孔颖达：《毛诗正义》卷一。
[2]　刘勰：《文心雕龙·明诗》。
[3]　朱熹：《论语集注·阳货》。
[4]　《孟子·告子上》。

我们今天也不难体会到，那种发乎真情的语言，总是很有诗意的。

先秦时代，"诗言志"实际有两种情况：一是我们以上所讲的，属于"作诗"以言志；一是后来普遍存在的一种情形，便是"诵诗"以言志。作诗言志，例如屈原所说的："道思作颂，聊以自救兮"[1]；"介眇志之所惑兮，窃赋诗之所明"[2]。诵诗言志，在上古政治、外交活动中非常普遍。例如《左传·襄公二十九年》有一段很著名的"吴公子札……观于周乐"的记载，就是通过吟诵《诗经》以陈其志、即"观"的例子：

吴公子札来聘，请观于周乐。

使工为之歌《周南》《召南》，曰："美哉！始基之矣，犹未也。然勤而不怨矣！"为之歌《邶》《鄘》《卫》，曰："美哉，渊乎！忧而不困者也。吾闻卫康叔、武公之德如是，是其《卫风》乎？"为之歌《王》，曰："美哉！思而不惧，其周之东乎？"为之歌《郑》，曰："美哉！其细已甚，民弗堪也，是其先亡乎？"为之歌《齐》，曰："美哉，泱泱乎，大风也哉！表东海者，其大公乎？国未可量也。"为之歌《豳》，曰："美哉，荡乎！乐而不淫，其周公之东乎？"为之歌《秦》，曰："此之谓夏声。夫能夏则大，大之至也，其周之旧乎？"为之歌《魏》，曰："美哉，沨沨乎！大而婉，险而易行，以德辅此，则明主也！"为之歌《唐》，曰："思深哉！其有陶唐氏之遗民乎？不然，何忧之远也。非令德之后，谁能若是？"为之歌《陈》，曰："国无主，其能久乎？"自《郐》以下，无讥焉。

为之歌《小雅》，曰："美哉！思而不贰，怨而不言，其周德之衰乎？犹有先王之遗民焉。"为之歌《大雅》，曰："广哉，熙熙乎！曲而有直体，其文王之德乎？"为之歌《颂》，曰："至矣哉！直而不倨，曲而不屈；迩而不偪，远而不携；迁而不淫，复而不厌；哀而不愁，乐而不荒；用而不匮，广而不宣；施而不费，取而不贪；处而不底，行而不流。五声和，八风平，节有度，守有序，盛德之所同也。"

---

[1]　屈原：《抽思》。
[2]　屈原：《悲回风》。

在这个例子中，一方是呈诗，一方是观诗；但是双方都在通过诗以"观"对方的"志"——了解对方的思想感情。这就是孔子讲的"诗可以观"。

这种诵诗言志的情景，直到今天仍然非常普遍：我们有了高兴的事，或者有了伤心的事，往往情不自禁地歌吟哼唱。

（二）歌咏言

所谓"歌咏言"，《尚书》原作"歌永言"。"永"的意思是"长"，就是使声音拖长、延长。本来，发自内心仁爱之情的语言已经具有自然的韵律节奏了，但是，这还只是"诗"，而非"歌"。现在这声音再经过"永"，自然更加富于节奏感、韵律感，而成为"歌"了。所以，这种被"永"的"言志"之"言"，就是"诗歌"。而对于"永言"之"永"，后来就被写作"咏"字。所以，班固就说："诵其言，谓之诗；咏其声，谓之歌。"[1]"咏其声"就是"永其声"，就是有节奏、有旋律地拖长声音。

这似乎也是一种很自然的倾向：我们被感动时，语调不仅变得有节律感，而且自然而然地变得更加永长。这种有节律而永长的诗之"声"，便是"歌"。后世诗歌的严格的格律，例如唐诗宋词那样的格律，当然都是人为创制的结果；但是这种格律一开始就有它的自然基础，那就是早期诗歌中自然显示出来的节律。那时的人们根本没有什么"作诗"、要当"诗人"的想法，更谈不上什么"格律"的观念了。一切都是情感的自然流露、情感的自然表达，都是那么自然而然的，不加修饰的。

显然，是"情志"决定着"诗"，"诗"决定着"歌"。情是诗的目的，诗是歌的目的；歌是赋诗的手段，诗是表情的手段。所以，说到底，"歌咏言"的目的乃是为了更好更充分地"缘情""言志"——表达感情，尤其表达仁爱之情。这就是儒家所主张的诗歌的基本功能。

---

[1]　班固：《汉书·艺文志》。

（三）声依咏

"声依咏"之所谓"声"，是与诗歌、歌咏相对而言的，因此是指音乐，尤其指乐器奏出的音乐。所谓"声依咏"，是说音乐伴奏要以诗歌为准，为诗歌服务。先有诗歌，才有乐器，然后才有音乐伴奏。当然，根据出土文物，乐器的出现时代很早；但是可以肯定，诗歌本身的出现时代更早，它可能是伴随着语言而产生的。有一种很流行的说法："婴儿的第一声啼哭就是世界上最美的歌曲。"这当然是很文学化的说法，但却很适用于人类幼年的情形。太古的情况我们已经不太清楚了，但是我们似乎可以用稍晚些的情况来印证这一点。例如我们注意到，我国先秦时代诸子百家的许多散文当中，往往不自觉地、自然而然地表现出一种节奏化、韵律化的倾向。我们即使不考虑其内容，仅仅从语言形式上看，也觉得它们很美。

当然，内容也是必须考虑的，而且还是必须首先考虑的因素。根据《尚书》的论述，志（情）是诗（言）的动因，诗（言）是歌（咏）的动因，歌（咏）则是声（依）的动因，声（依）是律（和）的动因。儒家的"礼乐"文化之"乐"，乃是包括了诗、歌、器乐在内的，而其中最为根本的，乃是"诗"。诗歌决定了器乐，器乐服务于诗歌。而诗的根本，则是情志。无"情"无"志"之诗，只是所谓"无病呻吟"。当然，后来发展出了所谓"纯音乐"，就是没有诗歌的音乐。但说到底，即使是所谓"纯"音乐也是不纯的，它最终仍是为情感服务的。纯音乐可以没有歌词，但不能没有感情。无"情"无"志"的音响只是纯粹的声音，不是音乐。音乐的灵魂就是情、志——情感；对于儒家来说，"乐"的灵魂就是仁爱之情。

第二节　儒学的审美活动论

一、率性为道

如果说"天命之谓性"成就了人的德性，包括审美德性，那么"率性之谓道"就体现了人的本真活动，包括审美活动的特征。在儒家美学思想中，"率性之谓道"有充分的体现。审美活动应该说是人的一种最率真的活动，这一点是儒家美学看到了的。儒家美学的这种"率性"观念，是建立在其性善论基础之上的。

（一）性善论

关于人性的道德性质，儒家有孟子的"性善论"和荀子的"性恶论"之分。

荀子认为，人的本性是邪恶的，而善性是后天改造的结果。他说："人之性恶，其善者伪也。"[1] 因此，如果"从人之性，顺人之情，必出于争夺，合于犯分乱理而归于暴。故必将有师法之化，礼义之道"。因此"圣人化性而起伪"，"为之立君上之势以临之，明礼义以化之，起法正以治之，重刑罚以禁之，使天下皆出于治，合于善也。"[2] 荀子这种"性恶论"虽然能够论证"圣人移风易俗"的必要性，但是无法论证儒家的仁学思想，因而未能成为儒家哲学的主流。

儒家人性论的主流和正统是孟子的"性善论"。孟子认为，人性本善。"人性之善也，犹水之就下也。人无有不善，水无有不下。"[3] 具体来说，人性包括仁义礼智"四端"（四个善端）："恻隐之心，仁之端也；羞恶之心，义之端也；辞让之心，礼之端也；是非之心，智之端也。"之所以称之为"性"，

---

[1]　"伪"在荀子那里是一个褒义词，其意思是"人为"，亦即不是天然的，而是后天教育的结果。

[2]　均见《荀子·性恶》。这里须说明的一点是，人们对荀子关于"性"的理论的理解是不全面完整的。荀子之所谓"性"虽然也指本性，但是他是在两种意义上使用"性"这个词：一种是伦理学意义上的"性"，这就是"性恶论"；另外一种是认识论意义上的"性"，则不能视为"性恶论"，例如他说："凡以知，人之性也；可以知，物之理也。"这里"以知"或能知的"性"是人天生的认识能力，是荀子所充分肯定的，绝不能说是"恶"的。

[3]　《孟子·告子上》。

是因为它们都是天生的，"恻隐之心，人皆有之；羞恶之心，人皆有之；辞让之心，人皆有之；是非之心，人皆有之"[1]。所以"仁义礼智非由外铄我也，我固有之也"[2]。正是因为人性本善，所以只要真正率性而行，也就无所不善了；如果人性本恶，那么循性而行岂不就成了随心所欲地作恶了？所以主张人性恶的荀子的思想不受重视，而主张人性善的孟子的思想就成了儒家思想的正统。

这种天生的善性，孟子又称之为"良知良能"："人之所不学而能者，其良能也；所不虑而知者，其良知也。"[3] "良知"又叫"良心"，孟子认为这是人生来就具有的，只是由于不良环境的影响，他才放失了自己的良心。放失了的良心，叫作"放心"。所以他说："虽存乎人者，岂无仁义之心哉？其所以放其良心者，亦犹斧斤之于木也，旦旦而伐之，可以为美乎？"[4] 找回自己已经放失的良心，就叫"求其放心"。这种作为德性的良心又是天所赋予的，所以后世又称之为"天良"。这就将"天"和"心"相提并论了。"天"到了宋明理学那里，又称为"理"或者"天理"。所以，我们看到儒家价值观念的一种极为常见的典型表述："天理良心"就是一切正面价值的最高尺度；"伤天害理"则是一切负面价值当中的极致——所谓"丧尽天良"了。

（二）向善论

由于人性本善，因此人们遇事总是本能地向善的。如孟子说：

> 人皆有不忍人之心。……所以谓人皆有不忍人之心者，今人乍见孺子将入于井，皆有怵惕恻隐之心，非所以内交于孺子之父母也，非所以要誉于乡党朋友也，非恶其声而然也。由是观之，无恻隐之心，非人也；无羞恶之心，非人也；无辞让之心，非人也；无是非之心，非人也。[5]

猛然看见一个小孩将要落入水井，任何人都会立即本能地产生一种惊骇而

---

[1]　《孟子·公孙丑上》。
[2]　《孟子·告子上》。
[3]　《孟子·尽心上》。
[4]　《孟子·告子上》。
[5]　《孟子·公孙丑上》。

怜惜的感情，这显然既不是因为跟小孩的父母有何私交，也不是为了谋取什么名誉，而是出于本心固有的善性。这是谁都可以感受的经验，充分证明了人是本能地向善的。这种本能的善，就是"诚"。孟子认为："诚者，天之道也；思诚者，人之道也。"[1] 诚是天道，也是人道，因为"天命为性"，人性乃是天成的。所以，"不诚无物"，不诚无人。

关于人性是否天生向善，孟子与告子还发生过一场辩论：

告子曰："性犹湍水也，决诸东方则东流，决诸西方则西流。人性之无分于善不善也，犹水之无分于东西也。"

孟子曰："水信无分于东西，无分于上下乎？人性之善也，犹水之就下也。人无有不善，水无有不下。今夫水，搏而跃之，可使过颡；激而行之，可使在山。是岂水之性哉？其势则然也。人之可使为不善，其性亦犹是也。"[2]

告子认为，人性本来无所谓善或恶，像水一样，本无所谓东流水，还是西流水，你在东方决开口子它就往东流，在西方决开口子它就往西流。这看起来似乎很有道理，但孟子反驳道：这并不是东西的问题，而是上下的问题。水很难往上流，而总是往下流，这就正如人性，总是向善的。你可以使水流上山，但这并不是水的本性；你可以使人学坏，但这也并不是人的本性。水自然向下，人自然向善。

扩展开来理解，人按其本性，也总是自然倾向真、善、美的。没有人会本能地喜欢假的东西、恶的东西、丑的东西。这个道理对理解人的审美活动是很重要的。人是天生地爱美，天生地倾向于美的。

（三）率性论

人性之善乃是天性，所以人就不妨"率性"而行，这样，他的行为无论如

---

[1] 《孟子·离娄上》。
[2] 《孟子·告子上》。

何也是善的。这种"率性"，其实就是儒家追求的一种"自由"境界。笔者曾经谈到儒家的自由精神，就是"如其所是"的生活：

　　所谓"如其所是"，就是在现实中的合乎本性的生活。所以，你得既意识到自己的本性，又意识到实现这种本性的现实。二者缺一不可。例如"爱"（广义），儒家所谓"仁"。"仁"是一种能力，就是"能爱"。你要意识到，能爱，这并不是别人强加给你的要求，而是你自家的本性。否则爱就成了你的一大负担，哪里还有自由之感？所以孔子说："我欲仁，斯仁至矣。"不是人家要我"仁"，而是"我欲仁"。儒家认为："仁者爱人。"又说："仁民爱物。"爱一切人，而且爱一切物。这似乎是一种"泛爱""博爱"。但这不对，因为你忘了现实问题。例如在宗法社会里，泛爱或博爱是不能自由的（你爱别人的妻子吗？像爱自己的妻子一样吗？）。所以，当时讲"兼爱"即泛爱的墨家不能成功，几成绝学。而儒家当时讲"爱有差等"，就是说，爱的程度是有亲疏差别的。这种差别，就是所谓"承认现实"。

　　孔子自述一生自我修养的经过，就是儒家追求自由的一个写照："吾十有五而志于学，三十而立，四十而不惑，五十而知天命，六十而耳顺，七十而从心所欲不逾矩。"这里共有三个阶段、三种高低不同的境界："三十而立"只是能够安身立命、如其所是地生活；"四十而不惑"则已经意识到其本性之"然"（知道是"我欲仁"）；"五十而知天命"则更进一步意识到其本性之"所以然"（知道是"天性""天良"，亦即所谓"天命之谓性"）。此一阶段又可以再细分三种境界："知天命"还是"有意识"的，还不觉得真正自由；"耳顺"就感觉要自由自在得多了，不再那么勉强；"从心所欲不逾矩"就真正彻底自由了，自在了。一方面"不逾矩"，不违礼犯规，不违法乱纪；一方面却感到"从心所欲"，率性而为，随意而行，一如自然，不假安排。这就是儒家所理解的真正的、现实的自由境界。[1]

---

[1]　黄玉顺：《中国之自由精神·导言》，四川人民出版社 2000 年版，第7—8页。

此处所谓孔子式的"从心所欲不逾矩"，就是"率性"。

将这种"如其所是""从心所欲"的态度运用到审美活动上，就是李白所说的"清水出芙蓉，天然去雕饰"，就是审美的自由境界。其实，这种审美的自由境界同时也是人生的自由境界。真正率性的人生，诚如尼采所说，就是一种艺术的人生。

二、求美之意

从德性的持存角度看，爱美是一种天性；从德性的外发角度看，求美是一种自然倾向。发自本心德性的自然倾向，乃是一种意向。爱美只是一种审视，属于"知"的范畴；求美则是一种意欲，它是指向"行"的。既有所"求"，便有所"欲"。既有所"欲"，便有一个是否合"理"的问题。所以，儒家讲求"理欲之辨"。

（一）理欲之分析

"理欲之辨"是儒家思想中的一个重大理论问题。关于"欲"，儒家有两种不同的语义及其用法。

一种是指与"理"相对立的"欲"，亦即所谓"人欲""私欲"或者"情欲"。这是宋明儒家着力分辨的一个重大问题，就是所谓"天理人欲之辨"。他们的一个著名口号，就是"存天理，灭人欲"。他们这种思维方式的一个前提，就是已经预先把人欲和天理绝对地对立起来了，两者乃是互为外在的东西。即使是当时的陆九渊、王阳明的心学，认为"心外无理"，但仍然是把人欲与天理视为对立面的。难怪后来戴震就骂他们："其所谓'理'者，同于酷吏之所谓'法'。酷吏以法杀人，后儒以理杀人"[1]；"人死于法，犹有怜之者；死于理，其谁怜之？"所以戴震指出："此理欲之辨，适成忍而残杀之具，

---

[1]　戴震：《与某书》。

为祸又如是也！"[1]

　　另外一种则是指正当的、正义的"欲"，也就是孔子所说的"欲"。孔子说过："我欲仁，斯仁至矣。"[2] 显然，这种"欲"就是正当的，甚至是善的。这就正如戴震所说的："人之有欲也，通天下之欲，仁也。"[3] 在他看来，人皆有欲；能使天下人的欲都能通达，那就是所谓"仁"。本来，人欲或情欲并不一定就是恶的或善的，它本身无所谓善恶，而不过是人性的一种自然表现。我们试看孟子这一番著名的话：

> 鱼，我所欲也；熊掌，亦我所欲也。二者不可得兼，舍鱼而取熊掌者也。生，亦我所欲也；义，亦我所欲也。二者不可得兼，舍生而取义者也。生亦我所欲，所欲有甚于生者，故不为苟得也；死亦我所恶，所恶有甚于死者，故患有所不辟也。如使人之所欲莫甚于生，则凡可以得生者，何不用也？使人之所恶莫甚于死者，则凡可以辟患者，何不为也？[4]

　　我们认为，孟子这段议论实在透彻。人欲本身并无所谓好坏善恶，只不过不同的欲望之间是存在着高下等级之分的。尽管生和死的关系可以说是一种善恶关系，但是生和义的关系就绝不是一种善恶关系了，它们只有程度的差异。欲吃鱼肉，欲吃熊掌，欲生存，欲正义，原来都是正当的。但当它们在特定情况下发生了冲突、不可兼得的时候，就有一个取舍问题了：熊掌自然高于鱼肉，义当然高于生。取舍的标准，当然是"仁"。价值体系本身不是平面的，而是一个层级系统；而在儒家看来，处于其顶层的就是"仁"。

　　这里问题的关键，在于对理和欲的关系的理解。宋明儒家一开始就把理和欲对立起来，这种思维方式本来就是不对的，势必导致否定人欲。在这个问题上，我们还是应该以孔、孟所主张的为准。因为，欲是人性的自然流露，既然人性本善，那么人欲也就是善的了。在这个意义上，人欲就是天理。天

---

[1]　戴震：《孟子字义疏证》。
[2]　《论语·述而》。
[3]　戴震：《孟子字义疏证》。
[4]　《孟子·告子上》。

之理就是心之理、性之理、欲之理。在这方面，后来明清之际的儒家是更正确的。例如王船山说："礼虽纯为天理之节文，而必寓于人欲以见"；"随处见人欲，即随处见天理"；"故终不离人而别有天，终不离欲而别有理也。"[1]后来戴震说得更好："人生而后有欲、有情、有知，三者，血气心知之自然也"[2]；而且，"有欲而后有为，有为而归于至当不可易之谓理。无欲无为，又焉有理？"[3] 所以，"理者，存于欲者也"；"古圣贤所谓仁义礼智，不求于所谓欲之外"；进而言之，"遂己之欲者，广之能遂人之欲；达己之情者，广之能达人之情。道德之盛，使人之欲无不遂，人之情无不达，斯已矣。"[4]这正是孔子讲的"己欲立而立人，己欲达而达人"[5] 的意思，也就是孔子所谓"仁"的本意所在。

我们所谓"求美之意"——对美的追求，也就是这样一种"欲"，它是发自内心德性的。"人生而后有欲"，其中也有求美之欲，这是"血气心知之自然也"，亦即人之天生德性的一种自然表现。

（二）义利之辨别

有求便有欲，有欲便有行。而但凡有所行，就有一个是否正义、正当的问题。儒家认为，凡正当之行，就是"义"，即孟子所说的"义，人之正路也"[6]，韩愈所说的"行而宜之之谓义"[7]；凡不正当之行，就是"不义"。同时，所谓有所求，其实就是有所利，也就是说，欲求及其行为总是指向某种利益的。这就涉及正义与功利之关系，亦即"义利之辨"了。

义利之辨也是儒家哲学当中的一个重大理论问题。在这个问题上，也有两派意见。

一派认为，义和利是对立冲突的。本来，孔子是持义利统一的观点的，孟子继承了这个观点，但却多少开始偏向义利冲突的立场。例如孟子说："非

[1]　王夫之：《读四书大全说·梁惠王下篇》。
[2]　戴震：《孟子字义疏证》。
[3]　戴震：《原善》。
[4]　戴震：《孟子字义疏证》。
[5]　《论语·雍也》。
[6]　《孟子·离娄上》。
[7]　韩愈：《原道》。

其义也，非其道也，禄之以天下，弗顾也。"[1] 这跟孔子的观点还是基本一致。但他又说："王何必曰利？亦有仁义而已矣。"[2] 这就过分地强调了义利之间对立的一面。同时，荀子也讲："义与利者，人之所两有也"；"义胜利者为治世，利克义者为乱世"。[3] 这种过分突出义利对立一面的观点，被后世儒家所加强。例如董仲舒的一句名言是："正其谊（义）不谋其利，明其道不计其功。"[4] 这就把正义原则跟功利原则视为绝对对立的了。到了宋代儒家那里，这种倾向就更加严重了。例如程颐认为："义与利，只是个公与私也。"[5] 朱熹认为："仁义根于人心之固有，天理之公也；利心生于物我之相形，人欲之私也。循天理，则不求利而自无不利；殉人欲，则求利未得而害己随之。"[6] 这就把"义"和"利"跟"天理"和"人欲"等同起来了。宋儒主张"存天理，灭人欲"，这就等于主张存义、灭利。

另一派则认为，义和利是一致的，至少也是既对立又统一的。例如张载认为："义，公天下之利。"[7] 李觏指出："焉有仁义而不利者乎？"[8] 叶适则说："既无功利，则道义乃无用之虚语耳！"[9] 而颜元则指出："全不谋利计功，是空寂，是腐儒。"[10] 并且针对董仲舒而提出："正其谊以谋其利，明其道以计其功。"[11] 我们认为，这种观点更符合于原典儒家的立场。就孔子本人来看，他虽然也说过"君子喻于义，小人喻于利"[12] "君子义以为上"[13] 这样的话，但他更多的时候还是把义和利视为可以统一的。他说：

> 富而可求也，虽执鞭之士，吾亦为之。如不可求，从吾所好。[14]

---

[1] 《孟子·万章上》。
[2] 《孟子·梁惠王上》。
[3] 《荀子·大略》。
[4] 《汉书·董仲舒传》。但董仲舒也讲圣人应"为天下兴利"。
[5] 《二程遗书》卷十七。
[6] 朱熹：《四书章句集注》。
[7] 张载：《正蒙·大易》。
[8] 李觏：《原文》。
[9] 叶适：《习学记言》卷二十三。
[10] 颜元：《言行录》。
[11] 颜元：《四书正误》。
[12] 《论语·里仁》。
[13] 《论语·阳货》。
[14] 《论语·述而》。

求富当然就是谋利，然而只要可求，那就不妨为之。所谓"可求"，是说可以在无碍于正义的情况之下去求。可见义与利之间是可以无碍的。而所谓"不可求"，就是"不义而富且贵"，这对于孔子来说"于我如浮云"，是他不屑一顾的。所以孔子主张"见利思义"[1]"义然后取"[2]。不仅如此，儒家认为，真正的"大义"，其实乃是一种"大利"。《易·乾文言》："利者，义之和也"；"利物足以合义"；"乾始能以美利利天下，不言所利，大矣哉"！由此可见，正义与功利是对立统一的关系。

（三）意义之追求

通常以为，审美是无功利的。这里的"功利"只是一种狭隘的理解。其实，只要有所"求"，也就有所"利"，求美亦然。儒家理解的审美活动，其实正如《周易》所言："以美利利天下。"这种"功利"，乃是一种"意义的追求"。

儒家美学对意义的追求，包括对真、善、美的追求。对于文学，儒家尤其追求一种"尽善尽美"的境界。孔子曾经评价古乐，便是以"尽善"和"尽美"两种尺度分别来谈的："子谓《韶》'尽美矣，又尽善也'；谓《武》'尽美矣，未尽善也'。"[3]《韶》是舜时的音乐，孔子认为它已达到了尽善尽美的境界；而《武》则是周时的音乐，孔子认为它虽然美，但在善方面还有所欠缺。孔子说过："小子何莫学乎诗？诗可以兴，可以观，可以群，可以怨。"[4] 其中，学诗"可以观""多识于鸟兽草木之名"，就是从求"真"方面来讲的。孔子甚至认为，不学诗会使人盲目无知，"人而不为《周南》《召南》，其犹正墙面而立也与！"[5]诗不仅有助于"知"，而且有助于"行"，所以，孔子又讲：学诗可以"迩之事父，远之事君"[6]。孔子还曾说过："诵《诗》三百，授之以政，不达；使于四方，不能专对；虽多，亦奚以为？"[7] 这些都是从"行"的方面

---

[1]　《论语·述而》。
[2]　《论语·宪问》。
[3]　《论语·八佾》。
[4]　《论语·阳货》。
[5]　《论语·阳货》。
[6]　《论语·阳货》。
[7]　《论语·子路》

来讲的。

　　这就是说，儒家的美学追求，不是形式，而是内容；不是文辞，而是意义。孔子虽然说过"言而无文，行之不远"，但他也说过："辞，达而已矣。"[1] "达"什么？达"意"，即意义。对此，司马光有深刻理解：

　　　　古之所谓"文"者……非今之所谓"文"也。今之所谓"文"者，古之辞也。孔子曰："辞达而已矣。"明其足以通意斯止矣，无事于华藻宏辩也。[2]

　　这里的"诗书礼乐之文，升降进退之容，弦歌雅颂之声"都是从内在意义上来讲的。所以，孟子主张："不以文害辞，不以辞害志。"[3] 而此所谓"志"，就是思想感情，就是意义。这就是儒家所追求的。

　　意义的追求，首先就是求知。但此求知，所求的实际上就是善。孔子说过："苟志于仁矣，无恶也。"[4] 此"志"即"诗言志"之"志"，此"仁"即善（无恶）。但"仁"作为一种感情，最高的境界是"美"，亦即审美情感。这就是我们前面已谈到过的孔子"吾与点"的意思。所以，儒家所求最高意义，是美。

三、兴诗成乐

　　所谓"兴诗成乐"，是从修身行事、安身立命方面来说的。孔子说过："兴于诗，立于礼，成于乐。"[5] "兴"的意思是"起"，亦即感发情志；"兴于诗"是说修身要从学诗开始，亦即孔子所说的"诗可以兴"。《论语集解》引包咸注："兴，起也。言修身当先学诗。""立"的意思就是在社会上安身立命，即孔子所说的"三十而立"；"立于礼"是说安身立命就需要学礼。"成"的意思则是修身成性，"成于乐"是说修身成性依赖于学乐。可见文学艺术在儒学中

---

[1]　《论语·卫灵公》。
[2]　司马光：《温国文正司马公文集》卷十六。
[3]　《孟子·万章上》。
[4]　《论语·里仁》。
[5]　《论语·泰伯》。

对于人生具有何等的分量。

（一）诗缘情

"诗缘情"一语，出自陆机《文赋》："诗缘情而绮美，赋体物而浏亮。"其意思是说，诗歌出自情感。这就正如荀子所说："夫乐者，乐也，人情之所必不免也，故人不能无乐。"[1] 东汉班固也说："哀乐之心感，而歌咏之声发。"[2] 何休也说："男女有所怨恨，相从而歌，饥者歌其食，劳者歌其事。"[3] 刘勰认为："风雅之兴，志思蓄愤，而吟咏情性，以讽其上，此为情而造文也。"[4] 诗是"为情造文"的，这是一个重要的原则。唐代孔颖达说："作诗者，所以舒心志愤懑，而卒成于歌咏"；"悦豫之志，则和乐兴而颂声作，忧愁之志，则哀伤起而怨刺生。"[5] 所以，汉代《毛诗序》所说的"在心为志，发言为诗，情动于中，而形于言"，这里的"志"和"情"是一个东西。正如孔颖达所说的："在己为情，情动为志，情志一也。"[6]

关于诗歌音乐源于人心情感，《礼记·乐记》认为：

> 凡音之起，由人心生也。人心之动，物使之然也。感于物而动，故形于声。声相应，故生变。变成方，谓之音。比音而乐之，及干戚羽旄谓之乐。乐者，音之所由生也，其本在人心之感于物也。是故其哀心感者，其声噍以杀；其乐心感者，其声啴以缓；其喜心感者，其声发以散；其怒心感者，其声粗以厉；其敬心感者，其声直以廉；其爱心感者，其声和以柔。

一部《诗经》都是缘情、言志的，那些知名、不知名的作者，往往夫子自道，如："夫也不良，歌以讯之"[7]；"维是褊心，是以为刺"[8]；"家父作诵，以

---

[1]　《荀子·乐论》。
[2]　班固：《汉书·艺文志》。
[3]　何休：《春秋公羊传注疏》卷十六。
[4]　刘勰：《文心雕龙·情采》。
[5]　孔颖达：《毛诗正义》卷一。
[6]　孔颖达：《左传正义·昭公二十五年》。
[7]　《诗经·陈风·墓门》。
[8]　《诗经·魏风·葛屦》。

究王讻"[1]；"作此好歌，以极反侧"[2]；"君子作歌，维以告哀"[3]；等等。
所以司马迁说："《诗》三百篇，大抵贤圣发愤之所为作也。"[4]"贤圣"未必，
"发愤"则是无疑的。

（二）乐和同

前面说过，儒家文化乃是"礼乐"文化，有礼和乐两个方面。孔子说："礼
乐不兴，则刑罚不中。"[5]荀子认为："乐者，天下之大齐也，中和之纪也，
人情之所必不免也。"[6]根据儒家的观念，这两个方面的功能是：礼以别异，
乐以和同。礼的作用在于确立社会系统的结构秩序，而乐的作用则在于这些结
构要素之间——个人与群体，群体与群体，个人与个人之间——的和谐、亲和。
正如《周礼·地官·大司徒》所说："以六乐防万民之情，而教之和。"所以
荀子说："乐之中和也"[7]，"乐言是，其和也"[8]。"中（zhōng）"是"中（zhòng）
节"的意思，也就是合乎"礼"的节度；在这个基础上，才谈得上"和"的问
题。所以《中庸》提出："喜怒哀乐之未发，谓之中；发而皆中节，谓之和。"
这也就是"发乎情止乎礼义"的意思。陈淳指出："那恰好处，无过、不及，
便是中，此'中'即所谓'和'也。"[9]所以，乐之和同的前提乃是礼之别异。
如果无"别"，也就谈不上"和"了。

这就涉及了儒家的另一个重要思想，即"和同"论。儒家主张有差别的
"和"，反对无差别的"同"。孔子说过："君子和而不同，小人同而不和。"[10]
和而不同，也叫"和而不流"，《中庸》指出："君子和而不流。"好好先
生似的一味附和众人，便是"流"，便是"沉沦"；以不同的意见跟他人互
相补充，这就是"和"。"同"是单一、单调，而"和"才是丰富、和谐，

---

[1]　《诗经·小雅·节南山》。
[2]　《诗经·小雅·何人斯》。
[3]　《诗经·小雅·四月》。
[4]　司马迁：《史记·太史公自序》。
[5]　《论语·子路》。
[6]　《荀子·乐论》。
[7]　《荀子·劝学》。
[8]　《荀子·正论》。
[9]　陈淳：《北溪字义·中和》。
[10]　《论语·子路》。

也才是美。这种思想由来已久。西周末年，史伯说过："夫和实生物，同则不继。以他平他谓之和，故能丰长，而物归之；若以同裨同，尽乃弃矣！"[1] 差异对立方面的"和"，能使物生长丰盈；而绝对单纯的同一，则毫无意义。春秋时期，晏婴更进一步发挥了这种思想：

> 和如羹焉，水、火、醯（xī）、醢（hǎi）、盐、梅，以烹鱼肉，燀（chǎn）之以薪，宰夫和之，齐之以味；济其不及，以洩其过。君子食之，以平其心。君臣亦然。君所谓可，而有否焉，臣献其否，以成其可；君所谓否，而有可焉，臣献其可，以去其否。是以政平而不干，民无争心。……先王之济五味，和五声也，以平其心，成其政也。……若以水济水，谁能食之？[2]

晏婴这里是以调羹为例，说明和而不同的道理。

儒家认为，"和"的意义是重大的。《礼记·乐记》认为："乐者，天地之和也"；"和，故百物皆化。"所以董仲舒说过："德莫大于和。"[3] 张载指出："和则可大，乐则可久，天地之性，久大而已矣。"[4] 可见在儒家思想中，"和"具有本体论的意义。

"和"在文学艺术上的体现，就是"乐"；反之，"乐"的社会功能就是"和"。例如音乐，"同"是单调乏味的，"和"才和谐优美。这就正如晏婴所说：

> 声亦如味：一气、二体、三类、四物、五声、六律、七音、八风、九歌，以相成也；清浊、小大、短长、疾徐、哀乐、刚柔、迟速、高下、出入、周疏，以相济也。君子听之，以平其心，心平，德和。……若琴瑟之专一，谁能听之？[5]

也正因为如此，儒家认为，"乐"还具有普遍的伦理政治意义。孟子认为：

---

[1]　《国语·郑语》。
[2]　《左传·昭公二十年》。
[3]　董仲舒：《春秋繁露·循天之道》。
[4]　张载：《正蒙·诚明》。
[5]　《左传·昭公二十年》。

"闻其乐，而知其德。"[1]《礼记·乐记》认为："乐者，通伦理者也。"《白虎通·礼乐》说："乐者，所以崇和顺，比物饰节，节奏合一成文，所以和合父子君臣，附亲万民也，是先王立乐之意也。"

（三）律和声

乐之"和"是有标准的，就是"律"，这就正如人之"和"是有标准的，就是"礼"。在这个意义上，礼也是一种律。所以，"律"后来引申出一般的"规范"的意义，诸如法律、纪律、诗词格律、规律等。

所谓"律"，本来是指古代乐器的一种校音器，最初是用不同长短的竹管均衡地排列而成的，能发出不同的标准音。律是调音的标准。最初是所谓"六律"，后来则是"十二律"（阳律六律，阴律六吕）。关于音律的发明，《吕氏春秋·古乐》记载："昔黄帝令伶伦作为律。伶伦自大夏之西，乃之阮隃之阴，取竹于嶰溪之谷，…… 次制十二筒，以之阮隃之下，听凤凰之鸣，以别十二律。"这种记载当然未必可靠，但它表明最初的律吕是用竹做的则是事实。

关于"律"，《说文解字》解释说："律，均布也。从彳，聿声"；"彳，小步也。"这就是说，律是一种均匀的分布，就像人的步伐一样有均衡匀称的节律。显然，这种均匀分布本身就是一种"和"，是建立在"异"的基础之上的。所以，律是在差异基础上的和谐的象征。这也就是"乐以和同"的根据所在。

所谓"律和声"，是说音乐的声响要靠"律"来"和"；假如只是不同的声响凑合起来，却不合律，那就不会和谐，也就不是音乐。所以，"和"的效果由两个因素造成："别""律"。两者缺一不可。有别无律，那是杂乱的异而不和；有律无别，那是单调的同而不和。既有别又有律，才是异而不乱，和而不同。这显然是具有普遍意义的，例如社会群体的人际关系，既需要礼以别异，也需要乐以和同，否则不是动乱纷扰，就是单调沉闷。所以社会既需要礼，也需要乐。唯其如此，儒家才会特别重视"礼""乐"的配合，从而形成"礼乐文化"。

---

[1] 《孟子·公孙丑上》。

审美活动，例如文学创作，也是要追求"和"的，因而也需要"律"。此所谓"律"，就是文学创作的规律、规范。在中国文学中，最明显的是诗词格律，严格讲究用韵、平仄、对仗、粘联等。其实其他任何体裁的文学创作，都是有它的规范的。这些规范有的是人为制定的，有的是自然形成的，然而无论如何，它们都是必须遵守的规范。俗话所说的"没有规矩，不成方圆"就是这个意思。文学创作如果没有这种"律"的规范，也就没有文学作品的"和"的美感了。

第三节　儒学的审美教化论

一、修道为教

众所周知，儒家是特别重视教育、教化的。这也适用于审美问题，所以，儒家又有"诗教""乐教"的传统。可是这里存在一个疑问。《中庸》里的两句话"率性之谓道，修道之谓教"，看起来似乎是互相矛盾的：既然率性就是道，而"性"又是人人天生就具备的，那为什么还要努力去"修"或"教"呢？那不是多此一举了吗？这确实是一个问题。于是，在儒家哲学里，"性"与"修"的关系问题就十分重要了。

（一）性与修

粗浅地理解，既然我们承认，任何人天生是善良的，所谓"不事而自然谓之性"，"凡性者，天之就也，不可学，不可事"[1]，那么，后天修养也就完全没有必要了。其实不然。对此，董仲舒的解释是："名'性'，不以上，不以下，以其中名之。"[2] 他首先把人分成三等：全善的"圣人之性"、全恶的"斗筲（shāo）之性"和普通的"中民之性"。在他看来，前两种严格说来不能称

---

[1]　《荀子·性恶》。
[2]　董仲舒：《春秋繁露·深察名号》。

为"性"，只有"中民之性"才能称之为"性"，它是可善可恶、可上可下的。这就等于说，真正意义上的"性"是无所谓善或恶的。所以说"性待渐于教训，而后能为善"[1]，"质朴之谓性，性非教化不成"[2]。这个解释，我们认为比较接近于孔子对"性"的说法，孔子说："性相近也，习相远也。"[3]

但是这样一来，孟子的"性善论"似乎就站不住脚了。其实也不然。孟子讲的"性善"，实际上是说"性"有"善"的潜能、趋向，即所谓"良知""良能"，这只是一种"端"（发端），所以他才把人之向善比喻为"水之就下"。唯其如此，孟子才认为，人的这种向善的天然趋向，需要"存其心，养其性""反求诸己""求其放心"，然后"扩而充之"。王夫之曾指出："性，谓其自然之良能。"[4] 即是这个意思。孟子并未否认环境教育的作用，而是认为："富岁，子弟多赖；凶岁，子弟多暴。非天之降才尔殊也，其所以陷溺其心者然也。"[5] 唯其如此，后天的教育才显出其重要。

同样，荀子的性恶论也突出了后天教育的重要。正因为人性本恶，"好声""好色""好味""好利"，所以特别需要教育、教化。"今人之性固无礼义，故强学而求之有也；性不知礼义，故思虑而知之也"，如果"从人之性，顺人之情，必出于争夺，合于犯分乱理而归于暴"。所以"故必将有师法之化，礼义之道"，"圣人化性而起伪"，"为之立君上之势以临之，明礼义以化之，起法正以治之，重刑罚以禁之，使天下皆出于治，合于善也"。[6] 不过，这里有一点是需要分辨的：儒家的人性论是从伦理学角度着眼的，由此而分为孟子的性善论和荀子的性恶论。如果从认识论的角度着眼，那么荀子的人性论也是一种性善论，因为在他看来，人的认识能力也是天生的，"凡以知，人之性也；可以知，物之理也。"[7] 而这种"可知之性"无疑是善的或者好的。

就儒家人性论的伦理学意义看，无论人性本善还是本恶，都是需要后天的

---

[1] 董仲舒：《春秋繁露·实性》。
[2] 董仲舒：《举贤良对策三》。
[3] 《论语·阳货》。
[4] 王夫之：《张子正蒙注·乾称》。
[5] 《孟子·告子上》。
[6] 《荀子·性恶》。
[7] 《荀子·解蔽》。

教育的。这正如孟子所说："饱食暖衣，逸居而无教，则近于禽兽。"[1] 如果单凭先天本性而无后天教育，那么人跟禽兽相差无几。这是因为，即便先天之性是善的，但它毕竟只是一种潜能，而这种潜能要变为现实，其途径只能是教育。正因为如此，人也就不能全然依赖先天之"性"，还须进行后天之"修"或"教"。这就是"修道之谓教"的根据。也正因为如此，《中庸》才主张"自天子以至于庶人，壹是皆以修身为本"。"修身"就是"修道"，就是教育。

（二）诚与明

"性"与"修"的关系问题，又与"诚"与"明"的关系问题相关。"性"与"教"的关系，就是"诚"与"明"的关系。按照《礼记·大学》的说法，"修身"的目的，在于"明德"，也可以说在于"养性"，亦即觉悟到或者明察到自己的德性，所以，我们才有"修身养性"的说法。

那么，如何才能"明德"呢？儒家提出两种途径：一是"自诚（而）明"，一是"自明（而）诚"。首先需要解释一下："诚"的意思，也就是人的德性之善。孟子说："诚者，天之道也；思诚者，人之道也。"[2]《中庸》说："诚者，天之道也；诚之者，人之道也。"显然，"诚"本身是一个形而上学的天道范畴；而对于人来说，则是"思诚""诚之"的问题。但是思诚、诚之的结果，人自身也就"诚"了，即"与天地参""上下与天地同流"了。正如《中庸》所说："唯天下至诚，为能经纶天下之大经，立天下之大本，知天地之化育。"所以儒家特别看重"诚"，如荀子所说："君子养心，莫善于诚；致诚，则无它事矣。"[3]

那么，"自诚明"和"自明诚"是什么意思？两者有何区别？《中庸》的解释："自诚明，谓之性；自明诚，谓之教。"这就是说，"自诚明"就是由"诚"而自然地达到"明"，亦即凭自己本来固有的善性就能明白自己这种善性，"诚者，自成也"，"诚则明矣"。这适用于天资很高的人，"诚者，不勉而中，不思而得，从容中道，圣人也"。"自明诚"就是先由学习

---

[1] 《孟子·滕文公上》。
[2] 《孟子·离娄上》。
[3] 《荀子·不苟》。

而达到"明"，然后再由这种"明"而达到"诚"，亦即通过学习来使自己意识到自己所固有的善性，"明则诚矣"。这适用于天资不太高的人，即大多数人。所以，对大多数人来说，要想"明德"，就得"修身"或者"修道"；而要修道，就须教育。这就是"修道之谓教"。朱熹对这两种人、两条路的说明如次："圣人之德，所性而有者也，天道也"，"诚则无不明矣"；"由教而入者，人道也"，"明则可以至于诚矣"。[1]

所以，"明"与"诚"是两条途径："自明诚，由穷理而尽性也；自诚明，由尽性而穷理也。"[2] 这后来却演化为宋明理学的两大派：程朱理学主张"道问学"，首先"格物穷理"；陆王心学主张"尊德性"，即"先立乎其大者"。前者认为："欲致吾之知，在即物而穷其理。"[3] 这就是"自明诚"。后者认为："良知无所伪而诚，诚则明矣。"[4] 这就是"自诚明"。其实这两者应该是对立统一的关系。

关于"诚"与"明"的这种关系，《大学》有著名的"三纲八目"之说：

三纲领："大学之道，在明明德，在亲民，在止于至善。"这里所谓"明明德"可以简称为"明德"，也就是"明"，亦即明白自己的德性。显然，这是属于"修身"范畴的。"明德"就是后来所说的"内圣"的功夫，"亲民""止于至善"则是后来所说的"外王"的功夫。

八条目："古之欲明明德于天下者，先治其国；欲治其国者，先齐其家；欲齐其家者，先修其身；欲修其身者，先正其心；欲正其心者，先诚其意；欲诚其意者，先致其知；致知在格物。物格而后知至，知至而后意诚，意诚而后心正，心正而后身修，身修而后家齐，家齐而后国治，国治而后天下平。"显然，这里的"格、致、诚、正"其实都是"修身"，都是"教""学"的事情、"内圣"的功夫，而"齐、治、平"则是"外王"的功夫。

三纲和八目的关系，可列表如下：

---

[1]　朱熹：《四书章句集注·中庸》。
[2]　张载：《正蒙·诚明》。
[3]　朱熹：《四书章句集注·大学》。
[4]　王阳明：《传习录中》。

三纲	明明德		亲民	止于至善
八目	格物、致知	诚意、正心		
	修身		齐家、治国	平天下

显然，《大学》的思路是"自明诚"，而不是"自诚明"。"诚意正心"就是"诚"，而其前提、途径则是"明""修""教"，亦即"格物致知""修道为教"。但这并不是说《大学》的作者就是反对"自诚明"这条路的，而是因为《大学》之所以为"大学"，是专讲"学"的。而"学"也就是"修""教"，也就是"修道为教"。换句话说，《大学》不是针对那种"生而知之"的圣人的，而是针对"中性之人"、常人的。常人如何才能明白自己的天生为善的德性？只有通过"修""教"。具体来讲，就是"格物致知"。

（三）教与学

说到"修身"或"修道"，这就涉及"教"与"学"的问题了。"学"指学习，"教"指教育或者"教化"。教与学是"修道为教"，亦即"修身"过程当中的对立统一的两个方面：自己修道、修身就是"学"，帮助他人修道、修身就是"教"。总起来说，都是"修""教"。

儒家特别重视学习问题。《论语》开篇就讲孔子的学习理论："学而时习之，不亦说乎？"儒家历史上有两篇"劝学"的名篇，一是《荀子·劝学》，一是张之洞《劝学篇》。《周易·乾文言》提出："学以聚之，问以辨之。"《礼记·中庸》又补充为："博学之，审问之，慎思之，明辨之，笃行之。"朱熹注说："学问思辨，所以择善而为知，学而知也；笃行，所以固执而为仁，利而行也。"[1]这就是说，"学问思辨"是学习的问题，"行"则是学以致用的问题。

与"学"相对的是"教"。狭义的"教"是教学，广义的"教"则是教育、教化。儒家特别重视教化问题。孟子说："饱食暖衣，逸居而无教，则近于禽兽。"[2]对"教"和"学"的关系，《说文解字》的解释很有意思："学（敩），觉悟也。从'教'。""教，上所施，下所效也。"这就是说，

[1] 朱熹：《四书章句集注》。
[2] 《孟子·滕文公上》。

"学"必须通过"教"，才能"觉悟"；而"教"，就是上行下效。这是儒家教学思想的一个典型表述，实质上是一种"教化"观念。《中庸》所谓"自诚明，谓之性；自明诚，谓之教"，就是说，教育就是通过使人明白道理而明了其本然善性。这也是教化观念。荀子说过："以善先人者，谓之教。"[1]此所谓"教"，是说的教师。儒家由重道而重教，由重教而重师。所以韩愈说："师者，所以传道授业解惑也。"[2]

　　教学的一项重要内容，就是文学教育。《论语·先进》记载了所谓"孔门四科"："德行：颜渊、闵子骞、冉伯牛、仲弓；言语：宰我、子贡；政事：冉有、季路；文学：子游、子夏。"这里所谓的"文学"固然是指对于经典文献的学习研究，但无疑也包含着今天所谓文学的内容。《论语·述而》记载孔子四个方面的教学内容："子以四教：文、行、忠、信。""文"即上文"文学"，"行"即"德行"，"忠"即"政事"，"信"即"言语"。清代刘宝楠解释说："'文'谓诗书礼乐，凡博学、审问、慎思、明辨，皆'文'之教也。"[3]其中"诗书礼乐"是教材内容，"学问思辨"是教学方法。从内容看，此"文"是包括了今天所谓的"文学"，例如《诗》。从教学内容看，孔子最看重的无疑是《诗》。孔子关于诗歌教育的事迹，《论语》多有记载。除《诗》之外，"六经"的其他文献也都具有文学作品的性质，例如《尚书》，就是一部历史散文。

二、审美之知

（一）情感教育

　　人们都知道儒家重视教育，却未必知道：儒家的教育，本质上是一种情感教育。一般来说，儒家教育的伦理内容、政治内容都是显而易见的；但是，儒家伦理政治教育的根据是什么，就不是那么明显了。而事实上，这也不难看出。

　　且以儒家教育的基本内容"仁、义、礼、智、信"，即所谓"五常"来看，它们无不浸透着情感教育的底蕴："仁"是自不待言的了，其他"义""礼""智""信"，其教育之所以可能，也都是基于"情"的，即基

---

[1]　《荀子·修身》。
[2]　韩愈：《师说》。
[3]　刘宝楠：《论语正义·述而》。

于作为人性的根基、心灵的底层的"情"。这种五常之教，谓之"五教"："布五教于四方：父义、母慈、兄友、弟共（恭）、子孝，内平外成。"[1] 义、礼、智、信，归根到底都发乎仁之情。所谓"父子有亲，君臣有义，夫妇有别，长幼有序，朋友有信"[2]，其实都是"有情"。这是儒家教育哲学的一个突出的特征。教育和学习是"修"，而"修"之所以可能，是因为基于"性"。此即所谓"修道为天""性修不二"（熊十力语）。但"性"的本真的根底也就是"情"。

但我们需注意，这里作为本真根底的"性情"是不同于所谓"七情六欲"之情的。情欲之情是"已发"，是"多"；性情之情是"未发"，是"一"。后世所谓"性善情恶"之说，所说的乃是情欲而非性情。这是一个十分要紧的分别，不可轻轻放过。性情之未发，乃本然之性，其实就是"仁"，也就是"良知良能"，乃是纯善的，或无所谓善恶的；而其已发，必经习染，便成了喜、怒、哀、惧、爱、恶之类，故有善恶之别。

这种性情也就是"仁"，这是儒家教育的根本。而"仁"就是一种情感，而且是最根本的情感。具体说来，"仁"就是"爱"。"樊迟问'仁'，子曰：'爱人。'"[3] 仁者爱人，仁是一种"爱情"。所以，儒家的教育归根结底就是仁爱教育："仁者以其所爱，及其所不爱；不仁者以其所不爱，及其所爱。"其中心内容是："亲亲，仁也"；"亲亲而仁民，仁民而爱物"。[4]

仁爱之情的外化，便是作为儒家教育的基本内容的"五伦"——君臣、父子、兄弟、夫妇、朋友，其伦理和谐关系之维系，全在于情：君臣之间的忠实，父子之间的慈孝，兄弟之间的敬爱，夫妇之间的和顺，朋友之间的诚信，说到底，都是情。一言以蔽之，儒家教育哲学的出发点，就是仁爱、情谊。这与道家正好相反。庄子主张"有人之形，无人之情"[5]，而孔子则认为："人而不仁，如礼何？人而不仁，如乐何？"[6] 人而无情，何以异于禽兽？所以，儒家教育就是教人"成人"，亦即教人"有情"。

性情之仁又发为"德"，便有所谓"五德"。子贡评论孔子："夫子温、良、

---

[1] 《左传·文公十八年》。
[2] 《孟子·滕文公上》。
[3] 《论语·颜渊》。
[4] 《孟子·尽心上》。
[5] 《庄子·德充符》。
[6] 《论语·八佾》。

恭、俭、让以得之。"[1] 温、良、恭、俭、让显然都是情，而且都是性情之仁的自然流露。又有所谓"四德"之说："孝，德之始也；弟，德之序也；信，德之厚也；忠，德之正也。"[2] 孝、悌、忠、信其实也都是情。尤其是"孝"，被视为"仁之本"[3]，它实质上就是父子、母子之间的自然亲情。

总之，在儒家看来，"人"的教育就是"仁"的教育，也就是"情"的教育。

（二）美感教育

儒家重视教育，其中包括美感教育。儒家美感教育的宗旨，就是培育审美感情。何为审美感情？仁爱就是最高的审美感情。所以，在这种意义上，培养仁爱之情就是培养审美感情。如果说，仁发乎知就是求真，发乎意就是求善，那么，仁发乎情就是求美。情的根本就是仁，情的极致就是美。

仁和美是天然相关的，孔子说过："里，仁为美。"[4] 一般人没有意识到此话的美学意义。所居的邻里环境，因为仁，所以美；扩而充之，一切都是因为仁，所以美。而仁是一种情，所以，因仁而美，其实就是因情而美。当然，这里所谓"情"，乃是指天生性情、真情。"情"本身就有"真"的含义，所以才有"情伪"这个说法。《周易·系辞传》："设卦以尽情伪。""情伪"就是"真伪"。20 世纪 80 年代曾经有过关于"什么是美"的激烈讨论，结果不了了之。其实在儒家看来，美是真情，真情即美。真情流露自身，就是人格的美；真情投向外物，就是事物的美——自然美、艺术美，等等。

但是我们知道，这种"真情"乃是人人与生俱来的天性、良知良能。如此说来，人生来自然就是美的了？其实不然。天生具有的仁爱真情，还只是一种潜能，需要被发现、发展。所以孟子说："充实之谓美。"[5] 这里所谓"充实"，也就是孟子讲的"扩充"：仁爱只是"善端"，亦即一种萌芽状态，需要"扩而充之"，使之发扬光大。这就正如一片水面，水平如镜，就是未发的仁爱；一石激起千层浪，一圈圈波纹扩展开去，就是已发的仁爱。所以

---

[1]　《论语·学而》。
[2]　《大戴礼记·卫将军文子》。
[3]　《论语·学而》。
[4]　《论语·里仁》。
[5]　《孟子·尽心下》。

孔子说"泛爱众"[1]，一个"泛"字，形容的就是这种如水波般的推扩的过程。推扩于人，便是"仁民"；推扩及物，便是"爱物"。所以孟子就说："亲亲而仁民，仁民而爱物"；"人皆有所不忍，达之于其所忍，仁也"。[2] 将仁爱推行于人，则己美，人亦美矣；将仁爱推行于物，则己美，物亦美矣。

这就是儒家审美教育之精髓所在。

（三）美学教育

说到教育，自然也就涉及知识问题。上述"美感教育"是让学生体验审美情感，而这里"美学教育"则是让学生掌握美学知识。虽然孔子说过："知之者不如好之者，好之者不如乐之者。"[3] 但是无论如何，"知之"乃是基础，没有"知之"就谈不上"好之"，更谈不上"乐之"了。我们须有关于美的知识，才能更好地鉴赏美。

当然，那个时候没有专门的所谓"美学"，关于美的知识，散布于儒家各个方面的学说中。对于儒家来说，美学知识首先就是"乐理"知识。这里所谓"乐理"，是指儒家学说中关于"乐"的道理。

孔子是很重视"乐理"的，他自己讲："吾自卫反鲁，然后乐正，《雅》《颂》各得其所。"[4] 这里，既然"乐"被他"正"了，那么他必定是根据一定的"乐理"的。例如孔子说："人而不仁，如乐何？"[5] 这就是一条很重要的"乐理"："乐"是"仁"之所发。《庄子·天运》记载："丘治《诗》《书》《礼》《乐》《易》《春秋》六经。"可见孔子确实是很重视研究"乐理"的，而且当时还有一部《乐经》。可惜《乐经》这本书今天看不到了。有人认为是被秦始皇"焚书坑儒"烧掉了，也有人认为根本就不存在这样一本书。但是无论如何，"乐理"，即关于乐的道理还是存在的。这些道理后来还是被写成书了，例如我们今天看到的《礼记·乐记》《荀子·乐论》之类的"乐理"专著。

在儒家的"乐理"中，"诗学"知识是最重要的。诗与乐有密切关系，我们曾经说过：诗是歌之词，乐是歌之曲。儒家重诗，孔子说过："不学诗，

---

[1]　《论语·为政》。
[2]　《孟子·尽心上》。
[3]　《论语·雍也》。
[4]　《论语·子罕》。
[5]　《论语·八佾》。

无以言。"[1] 这里所谓"诗"，就是我们今天所说的《诗经》。孔子认为"不学诗"不仅"无以言"，而且将会寸步难行："人而不为《周南》《召南》，其犹正墙面而立也与！"[2] 对墙而立，既无所见，亦不可行。孔子不仅"学诗"，而且"作诗"；不仅"作诗"，而且"论诗"。论诗，也就是讲诗歌理论。例如他说："《诗》三百，一言以蔽之，曰：'诗无邪'。"[3] 这就是孔子对《诗经》的一句总评，当然属于诗歌理论。

这些关于乐、诗的评论、知识，都是儒家美学教育的重要内容。

三、诗教乐化

（一）教化说

以上关于"教育"的问题，扩展开来理解就是"教化"问题。

说到"教化"问题，就牵涉到当今的一个有争议的话题：儒学是宗教吗？今天的人们似乎一听到"教"，就会想到"宗教"。中国从六朝时就有了所谓"三教"之说，其中儒学被称为"儒教"。而一说到"儒教"，有的人就理所当然地把它理解为宗教了。

把儒学理解为宗教的另外一个原因，则是现代历史上曾经有人想把它改造为宗教。例如当年陈焕章、康有为等人建立了所谓"孔教会"，发行《孔教会杂志》，提倡尊孔读经。陈焕章《向两院请定孔教为国教书》说："共和国以道德为精神，而中国之道德，源本孔子，尤不容有拔本塞源之事，故中国当仍奉孔教为国教。"在他看来，孔子学说历来就是宗教。他写的《孔教会序》要求"宗祀孔子以配上帝，诵读经传以学圣人"。康有为也写了《孔教会序》，也主张定孔教为所谓"国教"，"以演孔为宗，以翼教为事"。这是把儒学宗教化、把孔子教主化的闹剧。

以儒学为宗教的另外一种心态，就是有的学者注意到西方现代化了，中国没有现代化，以为这是因为中国的传统当中缺乏西方的某种东西，其中最要紧的是西方基督教式的宗教。这些学者有很强的爱国心，坚信中国也是会实现现

---

[1] 《论语·季氏》。
[2] 《论语·阳货》。
[3] 《论语·为政》。

代化的，从而坚信中国也要有自己的宗教。但是，显然，佛教不是中国土生土长的宗教，而道教在历史上的实际影响又不够，于是他们找到了"儒教"，非得证明儒学也是宗教不可。但他们也明白，所谓"儒教"跟西方的基督教之间存在着很大的差异，于是他们就说：西方的宗教追求的是"外在超越"，而我们中国的儒教追求的则是"内在超越"，等等。用心何其良苦！

其实，"儒教"之所谓"教"，根本不是什么"宗教"的意思，而是"教化"的意思。《中庸》说："修道之谓教"；"自诚明，谓之性；自明诚，谓之教"。荀子说："以善先人者，谓之教。"[1]《说文解字》讲"教"的本义："教，上所施，下所效也。"综合起来，"教"的意思是：其主体是在上位者施行，在下位者效法；其根据是先天之"诚"（德性）；其途径是后天之"明"（学习）；其核心内容就是"道"（天道、人道）。显而易见，这里的"教"也就是"教育"的意思。

儒家哲学的"化"本来指的是自然界的渐变过程，是一个宇宙论的范畴。例如《周易·咸象传》说："天地感而万物化生。"《系辞传》说："天地纲缊，万物化醇。"五代道士谭峭所作的《化书》，所讲的就是这种道理："道之委也，虚化神，神化气，气化形，形生万物，所以塞也。"所以，《说文解字》解释："匕（huà，"化"字的本字），变也。"不过，儒家的宇宙论总是包含了人性来源论的，所以《说文解字》解释："化，教行也。从匕、从人；匕亦声。"这就是说，"匕"后来写成"化"，因为它是对人的改变，而其途径就是"教行"。由此可见，"化"和"教"是一个意思，就是"教化"，亦即通过教育来改变人。

儒家一向是很重视教化的。《论语·子路》记载：

> 子适卫，冉有仆。子曰："庶矣哉！"冉有曰："既庶矣，又何加焉？"曰："富之。"曰："既富矣，又何加焉？"曰："教之。"

这里的"教之"，就是对人民的教化。孔子用的是"教"字，荀子则用"化"

---

[1] 《荀子·修身》。

字："圣人化性而起伪，伪起而生礼义，礼义生而制法度。"[1] 为什么要"化性起伪"？因为按照荀子的"性恶论"，人天生的"性"是"恶"的，人为的"伪"才能"生礼义""制法度"，才可能是"善"的。那么，如何"化性起伪"？荀子说："注错（措）习俗，所以化性也。"[2] 改变恶性、培养善性的途径，就是"注错习俗"，即教育和环境。"干越夷貉之子，生而同声，长而异俗，教使然之也。"[3] 这里荀子就用了"教"这个字，也就是说，在他看来，"注错习俗"之"化"，最主要的还是"教"。

其实不仅"性恶论"，即使根据"性善论"，也是需要教化的；只不过教化的目的不再是"移易"本性，而是孟子所说的"扩充"本性。所以孟子才指出："饱食暖衣，逸居而无教，则近于禽兽。"[4]

儒家从事教化的具体途径有很多，其中包括我们下面要谈的"乐教""诗教"。

（二）乐教说

所谓"乐教"，就是用音乐来进行教化、"移风易俗"。《汉书·礼乐志》说："乐者，圣人之所乐也，而可以善民心，其感人深，其移风易俗易，故先王著其教焉。"儒家非常重视"乐教"，认为这关系到人心正邪、世风厚薄、国家治乱。例如孔子就说过："礼乐不兴，则刑罚不中。"[5]

音乐之所以具有如此之大的"移风易俗"的政治伦理作用，是因为音乐本身所具有的特点：它是"人情之所必不免"，而且"感人深""化人速"，对人有极大的潜移默化的影响。荀子说过："夫乐者，乐也，人情之所必不免也，故人不能无乐"；"夫声乐之入人也深，其化人也速，故先王谨为之文"[6]。无独有偶，《礼记·乐记》也说："凡音之起，由人心生也"；"凡音者，生于人心者也；乐者，通伦理者也"；"其感人深，其移风易俗易，故先王著其教焉"。

音乐感人、化人，而正声使人心正，邪声使人心邪。例如荀子就说：

---

[1]　《荀子·性恶》。
[2]　《荀子·儒效》。
[3]　《荀子·劝学》。
[4]　《孟子·滕文公上》。
[5]　《论语·子路》。
[6]　《荀子·乐论》。

齐衰之服，哭泣之声，使人之心悲；带甲婴胄，歌于行伍，使人之心伤；姚冶之容，郑、卫之音，使人之心淫；绅、端、章甫，舞韶歌武，使人之心庄。故君子耳不听淫声，目不视女色。[1]

《礼记·乐记》说：

治世之音安以乐，其政和。乱世之音怨以怒，其政乖。亡国之音哀以思，其民困。声音之道，与政通矣。

《毛诗序》也说：

治世之音安以乐，其政和；乱世之音怨以怒，其政乖；亡国之音哀以思，其民困。故正得失，动天地，感鬼神，莫近于诗。先王以是经夫妇，成孝敬，厚人伦，美教化，移风俗。

唯其如此，圣王明君就要用音乐来感化、教化人民。

荀子还对"乐教"有过一番论证：

乐则必发于声音，形于动静，而人之道，声音、动静，性术之变尽是矣。故人不能不乐，乐则不能无形，形而不为道，则不能无乱。先王恶其乱也，故制雅、颂之声以道之。……乐者，圣人之所乐也，而可以善民心，其感人深，其移风易俗易，故先王导之以礼乐而民和睦。夫民有好恶之情而无喜怒之应则乱。先王恶其乱也，故修其行，正其乐，而天下顺焉。……凡奸声感人而逆气应之，逆气成象而乱生焉；正声感人而顺气应之，顺气成象而治生焉。[2]

---

[1]　《荀子·乐论》。
[2]　《荀子·乐论》。

后来《汉书·礼乐志》论述道：

夫民有血气心知之性，而无哀乐喜怒之常，应感而动，然后心术形焉。是以纤微瘵瘁之音作，而民思忧；阐谐嫚易之音作，而民康乐；粗厉猛奋之音作，而民刚毅；廉直正诚之音作，而民肃敬；宽裕和顺之音作，而民慈爱；流辟邪散之音作，而民淫乱。先王耻其乱也，故制雅颂之声，本之情性，稽之度数，制之礼仪，合生气之和，导五常之行，使之阳而不散，阴而不集，刚气不怒，柔气不慑，四畅交于中，而发作于外，皆安其位而不相夺，足以感动人之善心也，不使邪气得接焉，是先王立乐之方也。

关于"乐教"，《礼记·经解》有一段著名的话：

孔子曰："入其国，其教可知也。其为人也，温柔敦厚，《诗》教也；疏通知远，《书》教也；广博易良，《乐》教也；絜静精微，《易》教也；恭俭庄敬，《礼》教也；属辞比事，《春秋》教也。故《诗》之失，愚；《书》之失，诬；《乐》之失，奢；《易》之失，贼；《礼》之失，烦；《春秋》之失，乱。其为人也，温柔敦厚而不愚，则深于《诗》者也；疏通知远而不诬，则深于《书》者也；广博易良而不奢，则深于《乐》者也；絜静精微而不贼，则深于《易》者也；恭俭庄敬而不烦，则深于《礼》者也；属辞比事而不乱，则深于《春秋》者也。"

这就是说，儒家"六经"作为"教化"的内容，乃是各有侧重的。郑玄《礼记注》、孔颖达《礼记正义》解释过。孔疏："案，郑《目录》云：'名曰"经解"者，以其记六艺政教之得失也。'"；"此篇分析六经体教不同，故名曰'经解'也。六经其教虽异，总以礼为本，故记者录入于《礼》。"郑注："观其风俗，则知其所以教。"孔疏："人君以六经之道，各随其民教之，民从上教，各从六经之性，观民风俗，则知其教"；"此皆谓人君用之教下，不能可否相济，节制合宜，所以致失也。"[1]这就是说，儒家用"六经"来进行教化，

---

[1]　《礼记正义·经解》。

而六经既各有其性，以之进行教化也就各有侧重，作为其效果的风俗也各不相同。但是无论如何，"以礼为本"是其共同之点；以礼节之的结果，就是"可否相济""节制合宜"，不至于"失"。

具体到"乐教"，其意义是"广博易良"而不"奢"。这是什么意思？孔疏："乐以和通为体，无所不用，是广博、简易、良善，使人从化，是易良"；"乐主广博和易，若不节制，则失在于奢。"这就是说，"乐教"的宗旨在于"良善""和通"，亦即风俗纯正，政通人和；而其表现既"广博"又"简易"。若不以礼节之，就会有"广博"无"简易"，而演变为奢侈、奢靡之风。

本来，正如诗和乐是一致的，"乐教"和"诗教"也是一致的；但细分起来，"乐教"侧重于声音形式，"诗教"侧重于诗歌内容。正如孔颖达所说："诗、乐是一，而教别者，若以声音干戚以教人，是乐教也；若以诗辞美刺讽喻以教人，是诗教也。此为政以教民，故有六经，若教国子弟于庠序之内，则唯用四术，故《王制》云'春秋教以礼乐，冬夏教以诗书'是也。""若盛明之君，为民之父母者，则能恩惠下及于民，则诗有好恶之情，礼有政治之体，乐有谐和性情，皆能与民至极，民同上情。故《孔子闲居》云'志之所至，诗亦至焉；诗之所至，礼亦至焉；礼之所至，乐亦至焉'是也。"这就是说，诗教和乐教都重"情"，但是诗教重在"好恶"之情，而乐教重在"谐和"之情，二者仍然是有分别的。不仅如此，较之乐教，诗教更为根本："诗之所至……乐亦至焉。"所以，我们下面集中讨论"诗教"。

（三）诗教说

前文谈到，《礼记·经解》记载："孔子曰：'入其国，其教可知也。其为人也，温柔敦厚，《诗》教也'"；"《诗》之失，愚"；"其为人也，温柔敦厚而不愚，则深于《诗》者也"。新到一个国家，入其国，观其人，便知道其教化的情况：其人"温柔敦厚"，那是实行"诗教"的结果。那么，何为"温柔敦厚"？孔疏："'温'谓颜色温润，'柔'谓情性和柔。《诗》依违讽谏，不指切事情，故云'温柔敦厚'是'诗教'也。"郑注："失，谓不能节其教者也：《诗》，敦厚近愚"；"言'深'者，既能以教，又防其失。"孔疏："诗主敦厚，若不节之，则失在于愚"；"此一经以诗化民，虽用敦厚，能以义节之，欲使民虽敦厚，不至于愚，则是在上深达于诗之义理，能以诗教民也。"诗教的特征在于使民"温润""和柔""敦厚"。但是如果敦厚过度，而不以义节之，就成为愚蠢了。儒家诗教的目的不是"愚民"，而是要使民风温和醇厚。

"诗教"之名虽然始于《礼记》，但是诗教之实却是始于孔子，乃至孔子之前的。

相传早在周代便有所谓"采诗"制度，这个制度有两方面：一方面是自下而上的采民风、观得失；一方面是自上而下的施教化、正风俗。正如《诗序》在谈到《诗经》里的"风"诗时所说："风，风（讽）也，教也。风以动之，教以化之"；"上以风化下，下以风刺上"；"言之者无罪，闻之者足以戒，故曰风。"这就是最早的制度化的"诗教"。

不过，儒家的诗教实在是从孔子开始的。清代程廷祚说："孔子之以诗教也，将何先？曰：义理而已矣。""《虞书》论乐，首曰'诗言志'。推本于言志，以此知自上世之说诗，未有不先义理者也。《论语》所载圣人之以诗为教者，无非治心治身、事父事君之道，曰不学于此，则无以从政，无以能言，其犹面墙而立。"[1] 简单说来，归纳孔子的全部诗教，就是通过学习研讨诗歌，领悟仁、义、礼、智的道理。

[1] 程廷祚：《青溪集》卷二《诗论十五》。

第一章　先秦时代的儒家文学

第一章　先秦时代的儒家文学

第一节　儒学的酝酿与文学的兴起

一、中华文明的起源与中国文学的诞生

中国文学的起源与中华文明的诞生是同时发生的，正如沈约所说："歌咏所兴，宜自生民始也。"[1] 或者更确切地说，中国文学的起源与中华文明的诞生是同一的。所谓同一，是说人类文明在其发轫之初是浑然一体而不可分割的，不仅文学、艺术、道德、宗教、"科学"、技术等等所谓精神文化是尚未分化的同一体，而且精神文化与物质文化也是尚未分化的同一体。人类文明的进步的一个体现，就是文明形式的逐渐分化，犹如从一条主根生长出繁复的根系。随着生产力的提高，一部分人可以专事精神生产活动了，精神文化形式才渐次从物质文化形式当中分化独立出来。

但这种从同一的文化中分化独立出来的精神文化形式，本身也还是尚未分化的、浑然一体的形态。这种唯一的精神文化形式既是人们赖以支配自然力的"科技"，也是赖以调节人与人之间关系的政治伦理、道德规范、宗教信仰，又是寄托情感的文学艺术。若用今天的标准来衡量，它什么都是，也可以说它什么也不是。例如《吕氏春秋·古乐》记载：

---

[1]　《宋书·谢灵运传论》。

　　　　帝颛顼生自若水，实处空桑，乃登为帝。惟天之合，正风乃行，其音若熙熙凄凄锵锵。帝颛顼好其音，乃令飞龙作效八风之音，命之曰《承云》，以祭上帝。

　　　　帝尧立，乃命质为乐。质乃效山林溪谷之音以歌，……瞽叟乃拌五弦之瑟，作以为十五弦之瑟，命之曰《大章》，以祭上帝。

　　最初的这种音乐是"以祭上帝"的，与宗教有关。又载："昔陶唐氏之始，阴多滞伏而湛积，水道壅塞，不行其原，民气郁阏而滞者，筋骨瑟缩不达，故作为舞以宣导之。"这里的舞蹈乃是作为一种疏导水道、治疗民疾的巫术。又如《礼记·王制》载："命大师陈诗，以观民风。"《国语·周语》记召公说："为川者决之使导，为民者宣之使言。故天子听政，使公卿至于列士献诗，瞽献曲，……而后王斟酌焉，是以事行而不悖。"所以《汉书·艺文志》载："古有采诗之官，王者所以观风俗、知得失、自考正也。"这讲的是政治功能了。

　　中国早期的这种整一的精神文化形态就是所谓"礼乐"文化。"礼乐"往往合称，如孔子说："礼乐不兴，则刑罚不中。"[1] 荀子说："贵礼乐而贱邪音。"[2] "礼乐"之所以合称，是因为它本来是一个东西的两个方面。这"一个东西"也就是中国先民的物质生活之外的精神生活；而其"两个方面"，即"礼"和"乐"。"礼乐"合称的另外一个重要原因，是在儒家看来，它们具有一致的政治伦理功能。例如《礼记·乐记》认为："礼以道其志，乐以和其声，政以一其行，刑以防其奸。礼乐刑政，其极一也：所以同民心而出治道也。"《汉书·礼乐志》说："六经之道同归，而礼乐之用为急。"这就是说，一切政治的当务之急就是"礼乐"。又说："人函天地阴阳之气，有喜怒哀乐之情。天禀其性而不能节也，圣人能为之节而不能绝也，故象天地而制礼乐，所以通神明、立人伦、正情性、节万事者也。"这就是说，礼乐是对天生性情的节制。

　　当然，礼和乐毕竟是有所不同的。区别在于：礼以别异，乐以和同。但两

---

[1]　《论语·子路》。
[2]　《荀子·乐论》。

者又须臾不可离异，这就正如阮籍所说："刑教一体，礼乐外内"；"刑弛则教不独行，礼废则乐无所立。"[1] 礼和乐既有区别的一面，又有共通的一面，我们先来看以下一些比较典型的说法：

礼，履也，所以事神致福也。[2]

礼，经国家、定社稷、序人民、利后嗣者也。[3]

夫礼，所以整民也。[4]

礼者，养也。[5]

礼者，法之大分、类之纲纪也。[6]

夫礼者，所以定亲疏、决嫌疑、别同异、明是非也。[7]

礼也者，理也。[8]

礼者，君之大柄也，所以别嫌明微、傧鬼神、考制度、别仁义，所以治政安君也。[9]

礼者，敬而已矣。[10]

夫礼，人道之准，世教之主也。[11]

礼谓之天理之节文者，盖天下皆有当然之理，但此理无形无影，故作此礼文，画出一个天理与人看，教有规矩，可以凭据，故谓之天理之节文。[12]

故乐者，天下之大齐也，中和之纪也，人情之所必不免也。[13]

乐者，通伦理者也。[14]

乐者，所以崇和顺，比物饰节，节奏合以成文，所以和合父子君臣、

[1] 阮籍：《乐论》。
[2] 许慎：《说文解字·示部》。
[3] 《左传·隐公十一年》。
[4] 《左传·庄公二十三年》。
[5] 《荀子·礼论》。
[6] 《荀子·劝学》。
[7] 《礼记·曲礼》。
[8] 《礼记·仲尼燕居》。
[9] 《礼记·礼运》。
[10] 《孝经·广要道章》。
[11] 李觏：《礼论第一》。
[12] 《朱子语类》卷四十二。
[13] 《荀子·乐论》。
[14] 《礼记·乐记》。

附亲万民也，是先王立乐之意也。[1]

圣人之作乐也，将以顺天地之体，成万物之性。[2]

可见礼和乐有许多共同的功能，两者相辅相成。

不论"礼"还是"乐"，都包含三个层面的内容：精神、思想、观念的层面；仪式、制度形式的层面；器物的层面。其中每一个层面，礼和乐都是有分有合的。

	精神	仪式	器物
礼	礼的观念	礼仪	礼器
乐	乐的观念	乐仪	乐器

从此表可见，中国文学艺术最初的形式，就是内在于这种同一的"礼乐"精神文化形式中的："乐的观念"就是最早的美学、文艺理论；"乐仪"就是最早的文艺活动实践；"乐器"就是最早的音乐舞蹈器材。迄今所知的最早的记载，见于《尚书·尧典》：

> 帝曰："夔！命汝典乐，教胄子。直而温，宽而栗，刚而无虐，简而无傲。诗言志，歌永言，声依永，律和声。八音克谐，无相夺伦，神人以和。"
> 夔曰："於！予击石拊石，百兽率舞。"

其中"直而温……简而无傲"就是乐的观念；"诗言志……律和声""百兽率舞"就是乐仪；"拊石"就是乐器。此"石"既是乐器，也是一类礼器；而其歌舞既是乐仪，也是一种礼仪。显而易见，此中与"文学"最切近的就是"乐仪"当中的"诗""歌"，与"音乐"最切近的就是其中的"声""律"。

《吕氏春秋·古乐》记载了一种早期的伴以舞蹈的组歌或者组诗：

---

[1]　《白虎通·礼乐》。
[2]　阮籍：《乐论》。

　　昔葛天氏之乐，三人操牛尾，投足以歌八阕：一曰《载民》，二曰《玄鸟》，三曰《遂草木》，四曰《奋五谷》，五曰《敬天常》，六曰《建帝功》，七曰《依地德》，八曰《总禽兽之极》。

　　用今天的形式标准来衡量，我们可以从这种同一的精神文明形式中分析出的"文学"形式，最明显突出的就是歌谣和神话。

　　中国最初的神话传说流传下来的不多，保留在《山海经》《庄子》《楚辞》《淮南子》等书里。这些神话传说正如古希腊的荷马史诗中所载的神话传说一样，并非我们今天所谓的一种"文学作品"。它的基本功能是"生活的教科书"。兹举几例：

　　禹行功见涂山之女，禹未之遇而巡省南土。涂山氏之女乃令其妾候禹于涂山之阳。女乃作歌，歌曰："候人兮猗！"实始作为南音。[1]

　　往古之时，四极废，九州裂，天不兼覆，地不周载，火爁炎而不灭，水浩洋而不息，猛兽食颛民，鸷鸟攫老弱。于是女娲炼五色石以补苍天，断鳌足以立四极，杀黑龙以济冀州，积芦灰以止淫水。苍天补，四极正，淫水涸，冀州平，狡虫死，颛民生。[2]

　　逮至尧之时，十日并出，焦禾稼，杀草木，而民无所食，猰貐、凿齿、九婴、大风、封豨、修蛇，皆为民害。尧乃使羿诛凿齿于畴华之野，杀九婴于凶水之上，缴大风于青丘之泽，上射十日而下杀猰貐，断修蛇于洞庭，禽封豨于桑林。万民皆喜，置尧以为天子。于是天下广狭、险易、远近，始有道里。[3]

---

[1]　《吕氏春秋·音初》。
[2]　《淮南子·览冥训》。
[3]　《淮南子·本经训》。

另外一种最初的更为重要的文学形式或者精神文明形式，则是诗歌或者歌谣。它除了具有神话传说一样的功能，还有寄托、抒发思想感情的功能。

我们今天尚能见到的最初的歌谣已经很少了，它们散见于仅存的几部最古老的文献当中。例如《尚书·益稷》记载：

> 夔曰："戛击鸣球，搏拊琴瑟以咏。"祖考来格，虞宾在位，群后德让，下管鼗（táo）鼓，合止柷敔，笙镛以间，鸟兽跄跄，《箫韶》九成，凤凰来仪。
>
> 夔曰："於！予击石拊石，百兽率舞，庶尹允谐。"
>
> 帝（舜）庸作歌，曰："敕天之命，惟时惟几。"乃歌曰："股肱喜哉，元首起哉，百工熙哉！"
>
> 皋陶拜手稽首，飏言曰："念哉！率作兴事，慎乃宪。钦哉！屡省乃成。钦哉！"乃赓载歌曰："元首明哉，股肱良哉，庶事康哉！"
>
> 又歌曰："元首丛脞哉，股肱惰哉，万事堕哉！"
>
> 帝曰："俞！往，钦哉！"

这首歌总共有三节，句式相当整齐。

又如《尚书》中专门有一篇《五子之歌》，据说是大禹的五个孙子埋怨他们的哥哥太康安逸享乐以致失国的五首诗（加着重号的为其韵脚）：

> 其一："皇祖有训：民可近，不可下。民惟邦本，本固邦宁。[1] 予视天下，愚夫愚妇，一能胜予。一人三失，怨岂在明，不见是图。予临兆民，懔乎若朽索之驭六马。"
>
> 其二："训有之：内作色荒，外作禽荒。甘酒嗜音，峻宇雕墙。有一于此，未或不亡。"

---

[1] 此处"宁"字当读为"佇"（zhù），与上句的"下"（hù）押韵。"宁"字，《尚书》原文作"寧"，似为传写所致的讹误。"宁"并不是"寧"字的简化，而是固有的写法。《说文》："宁（nìng），愿词也"；"宁（zhù），辨积物也，象形。"诗中的"宁"字应为"佇"字的假借，《说文》"人"部新附："佇，久立也。"歌中"本固邦宁"的意思是说：人民这个根本树立牢固了，国家就能久立。这是一个比喻：人民是国家这棵大树的树根，犹如一个人的脚跟。脚跟固，人则能久立；邦根固，国亦能久立。

其三："惟彼陶唐，有此冀方。今失厥道，乱其纪纲，乃厎灭亡。"

其四："明明我祖，万邦之君。有典有则，贻厥子孙。关石和钧，王府则有。荒坠厥绪，覆宗绝祀。"

其五："呜呼曷归？予怀之悲！万姓仇予，予将畴依？郁陶乎予心，颜厚有忸怩。弗慎厥德，虽悔可追。"

对于这类歌谣，过去有些学者做了些收集整理的工作，最有名的如清代沈德潜的《古诗源》。试举数例：

日出而作，日入而息；凿井而饮，耕田而食。帝力于我何有哉！[1]

断竹，续竹。飞土，逐肉。[2]

土反其宅，水归其壑。昆虫毋作，草木归其泽。[3]

卿云烂兮，纠漫漫兮。日月光华，旦复旦兮。[4]

南风之薰兮，可以解吾民之愠兮；南风之时兮，可以阜吾民之财兮。[5]

这种不见于《诗经》的上古诗歌或歌谣，人称"逸诗"，数量不是很多；而且现存的记载，许多未必可靠。

不过，在这种最早的歌谣与后来成熟的《诗经》之间，我们已经发现了大量的殷周之际的歌谣，约七十来篇（节）。它们被收录于《易经》的卦、爻辞中，我称之为"易经古歌"[6]。这些歌谣同样不是单纯的文学形式的"诗歌"，

---

[1] 《帝王世纪》"击壤歌"。
[2] 《吴越春秋》。
[3] 《礼记·郊特牲》"伊耆氏腊辞"。
[4] 《尚书大传》"卿云歌"。
[5] 《孔子家语》。
[6] 黄玉顺：《易经古歌考释·绪论》。

而是与宗教占卜联系在一起的。例如《渐》卦（卦爻辞中引号标明的部分就是歌谣）：

渐：女归吉，利贞。

初六："鸿渐于干。"小子厉，有言，无咎。

六二："鸿渐于磐，饮食衎衎（kàn）。"吉。

九三："鸿渐于陆，夫征不复，妇孕不育。"凶。利御寇。

六四："鸿渐于木，或得其桷。"无咎。

九五："鸿渐于陵，妇三岁不孕，终莫之胜。"吉。

上九："鸿渐于陆，其羽可用为仪。"吉。[1]

卦爻辞中的"利贞""无咎""吉""凶"等等，都是占卜的术语。我们把其中的歌谣分离出来，并附以现代汉语译文：

| 渐 | 鸿雁之歌 |

鸿渐于干；　　　　　　　　　　大雁登上了河岸；

鸿渐于磐，　　　　　　　　　　大雁登上河边的石岩，

饮食衎衎。　　　　　　　　　　饮水觅食啊神态安然。

鸿渐于陆；　　　　　　　　　　大雁登上了高坡；

夫征不复，　　　　　　　　　　丈夫出门啊一去不回，

妇孕不育。　　　　　　　　　　妻子生儿也无力养活。

鸿渐于木，　　　　　　　　　　大雁登上了岸旁的木料，

或得其桷。　　　　　　　　　　有的栖息在方形的木条。

---

[1]　黄玉顺《易经古歌考释》。

鸿渐于陵；	大雁登上了高丘；
妇三岁不孕，	怀孕的喜悦多年不敢企求，
终莫之胜。	这样的日子再也不能忍受。
鸿渐于陆，	大雁登上了山峦，[1]
其羽可用为仪。	羽毛可作舞蹈的装扮。

笔者评论："这是一首征夫怨妇之歌，类似于'风'。诗人运用'比兴'的手法，通过鸿与人的对比叙写，充分表现了这位妇女对丈夫的思念、对养育儿女的渴望，抒发了孤凄、感伤之情。这样优美的抒情诗，绝不逊色于《诗经》的同类作品。"

《易经》古歌广泛地反映了殷周之际的生活，抒发了当时人们的思想感情。例如《屯》卦古歌：

屯	婚礼之歌
屯如，	踌躇不进，
邅如。	徘徊不前。
乘马，	驾着马车，
班如。	犹豫盘桓。
匪寇，	不是盗寇，
婚媾。	而是婚媾。
乘马，	驾着马车，
班如。	犹豫盘桓。
求婚媾，	寻求配偶，

---

[1] 据朱俊声《六十四卦经解》："陆当作阿。"因"阿"与"仪"押韵。

屯其膏。	盛满脂油。
乘马，	驾着马车，
班如。	犹豫盘桓。
泣血，	哭泣无声，
涟如。	泪水涟涟。

这首歌谣似乎反映了当时氏族之间抢婚的风俗，生动描写了婚聘的场面。又如《同人》卦歌谣：

同人	抗战之歌
同人于野，	聚合族人于乡村，
同人于门，	聚合族人于城门，
同人于宗。	聚合族人于宗庙之神。
伏戎于莽，	军队埋伏在丛林，
升其高陵，	有的登上那山陵，
三岁不兴。	坚守数年不退兵。
乘其墉，	登上城墙居高临下，
弗克攻。	没有人能把它攻垮。
同人先号咷（t1o），	将士们起初痛苦号啕，
而后笑：	后来却破涕为笑：
大师克相遇，	大部队终于能展开反攻，
同人于郊。	胜利地会师在城郊。

这首歌谣反映的明显是氏族间的战争，表现了一种同仇敌忾的精神。再如

《旅》卦歌谣：

旅	商旅之歌
旅琐琐，	旅行者感到了疲乏，
斯其所。	这里是投宿的人家。
旅于处，	旅行到合适的去处，
得其资斧。	赚到了可观的收入。
旅即次，	旅行到一家旅店，
怀其资，	怀揣着那笔收入，
得童仆。	买到了一名奴仆。
旅焚其次，	谁知旅店失火，
我心不快，	令我很不快活，
丧其资斧，	烧毁了收入，
丧其童仆。	跑掉了奴仆。
鸟焚其巢，	像鸟巢被火烧掉，
旅人先笑，	旅行者起初欢笑，
后号咷。	最后却痛哭号啕。

《易经》古歌比后来的《诗经》要早数百年，后者是从前者发展而来的。

中国有几部流传下来的古书，既是中国文化（包括文学）的最早记录，同时又是儒家的最初的核心经典，此即所谓"六经"：《易》《书》《诗》《礼》《乐》《春秋》。其中《乐经》是否实有其书，一直存在争议，但多数人认为并无此书，所以儒家核心经典又称"五经"。

《易》即《易经》，作为"六经之首"，受到儒家的极端重视。这里所谓《易经》是指大约成于商周之际的《周易》古经部分。[1]《易经》是由两个方面构成的：一个方面是一些抽象符号的系统，即所谓"卦画"；另一个方面则是文字说明，即所谓"系辞"。《易经》六十四卦的文字，称为"卦辞""爻辞"，虽是一些占卜吉凶祸福的东西，但是从文学的眼光看，可以说是当时典范的"散文"作品。我们试举几例：

> 坤：元亨，利牝马之贞。君子有攸往，先迷后得，主利：西南得朋，东北丧朋。安贞吉。[2]

> 蒙：亨。匪我求童蒙，童蒙求我。初筮告，再三渎，渎则不告。利贞。[3]

> 复：亨。出入无疾，朋来，无咎。反复其道，七日来复。利有攸往。[4]

但是《易经》还不仅是散文作品，它还引录了大量的歌谣，也是诗歌作品，这是我们上文已经讨论了的，这里不再赘述。

至于《书》《诗》《礼》及《春秋》，我们下面将要讨论。

二、《诗经》与《书经》

《诗》与《书》都是儒家的核心经典，它们分别是最早的诗歌集和散文集。

（一）《诗》

《诗》作为经典，被称为《诗经》，是中国最早的一部诗歌总集，收集了从西周初年到春秋中叶共五百多年间的 305 篇作品，简称为"诗三百"。它受

---

[1]　现存《周易》分为"经"和"传"两部分，其中《易经》是成书于殷周之际的占卜之书，而《易传》则是成书于战国时代的哲学著作。
[2]　《周易·坤卦》。
[3]　《周易·蒙卦》。
[4]　《周易·复卦》。

到了儒家的充分重视，孔子就说过："不学《诗》，无以言。"[1]

据说《诗经》经过"秦火"失传，到了汉初重新得到传播，最初传《诗》的共有四家：申培公的"鲁诗"，辕固生的"齐诗"，韩婴的"韩诗"，毛亨、毛苌的"毛诗"。其中鲁、齐、韩三家都是今文诗学，[2] 后来除一部《韩诗外传》外都失传了；毛诗则是古文诗学，流传至今。这种"诗学"，就是按儒家观点来解说《诗经》。

关于《诗经》，传统有所谓"六义"说。此说最早出自《周礼》："大师……教六诗：曰风，曰赋，曰比，曰兴，曰雅，曰颂。"[3] 后来《毛诗序》则正式提出："故诗有六义焉：一曰风，二曰赋，三曰比，四曰兴，五曰雅，六曰颂。"通常认为，"风雅颂"是三类体裁，"赋比兴"是三种方法。如孔颖达就说："风、雅、颂者，诗篇之异体；赋、比、兴者，诗文之异辞耳"；"赋、比、兴，是诗之所用；风、雅、颂，是诗之成形。"[4] 后来朱熹更进一步提出了"三经"（风雅颂）"三纬"（赋比兴）之说，并说："赋者，敷陈其事而直言之者也"；"比者，以彼物比此物也"；"兴者，先言他物以引起所咏之词也"。[5] 但是事实上在先秦时代，还并未有如此明确的认识。我们倾向于认为，先秦诗歌"六义"的区分是采用一种综合（乃至混沌）的标准。

我们现在所看到的《诗经》，按风、雅、颂的顺序编排。风分"十五国风"，简称"国风"，这十五国是：周、召（shào）、邶、鄘、卫、王、郑、齐、魏、唐、秦、陈、桧、曹、豳；雅分为大雅和小雅；颂有"三颂"，即周颂、鲁颂和商颂。

《诗经》所载的作品，比较全面地反映了当时的社会生活。从艺术形式上来讲，以四言诗为主，大量运用"比""兴"手法，形象生动，感情真挚，语言朴素，音韵和谐。例如开篇第一首诗《周南·关雎》就是一首优美的情诗：

> 关关雎鸠，在河之洲。窈窕淑女，君子好逑。
>
> 参差荇菜，左右流之。窈窕淑女，寤寐求之。

---

[1]　《论语·季氏》。
[2]　汉代经学分古文和今文。所谓今文，是指汉代使用的文字；所谓古文，则指秦汉之前的六国文字。
[3]　《周礼·春官宗伯·大师》。
[4]　《毛诗正义》卷一。
[5]　朱熹：《诗集传》。

求之不得，寤寐思服。悠哉悠哉，辗转反侧。

参差荇菜，左右采之。窈窕淑女，琴瑟友之。

参差荇菜，左右芼之。窈窕淑女，钟鼓乐之。

《秦风·蒹葭》是一首非常优美的怀人之诗，有人认为所怀者是其情人。第一段是许多人所熟悉的：

蒹葭苍苍，白露为霜。所谓伊人，在水一方。

溯洄从之，道阻且长。溯游从之，宛在水中央。

《王风·黍离》是东周大夫悲悼宗周覆灭的作品，例如第一段写道：

彼黍离离，彼稷之苗。行迈靡靡，中心摇摇。

知我者，谓我心忧；不知我者，谓我何求。

悠悠苍天，此何人哉！

《豳风·七月》描述了当时的农人的生活，其第二段叙写了农女的感受：

七月流火，九月授衣。春日载阳，有鸣仓庚。

女执懿筐，遵彼微行，爰求柔桑。

春日迟迟，采蘩祁祁。女心伤悲，殆及公子同归！

《小雅·节南山》是一位叫“家父”的大夫讽刺周幽王所作的诗，如第六节写道：

不吊昊天，乱靡有定。式月斯生，俾民不宁。

忧心如酲，谁秉国成？不自为政，卒劳百姓！

《大雅·绵》是记载周祖太王古公亶父当初如何迁居岐周的故事，第一段说：

> 绵绵瓜瓞（dié），民之初生，自土沮漆。
> 古公亶父，陶复陶穴，未有家室。

《周颂·噫嘻》是西周时用来祈谷于上帝的诗（此诗无韵）：

> 噫嘻成王，既昭假尔。率时农夫，播厥百谷。
> 骏发尔私，终三十里。亦服尔耕，十千维耦。

这些诗歌的思想感情，往往未必符合儒家的思想准则，但是无论如何，儒家既然把它们作为自己的"经"，说明它们的思想感情大体上还是符合儒家标准的。

据说《诗经》是经孔子的整理改编的，例如司马迁说："古者《诗》三千余篇，及至孔子，去其重，取可施于礼义，上采契、后稷，中述殷、周之盛，至幽、厉之缺。……三百五篇，孔子皆弦歌之，以求合《韶》《武》《雅》《颂》之音。"[1]这个说法虽然未必可信，但孔子重视《诗》却是事实，《论语》当中的记载比比皆是。

（二）《书》

《书》即《尚书》，意为"上古之书"，但事实上，其中的篇章，有的确实是当时的史官记录的档案材料，而有的则是战国时代儒家追记的口头传说。据《汉书·艺文志》说，原有100篇，遭秦焚书，汉初搜集到29篇（其中《泰誓》一篇后来亡佚），属于"今文"（隶书）。汉景帝时，鲁恭王坏孔子旧宅壁时发现了"古文"（先秦文字）《尚书》，比今文的多出16篇。这16篇后又亡

---

[1] 《史记·孔子世家》。

佚了。后来晋人伪造了古文《尚书》25篇，另从今文《尚书》分出5篇，总共凑成58篇。这就是流传到今天的《尚书》。这些作品多是一些誓词、文诰之类，最早的写于商朝，例如《盘庚》三篇；最晚的成于战国时代，例如《尧典》《皋陶谟》等。

据说《尚书》也跟孔子有关。司马迁说："孔子次《春秋》，序《尚书》"[1]；"追迹三代之礼，序《书传》，上纪唐虞之际，下至秦缪，编次其事。……故《书传》《礼记》自孔氏"[2]。这里"序"和"次"是一个意思，就是编次、改编。不过这里似乎涉及两本书：《尚书》《书传》。可能孔子既改编过《尚书》，又为之作过"传"（解释）。但是这种解释未必形成了书面的文字。

作为早期的散文，《尚书》的篇章是很典型的，这里节选几例，以见一斑。《商书》的《盘庚》三篇，据传是商迁都于殷，民恋旧居，率相愁怨，商王盘庚因而所作的讲话，告以不迁之害，迁移之善：

> 盘庚作，惟涉河以民迁，乃话民之弗率，诞告用亶。其有众咸造，勿亵在王庭。
>
> 盘庚乃登进厥民，曰："明听朕言，无荒失朕命！呜呼！古我前后罔不惟民之承保，后胥戚鲜，以不浮于天时。殷降大虐，先王不怀厥攸作，视民利用迁。汝曷弗念我古后之闻？承汝俾汝，惟喜康共。非汝有咎比于罚。予若吁怀兹新邑，亦惟汝故，以丕从厥志。……往哉，生生！今予将试以汝迁，永建乃家！"[3]

《尚书·洪范》据传是周武王推翻殷朝后，访问殷商旧臣箕子，咨询治国之道，箕子向他陈述的"洪范九畴"，亦即九个方面的治国安民的道理：

> 惟十有三祀，王访于箕子。王乃言曰："呜呼！箕子，惟天阴骘（zhì）

---

[1]　司马迁：《史记·三代世表》。
[2]　司马迁：《史记·孔子世家》。
[3]　《尚书·盘庚中》。

下民，相协厥居，我不知其彝伦攸叙。"

箕子乃言曰："我闻在昔，鲧陻（yīn）洪水，汩陈其五行，帝乃震怒，不畀洪范九畴，彝伦攸斁（dù）。鲧则殛死，禹乃嗣兴，天乃赐禹洪范九畴，彝伦攸叙。

"初一，曰五行。次二，曰敬用五事。次三，曰农用八政。次四，曰协用五纪。次五，曰建用皇极。次六，曰乂用三德。次七，曰明用稽疑。次八，曰念用庶征。次九，曰向用五福，威用六极。

"一，五行：一曰水，二曰火，三曰木，四曰金，五曰土。水曰润下，火曰炎上，木曰曲直，金曰从革，土爰稼穑。润下作咸，炎上作苦，曲直作酸，从革作辛，稼穑作甘。

"……六极：一曰凶短折，二曰疾，三曰忧，四曰贫，五曰恶，六曰弱。"

《康诰》是周公讨伐管叔、蔡叔之后，封康叔为卫侯时，以王命告诫之：

惟三月哉生魄，周公初基作新大邑于东国洛，四方民大和会，侯、甸、男邦、采卫、百工、播民，和见士于周。周公咸勤，乃洪大诰治。

王若曰："孟侯，朕其弟小子封！惟乃丕显考文王克明德慎罚，不敢侮鳏寡，庸庸祇祇，威威显民，用肇造我区夏，越我一二邦，以修我西土，惟时怙冒闻于上帝。帝休，天乃大命文王殪戎殷，诞受厥命越厥邦厥民。惟时叙乃寡兄勖，肆汝小子封在兹东土。……

这些文字在今天读起来实在诘屈聱牙，难以卒读，但在当时则应该是自然流畅的。

《尚书》既是最早的散文作品总集，又对儒家思想的形成、发展，发挥过重大的作用。这其中尤其是《周书》部分，又尤其是周公所作的部分。儒家的鼻祖孔子是最崇拜周公的。他主要继承的是周公的"德治"思想，包括两个方面："以德配天"，这发展为儒家的敬天思想；"敬德保民"，这发展为儒家的重民思想。

三、儒家哲学的原始文本与儒家美学的初步孕育

儒家哲学当然是在孔子手里建立起来的，但它不是凭空产生的。事实上，儒家哲学是此前的思想文化成果的一个总结。最明显的事实，那就是经过孔子整理的、儒家的所谓"六经"或者"五经"——《易》《诗》《书》《礼》《乐》和《春秋》，它们都是中国最早的一些文献。一方面，孔子自称"述而不作"[1]，但另一方面，子贡又说"夫子之文章可得而闻也"[2]，那么显然，这种"述而不作"的"文章"就只能是既有的文献。"孔子非常博学，收集鲁、周、宋、杞等故国的文献，整理出《易》《书》《诗》《礼》《乐》《春秋》六种教本来，讲授给弟子们。"[3]《诗》与《书》我们在前面已经谈过了，这里再谈谈《易》《礼》《乐》《春秋》。

（一）《易》

《易》[4] 后来被奉为"六经之首"，它是非常古老的文献。现在学者多数认为，《易》成书于殷周之际。根据传统的说法，《易》的"八卦"是伏羲发明的；后来周文王被殷纣王囚禁在羑里，而把它推演成现在我们看到的"六十四卦"；文王、周公等人又在其符号系统的基础上加以文字说明，这就是我们今天看到的"卦爻辞"。这些说法基本上是可信的。

《易》本来虽然是一部占筮之书，但却包含着丰富的哲学思维，诸如对立统一、发展变化、物极必反等等。《易》所蕴含的哲学思维，最重要、最根本的就是"阴阳"观念。《易》本身虽然并没有"阴阳"概念，但阴阳观念却是它的根本。它用"- -"和"—"这两个基本符号来概括天地万物，认为一切都是由它们构成的。这个观念对于中国哲学、整个中国文化（包括儒学）来说，都是异常重要的，实际上是整个中国传统思维的核心模式。这些思想观念经过

---

[1]　《论语·述而》。
[2]　《论语·公冶长》。
[3]　范文澜：《中国通史》，第一册，第170页。
[4]　指《周易》古经部分，不包括《易传》。

《易传》的改造，成为儒家的基本观念。

这个改造过程，是从孔子开始的，所以我们看到，《易传》里到处是"子曰"字样，这是明显的证据，表明孔子当年曾经给学生们讲解《周易》。司马迁说："孔子晚而喜《易》，序《彖》《系》《象》《说卦》《文言》。读《易》，韦编三绝。"[1] 这里讲《易传》中的各篇都是孔子所作，未必可信。不过，根据《论语》记载，孔子确实曾经钻研《周易》。例如他说："假我数年，五十以学《易》，可以无大过矣。"[2] 这说明孔子对《周易》的深入研究是晚年的事；但这并不是说在此之前孔子就没有学习、研究过《周易》。孔子自己说过："丘治《诗》《书》《礼》《乐》《易》《春秋》六经，自以为久矣，孰（熟）知其故矣。"[3] 孔子把《周易》从一部占筮之书改造成了一部哲学著作，其原则是"不占而已"[4]。这是因为孔子"不语怪、力、乱、神"[5]，"敬鬼神而远之"[6]，认为"未能事人，焉能事鬼？"[7] 孔子也通过对《易》的引用来说明一些问题，实际上是对《周易》作了哲理的解释。例如："子曰：'南人有言曰："人而无恒，不可以作巫医。"善夫！"不恒其德，或承之羞。"'"[8] "不恒其德，或承之羞"便是引自《周易·恒卦》。所以基本可以肯定，孔子确实曾经研究和讲述过《周易》。对于那种一味的怀疑，正如孔子自己曾经感叹的："后世之士疑丘者，或以《易》乎！"[9]

（二）《礼》

《礼》无疑也是很古老的文献。那些古老的关于"礼"的文献，所谓"礼经三百，威仪三千"[10]，应该是失传了。但是，我们今天看到的"三礼"（《周礼》《仪礼》《礼记》）无疑是从它们那里发展下来的。《周礼》一说是周公所作，一说是汉代刘歆伪造的，今天通常认为成书于战国时代。但是无论如何，

---

[1] 《史记·孔子世家》。
[2] 《论语·述而》。
[3] 《庄子·天运》。
[4] 《论语·子路》。
[5] 《论语·述而》。
[6] 《论语·雍也》。
[7] 《论语·先进》。
[8] 《论语·子路》。
[9] 《帛书·要》。
[10] 《汉书·艺文志》。

《周礼》包含一些西周制度的记载，是有早期文献的来源的。《仪礼》或者《士礼》也是如此，它的某些内容还是保存了孔子之前的春秋时代的礼制的。至于《礼记》，虽然也多半是战国时代的儒家作品，毕竟也有不少内容涉及更早的礼制。保存在"三礼"中的那些早期思想，都是儒家思想的原料。

关于孔子与《礼》的关系，历来也是一个疑点。我们知道，孔子是很熟悉历代礼制的，他说："殷因于夏礼，所损益可知也；周因于殷礼，所损益可知也；其或继周者，虽百世可知也。"[1]但是《礼》"自孔子时而其经不具"[2]。孔子自己也说："夏礼吾能言之，杞不足征也；殷礼吾能言之，宋不足征也。文献不足故也；足，则吾能征之矣。"[3]文献不足征，即是说孔子自己也很少见到关于"礼"的文献。在这种情况下，孔子出于教学的需要，是不是可以把自己所知的礼制记下来呢？司马迁说，孔子曾经"追迹三代之礼，……故《书传》《礼记》自孔氏"[4]。这看来是有所依据的。例如《礼记·杂记》中有一条记载，就很值得注意："哀公使孺悲之孔子学士丧礼，《士丧礼》于是乎书。"由于孔子熟悉各种礼，包括士丧礼，所以哀公派孺子悲前去向他学习，结果孔子就把它写下来了。据此推断，孔子极有可能亲自写下过关于"礼"的文字。

（三）《乐》

《乐》是存在最大争议的经典，因为似乎谁也没有见过这样一部文献。司马迁说："三百五篇，孔子皆弦歌之，以求合《韶》《武》《雅》《颂》之音。礼乐自此可得而述，以备王道，成六艺。"[5]据此，清代学者邵懿辰便提出：根本就不曾有过《乐》这样一本书，"乐之原，在《诗》三百篇之中；乐之用，在《礼》十七篇之中。"[6]这个说法当然不无道理，因为"乐"（曲调）是配"诗"（歌词）的，往往应用于"礼"的场合。所谓"乐之用"说的是乐的功能，可见于《礼记·乐记》；所谓"乐之原"说的是乐的根据，

---

[1]　《论语·为政》。
[2]　《史记·儒林列传》。
[3]　《论语·八佾》。
[4]　《史记·孔子世家》。
[5]　《史记·孔子世家》。
[6]　《礼经通论》。

就是《诗经》，实际上就是"歌"。我们说过，歌之词就是诗，歌之曲就是乐。孔子说："吾自卫返鲁，然后乐正，《雅》《颂》各得其所。"[1]这里的《雅》《颂》，我们知道就是《诗经》里面的诗篇；但孔子却说这是"乐"，可见诗歌既是诗又是乐。问题在于，我们见到的《诗经》本身确实无所谓"乐"，它只是词而已。既然歌之词有书面记录即《诗经》，那么歌之曲也应该有相应的书面记录即《乐经》。不过，这种应该属于"乐谱"的《乐经》确实谁也不曾见过。这场公案，目前还是无法了结的。

（四）《春秋》

《春秋》作为中国现存的第一部编年体史书，本是春秋时期鲁国的史记。当时各国都有自己的类似"春秋"的编年史记，虽然不一定叫"春秋"之名。一般公认，今天我们所见的《春秋》是由孔子编定的。

关于孔子作《春秋》的记载，最早见于《孟子·滕文公下》："世道衰微，邪说暴行有作，臣弑其君者有之，子弑其父者有之，孔子惧，作《春秋》。……故孔子曰：'知我者，其惟《春秋》乎！罪我者，其惟《春秋》乎！'"后来《史记》记载："孔子厄陈、蔡，作《春秋》"[2]；"孔子次《春秋》"[3]；"因史记作《春秋》"，"子夏之徒不能赞一辞"[4]。孟子说孔子"作《春秋》"，就不那么准确，因为孔子是"述而不作"的。而司马迁的记载比较准确一些："因史记""次《春秋》"。换句话说，孔子的《春秋》，乃是根据已有的历史档案加以改编的。具体的做法就是："西观周室，论史记旧闻，兴于鲁而次春秋，上记隐，下至哀之获麟，约其辞文，去其烦重，以制义法。"[5]这里谈到材料来源，既有周室的史记，也有鲁国以及其他国家的史记；时间，自隐公至哀公；方式，乃是一种删繁就简的缩写；体例，有其义法（"义"指后来所谓"微言大义"，"法"指后来所谓"春秋笔法"）。

正是在对这些早期文献的整理和传播过程中，孔子形成了自己的哲学思想、

---

[1]　《论语·子罕》。
[2]　《史记·太史公自序》。
[3]　《史记·三代世表》。
[4]　《史记·孔子世家》。
[5]　《史记·十二诸侯年表》。

美学思想以及文学理论。孔子的美学思想是多方面的，我们在这里择要叙述。

首先，我们看看孔子对"美"这个字眼的用法：

> 子曰："君子成人之美，不成人之恶。小人反是。"[1]
>
> 子张曰："何谓五美？"子曰："君子惠而不费，劳而不怨，欲而不贪，泰而不骄，威而不猛。"[2]
>
> 子曰："如有周公之才之美，使骄且吝，其余不足观也已。"[3]
>
> 子曰："里，仁为美。"[4]

显然，这些"美"实际指的是内在的"善"，即"仁"：第一、二例都是"美德"，第三例是"美才"，第四例是"美邻"。

> 子曰："禹，吾无间然矣。菲饮食，而致孝乎鬼神；恶衣服，而致美于黻冕。"[5]
>
> 子曰："不有祝鮀之佞，而有宋朝之美，难乎免于今之世矣！"[6]
>
> 子谓卫公子荆善居室：始有，曰："苟合矣。"少有，曰："苟完矣。"富有，曰："苟美矣。"[7]
>
> 子贡曰："有美玉于斯，韫椟而藏诸，求善贾而沽诸？"[8]

这些"美"指的是外在的形式的"美"：例一是衣冠的美，例二是容貌的美，例三是装饰的美，例四是色泽的美。

综合起来，孔子认为"美"是内在的"好"[9]，或者外在的"好"，或者这两者之统一。孔子曾谈到舜的乐舞《韶》和周武王的乐舞《武》："子谓

[1] 《论语·颜渊》。
[2] 《论语·尧曰》。
[3] 《论语·泰伯》。
[4] 《论语·里仁》。
[5] 《论语·泰伯》。
[6] 《论语·雍也》。
[7] 《论语·子路》。
[8] 《论语·子罕》。
[9] 这里所谓"好"是用的现代价值哲学所说的"最高价值词"。

《韶》：'尽美矣，又尽善也。'谓《武》：'尽美矣，未尽善也。'"[1] 这就是说，美与善是既可统一也可分离的。"舞以文德为备。故云《韶》'尽美矣'，谓乐音美也；'又尽善也'，谓文德具也。虞舜之时，杂舞干羽于两阶，而文多于武也。谓《武》'尽美矣'者，《大武》之乐，其体美矣；'未尽善'者，文德犹少，未致太平。"[2] 显然，孔子主张先善后美、"尽善尽美"，即形式和内容的统一。

这种形式与内容的统一，其实就是客体和主体之间的交感、融通，这就是孔子的"比德"说。例如孔子自己对"水"就有特别的观照、感触，"子在川上曰：逝者如斯夫！"[3] 孔子由此提出了"比德"之说：

> 孔子观于东流之水。子贡问于孔子曰："君子之所以见大水必观焉者，是何？"孔子曰："夫水，大遍与诸生而无为也，似德。其流也埤下，裾拘必循其理，似义。其洸洸乎不淈尽，似道。若有决行之，其应佚若声响，其赴百仞之谷不惧，似勇。主量必平，似法。盈不求概，似正。淖约微达，似察。以出以入，以就鲜絜，似善化。其万折也必东，似志。是故见大水必观焉。"[4]

类似的记载另见于《说苑·杂言》："子贡问曰：'君子见大水必观焉，何也？'孔子曰：'夫水者，君子比德焉……'"所谓"比德"，就是主体内在的美德与客体形式的美感之契合。例如孔子说过："智者乐水，仁者乐山。"[5] 智者的德性与人们对水的美感相契合，仁者的德性与人们对山的美感相契合。对此，孔子解释：

> 问者曰："夫智者何以乐于水也？"曰："夫水者，缘理而行，不遗小间，似有智者；动而下之，似有礼者；蹈深不疑，似有勇者；障防而清，

---

[1] 《论语·八佾》。
[2] 刘宝楠《论语正义》引《礼记·乐记》疏。
[3] 《论语·子罕》。
[4] 《荀子·宥坐》。
[5] 《论语·雍也》。

似知命者；历险致远，卒成不毁，似有德者。天地以成，群物以生，国家以宁，万事以平，品物以正。此智者所以乐于水也。"[1]

　　子张曰："仁者何乐于山也？"孔子曰："夫山者，岿（qǐ）然高。岿然高，则何乐焉？夫山，草木生焉，鸟兽蕃焉，财用殖焉；生财用而无私为焉，四方皆代焉，每无私予焉；出云风，以通乎天地之间，阴阳和合，雨露之泽，万物以成，百姓以飨。此仁（者）之所以乐于山者也。"[2]

　　"智"与"仁"是人的两种不同的内在德性，它们与外在山水的契合，就是一种"尽善尽美"的审美境界。这种"比德"的观照方式，正是《诗经》的"比兴"手法的美学根据。所以，孔子才指出："诗，可以兴，可以观，可以群，可以怨。"[3]

　　这就涉及孔子的诗学理论了。孔子的文学理论，核心就是诗学理论。孔子对《诗》极为重视，认为"不学《诗》，无以言"[4]；"人而不为《周南》《召南》，其犹正墙面而立也"[5]。《墨子·公孟》篇说，儒者"诵《诗》三百，弦《诗》三百，歌《诗》三百，舞《诗》三百"。所以儒家经典中有大量的关于孔子说《诗》的记载，值得好好地梳理发掘。这些论说，体现了孔子诗学思想的一些基本原则。在这些原则中，"兴观群怨"可以说是孔子诗学的总纲。

　　诗可以兴，是说学《诗》可以修身。孔子说："兴于诗，立于礼，成于乐。"[6]修身养性，要从学《诗》入手。这是因为，正如前面说过的，"兴"即《诗经》的"比兴"，这就是说，"诗可以兴"是说由"比"而"兴"。首先是"比"，这就是上面说的"比德"，就是"引譬连类"，"托事于物"，亦即朱熹所说的"感发志意"。这也就是《大学》所说的格物致知、诚意正心。格物致知即"多识于鸟兽草木之名"[7]；但它的目的还是诚意正心："物格而后知至，知至而

---

[1] 《韩诗外传》卷三。
[2] 《尚书大传》卷三。
[3] 《论语·阳货》。
[4] 《论语·季氏》。
[5] 《论语·阳货》。
[6] 《论语·泰伯》
[7] 《论语·阳货》。

后意诚，意诚而后心正，心正而后身修。"[1]

诗可以观与"诗可以兴"有密切关系，此"观"首先就是上面所说的观"山"观"水"、"君子见大水必观焉"之"观"。对客体的审美观照，即通过对主、客体之"比"，可以对主体自身的"志意"起到"感发""起兴"的作用。诗本身正是这种"观"的结果，亦即"情""感于物而动"，然后才"情动于中而形于言；言之不足，故嗟叹之；嗟叹之不足，故咏歌之"[2]。也正因为如此，诗本身也是这种"观"的一种对象、根据：我们可以通过诗来"观"一个人、一个国家，亦即"观风俗之盛衰"（郑玄语）、"考见得失"（朱熹语）。由此推广开去，"诗可以观"具有一般的伦理意义、政治意义。吴公子季札"观周乐"，就是一个很好的例子。

诗可以群，是说诗歌可以促进群体和谐。我们知道，"诗"与"乐"为一，"乐"与"和"为一，所以，"群"就是"和"；而"和"（hé）的重要方式之一是"和"（hé），就是用诗歌来互相唱和。乐和诗是"和群"的一种手段，孔子对此是很看重的，"子与人歌，而善，必使反之，而后和之。"[3]通过诗之和，达到人之和。于是，"诗可以群"也就具有了伦理、政治意义。唯其如此，《诗》才可以"迩之事父，远之事君"[4]。

> 子之武城，闻弦歌之声。夫子莞尔而笑，曰："割鸡焉用牛刀！"子游对曰："昔者偃也闻诸夫子曰：'君子学道则爱人，小人学道则易使也。'"子曰："二三子，偃之言是也。前言戏之耳！"[5]

显然，孔子承认，诗歌乃是使人"学道"、治国安邦的一种重要的工具。

诗可以怨，是说诗歌可以表达怨刺的情绪。"孺悲欲见孔子，孔子辞以疾。将命者出户，取瑟而歌，使之闻之。"[6]孔子故意让孺悲听见自己的歌，亦即

---

[1] 《礼记·大学》。
[2] 《诗大序》。
[3] 《论语·述而》
[4] 《论语·阳货》
[5] 《论语·阳货》。
[6] 《论语·阳货》。

让他明白自己并没有什么病，只是不愿见之而已。这就是"怨"。"怨"可以针对一人，也可以针对一国；针对一国其实也是针对一人，即其国君。《诗经》里有许多这类的"怨刺"之诗，往往针对国君。但是"怨"并不是与"群"对立的，倒不如说"怨"也是一种"群"，因为其怨的意图，正是欲使其无可怨。

根据以上原则，孔子对《诗》有自己的独到看法。例如：

> 子夏问曰："'巧笑倩兮，美目盼兮，素以为绚兮。'何谓也？"子曰："绘事后素。"曰："礼后乎？"子曰："起予者，商也，始可与言《诗》已矣！"[1]

"绘事后素"就是彩绘之事后于素白，比喻礼仪后于质朴。这是因为礼仪是后天的、外在的，而质朴是天性的、内在的，也就是儒家讲的德性良心。

这种观念体现在文学理论上，就是孔子对"文"和"质"的看法：一方面，最好是文与质相配，"质胜文则野，文胜质则史，文质彬彬，然后君子。"[2]所以孔子说："志有之：'言以足志，文以足言。'不言，谁知其志？言之无文，行而不远。"[3]但是另外一方面，如果不能两全其美，那么宁可弃文取质。所以他说："先进于礼乐，野人也；后进于礼乐，君子也。如用之，则吾从先进。"[4]从先进，就是从野人。"先进于礼乐"即"质胜文"，"后进于礼乐"即"文胜质"。孔子从野人，意思是说，如果做不到"文质彬彬"，则宁肯"质胜文"。这是因为，"君子义以为质，礼以行之"。[5]

---

[1] 《论语·八佾》。
[2] 《论语·雍也》。
[3] 《左传·哀公二十五年》。
[4] 《论语·先进》。
[5] 《论语·卫灵公》。

第二节　儒学的诞生与文学的早期发展

一、春秋思潮与文学潮流

历史进入春秋时代，社会思想潮流发生了一些重要的变化。这些变化实际上从西周时期已经开始了，到春秋时期则形成了一股强大的潮流。主要表现在以下几个方面：

首先，人们对"天"对于人事的影响产生了怀疑。诗人是最敏感的，《诗经·小雅·十月之交》唱道："下民之孽，匪降自天，噂（zūn）沓背憎，职竞由人。"《诗经·小雅·雨无正》甚至对"天"发出了谴责："浩浩昊天，不骏其德，降丧饥馑，斩伐四国。"此时，鬼神不再充当人事的仲裁权威。例如公元前 509 年，宋、薛两国发生争论，宋国引鬼神为自己辩护，弥牟指出："薛征于人，宋征于鬼，宋罪大矣！"[1]

与神权、天命观念的动摇相一致的，就是"人权"、民意观念的强化。这两者其实是一件事情的两面，对神的迷信程度和对人的自信程度是成反比的。这里首要的事情，就是将神与人的联系切断，至少是削弱它。这是春秋思潮的重要内容。

例如《左传》记载，郑国的梓慎警告将有火灾，裨灶建议用宝物来祭祀火星，子产（姬侨）（？—前 522）不同意，并指出："天道远，人道迩，非所及也，何以知之？灶焉知天道？是亦多言矣，岂不或信？"[2] 一次郑国发大水，据说是有龙在城外水潭里相斗，有人要求祭龙禳（ráng，祈求消除）灾，子产则说："我斗，龙不我觌（dí，观看）也；龙斗，我独何觌焉？禳之，则彼其室也。

---

[1]　《左传·定公元年》。
[2]　《左传·昭公十八年》。

吾无求于龙，龙亦无求于我！"[1]

人们更注重的是人事。一次鲁国大旱，"（僖）公欲焚巫尪（wāng）。臧文仲（？—前617）曰：'非旱备也！修城郭，贬食，省用，务穑，劝分，此其务也。巫尪何为？天欲杀之，则如勿生；若能为旱，焚之滋甚。'公从之。是岁也，饥而不害。"[2]

与人事得到强化相应的，是民意受到重视。早在西周时期，暴君厉王"止监谤"，"国人莫敢言，道路以目"。召公指出："是障之也！防民之口，甚于防川。川壅而溃，伤人必多，民亦如之。是故为川者，决之使导；为民者，宣之使言。……夫民虑之于心，而宣之于口，成而行之，胡可壅也？若壅其口，其与能几何？"[3]

春秋时期，季梁指出："民，神之主也。是以圣王先成民，而后致力于神。"[4]虢国的史嚚（yín）指出："虢其亡乎！吾闻之，国将兴，听于民；将亡，听于神。神，聪明正直而壹者也，依人而行。虢多凉德，其何土之能得？"[5]

齐国的晏婴（？—前500）是一个了不得的哲人。他曾说过："民人苦病，夫妇皆诅。祝有益也，诅亦有损。……虽有善祝，岂能胜亿兆人之诅！"[6]

在"民"的意志受到重视的同时，"臣"的个人独立意识也得到了张扬。齐国国君被人杀掉，身为宰相的晏婴却未以死相殉，有人指责他，他指出：

　　君民者，岂以陵民？社稷是主。臣君者，岂为其口实？社稷是养。故君为社稷死，则死之；为社稷亡，则亡之。若为己死，而为己亡，非其私暱，谁敢任之？[7]

这个时期，阴阳、五行的观念更进一步发展起来，它们后来成为儒家哲学的重要范畴，同时也是儒家美学、文学的重要的观念基础。

[1]　《左传·昭公十九年》。
[2]　《左传·僖公二十一年》。
[3]　《国语·周语上》。
[4]　《左传·桓公六年》。
[5]　《左传·庄公三十二年》。
[6]　《左传·召公二十年》。
[7]　《左传·襄公二十五年》。

关于"阴阳"范畴的最早文献记载，是西周末年的公元前 780 年，伯阳父论地震：

> 幽王二年，西周三川皆震。伯阳父曰："周将亡矣！夫天地之气，不失其序。若过其序，民乱之也。阳伏而不能出，阴迫而不能蒸，于是有地震。今三川实震，是阳失所而镇阴也。阳失而在阴，川源必塞。源塞，国必亡。夫水土演而民用也，水土无所演，民乏财用，不亡何待？昔伊洛竭而夏亡，河竭而商亡。今周德若二代之季矣，其川源又塞。塞必竭。夫国必依山川，山崩川竭，亡之征也。川竭山必崩，若国亡，不过十年，数之纪也。夫天之所弃，不过其纪。"[1]

大约同时，郑国的史伯在与郑桓公谈话时谈到"五行"："先王以土与金木水火杂，以成百物。…… 声一无听，物一无文，味一无果，物一不讲。王将弃是类也，而与剸（zhuān）（同"专"）同。"[2] 春秋时期，宋国的子罕说过："天生五材，民并用之，废一不可。"[3] 这里所谓"五材"，即是"五行"。

当时一般是把阴阳作为自然哲学观念看待的。例如春秋时期公元前 645 年，宋国出现了陨石、"六鹢退飞"的异常现象，周内史叔兴指出：这"是阴阳之事，非吉凶所生也。吉凶由人"[4]。这正如鲁国的闵子马所说："祸福无门，惟人所召。"[5] 在叔兴看来，阴阳是自然界的事，吉凶则是人自己的事，各不相干。这是基于一种"天人相分"的观念的。五行观念也是如此，例如春秋末期的《管子·水地》把"水"视为本体："水者，何也？万物之本原也，诸生之宗室也。"这很类似古希腊的泰勒斯的看法。但《水地》认为这种自然规律也适用于人事，所以又说："是以圣人之化世也，其解在水。"

春秋时期，阴阳观念与五行观念已经有了初步的融合。例如，专权的季氏赶走了鲁君，赵简子曾问史墨这是为什么，史墨答道：

---

[1] 《国语·周语上》。
[2] 《国语·郑语》。
[3] 《左传·襄公二十七年》。
[4] 《左传·僖公十六年》。
[5] 《左传·襄公二十三年》。

　　物生有两、有三、有五、有陪贰。故天有三辰，地有五行，体有左右，各有妃偶。王有公，诸侯有卿，皆有贰也。天生季氏，以贰鲁侯，为日久矣，民之服焉，不亦宜乎？鲁君世从其失，季氏世修其勤，民忘君矣，虽死于外，其谁矜之？社稷无常奉，君臣无常位，自古以然。故《诗》曰："高岸为谷，深谷为陵。"三后之姓，于今为庶，主所知也。[1]

　　这实在是一段精彩的议论，是"阴阳"观念和"五行"观念的一次交融。这种观念融合的趋势，也体现在当时的"和同"论中。早在西周时期，郑国的史伯谈到：

　　今王弃高明昭显，而好谗慝暗昧；恶角犀丰盈，而近顽童穷固。去和而取同。夫和实生物，同则不继。以它平它谓之和，故能丰长，而物归之。若以同裨同，尽乃弃矣。[2]

　　在这方面，齐国的晏婴是很杰出的。他区分"和"与"同"的分野：

　　和如羹焉，水、火、醯、醢、盐、梅，以烹鱼肉，燀之以薪，宰夫和之，齐之以味；济其不及，以洩其过。君子食之，以平其心。君臣亦然。君所谓可，而有否焉，臣献其否，以成其可；君所谓否，而有可焉，臣献其可，以去其否。是以政平而不干，民无争心。……先王之济五味，和五声也，以平其心，成其政也。声亦如味，一气、二体、三类、四物、五声、六律、七音、八风、九歌，以相成也；清浊、小大、短长、疾徐、哀乐、刚柔、迟速、高下、出入、周疏，以相济也。君子听之，以平其心。心平，德和。……若以水济水，谁能食之？若琴瑟之专一，谁能听之？[3]

---

[1] 《左传·昭公三十二年》。
[2] 《国语·郑语》。
[3] 《左传·昭公二十年》。

君臣之"和"是一种阴阳关系，五味、五声之"和"则是一种五行关系。

与春秋思潮相应的，是当时的文学潮流。根据我们现有的文献资料，春秋时期的思想潮流和文学潮流的统一体现，最典型者莫过于《左传》和《国语》，春秋思潮正是通过它们的历史散文的文学形式透显出来的。这两部书，既是史学上的纪事典范，也是文学上的散文典范。

《左传》旧说是春秋末期鲁国人左丘明所作，是为孔子的《春秋》所作的"传"。现代学者一般认为，它是战国初期魏国史官所作。但是无论如何，《左传》跟儒学有密切的关系，它一方面为儒学的早期发展提供了思想背景，另一方面它本身也成为儒家经典即"十三经"之一。书中记录了从鲁隐公元年（前722）到鲁悼公四年（前464）共258年之间的重大历史事件，不仅全面真实地反映了当时的社会生活，而且反映了其间的精神生活。

《左传》在文学上的成就也是很高的，选材得当，行文条畅，叙述简洁，描写生动，对后世散文产生过很大的影响。例如《庄公十年》所记的"曹刿论战"，亦即鲁国以弱胜强的著名的齐鲁长勺之战：

> 十年春，齐师伐我。公将战，曹刿请见。其乡人曰："肉食者谋之，又何间焉？"刿曰："肉食者鄙，未能远谋。"乃入见。
>
> 问何以战。公曰："衣食所安，弗敢专也，必以分人。"对曰："小惠未遍，民弗从也。"公曰："牺牲玉帛，弗敢加也，必以信。"对曰："小信未孚，神弗福也。"公曰："小大之狱，虽不能察，必以情。"对曰："忠之属也，可以一战。战则请从。"
>
> 公与之乘，战于长勺。公将鼓之，刿曰："未可。"齐人三鼓，刿曰："可矣。"齐师败绩，公将驰之，刿曰："未可。"下视其辙，登轼而望之，曰："可矣。"遂逐齐师。
>
> 既克，公问其故。对曰："夫战，勇气也。一鼓作气，再而衰，三而竭。彼竭我盈，故克之。夫大国难测也，惧有伏焉。吾视其辙乱，望其旗靡，故逐之。"

《僖公二十一年》所载"臧文仲谏焚巫尫（wāng）"表现出对神权的怀疑倾向：

夏，大旱，公欲焚巫尫。

臧文仲曰："非旱备也！修城郭，贬食，省用，务穑，劝分，此其务也。巫尫何为？天欲杀之，则如勿生；若能为旱，焚之滋甚。"公从之。

是岁也，饥而不害。

《文公十三年》所载的"邾文公论利民为吉"，表现了重民的思想取向：

邾文公卜迁于绎。

史曰："利于民，而不利于君。"邾子曰："苟利于民，孤之利也。天生民而树之君，以利之也。民既利矣，孤必与焉。"

左右曰："命可长也，君何弗为？"邾子曰："命在养民。死之短长，时也。民苟利矣，迁也，吉莫如之！"

遂迁于绎。五月，邾文公卒。

《国语》虽然未能成为儒家的正式经典，但它也跟《左传》一样，与儒家早期的哲学与文学互为因果。司马迁说："左丘失明，厥有《国语》。"[1] 但现代人一般认为它是战国初期的作品。此书记载了周、鲁、齐、晋、郑、楚、吴、越八国的历史，其历史内容虽然与《左传》不尽一致，但它们在思想倾向和文学风格上是相当一致的。例如《周语上》所记载的"召公谏厉王止谤"，深刻揭示了周厉王身败名裂的原因：

厉王虐，国人谤王。召公告曰："民不堪命矣！"

王怒，得卫巫，使监谤者，以告，则杀之。国人莫敢言，道路以目。

---

[1]　司马迁：《报任少卿书》。

　　王喜，告召公曰："吾能弭谤矣！乃不敢言！"

　　　　召公曰："是障之也！防民之口，甚于防川。川壅而溃，伤人必多，民亦如之。是故为川者，决之使导；为民者，宣之使言。故天子听政，使公卿至于列士献诗，瞽献曲，史献书，师箴，瞍赋，矇诵，百工谏，庶人传语；近臣尽规，亲戚补察，瞽史教诲，耆艾修之。而后王斟酌焉，是以事行而不悖。民之有口，犹土之有山川也，财用于是乎出；犹其原隰（xí）之有衍沃也，衣食于是乎生。口之宣言也，善败于是乎兴。行善而补败，其所以阜财用衣食者也。夫民虑之于心而宣之于口，成而行之，胡可壅也？若壅其口，其与能几何？"

　　　　王弗听。于是国人莫敢出言。三年，乃流王于彘。

二、孔子与儒学

　　对于中国后来数千年的历史来说，春秋末期发生的最重大的事件就是孔子创立儒学。

　　孔子（前551—前479）姓孔，名丘，字仲尼，春秋末期鲁国陬邑（山东曲阜东南）人，思想家、政治家、教育家，儒家学派创始人。其先世为宋国贵族，后避难到鲁国。孔子早孤（一说为私生子）而"贫且贱"，"故多能鄙事"，如为人主持丧礼。孔子一生可分三个时期。（1）早年求学、习礼。据传曾向老子问道。孔子尤重学习，这也成为后来儒家学派的一个重要特征。（2）中年聚徒讲学、周游列国、从事政治。一度短暂担任鲁国司空、司寇，"行摄相事"。此外时间都在东奔西走，游说诸侯，历尽艰险，颇不得意。（3）晚年整理典籍、教育门徒。据传现存"六经"或者"五经"都是经他之手流传下来的。

　　孔子终身最大成就便是创立儒学。儒学后来成为中国整个传统文化的主干。可分三项来说：创立儒家学派，播讲儒家思想，整理儒家典籍。

　　当时盛行讲学之风。孔子一生讲学授徒，据说"弟子三千，贤者七十有二"。这些学生就是当时儒家学派的主体，继承孔子衣钵，传递儒家薪火。最初的儒家思想，就是孔子在对这些学生的教学当中传播出来的，这些问答授受，主要保存在《论语》当中。

孔子为什么要创立儒家学派？他的宗旨是什么？关于这个问题，存在着各种说法，诸如"复古倒退"说、"托古改制"说等等。我们认为，孔子创立儒学的宗旨，是要在当时的社会历史条件下，寻求一种赖以维持社会群体生存的社会伦理政治结构，并为之确立其形而上学的哲学基础。这种人伦结构，他标榜为"周礼"，其实未必，而是对"三代"礼制之"损益"的结果。这种群体生存结构的形而下的历史层面，就是当时的"礼乐"制度；形而上的超越层面，则是"仁义"理念。

下面我们简要叙述孔子的哲学思想。

首先是孔子的存在论思想。关于孔子是否具有哲学存在论（本体论 ontology）思想，这是一个存在争议的问题。我们认为，孔子是有他的存在论思想的，这主要表现在他对"天命"问题的探讨之中。"天"无疑是中国哲学的一个存在论范畴，而"天人"关系是中国哲学存在论的一个核心问题。孔子之讨论"天"的问题，正是为了解决"人"的问题。因为人是一种有限的存在，其存在是需要某种形而上学依据作为支撑的。孔子之所谓"天"大约具有两种意义：一是自然之天，例如他说："天何言哉？四时行焉，百物生焉，天何言哉？"[1] 二是神意之天，他说："获罪于天，无所祷也。"[2] 后一层意思在孔子那里更为明显。

把"天"跟"人"沟通起来的，是"命"的范畴。"命"字从"口"从"令"，可见，命者，令也，使也。[3] 这里，命令、使令的主体是天，所以又叫"天命"；而客体、接受者是人。天让人如何，人也就如何。所以"商闻之矣：死生有命，富贵在天"[4]；"道之将行也与，命也；道之将废也与，命也"[5]。

与此相关的还有一个重要问题，就是"道"或"天道"的问题。虽然子贡感叹"夫子之言'性'与'天道'，不可得而闻也"[6]。但事实上孔子既然屡

---

[1]　《论语·阳货》。"焉"意"于之"，这里意谓"在天"。
[2]　《论语·八佾》。
[3]　《说文解字》："命，使也。从口、从令。"
[4]　《论语·颜渊》。
[5]　《论语·宪问》。
[6]　《论语·公冶长》。

屡谈"天"，也就不可能不涉及天道问题，纵然他不用"天道"这个词。上述"自然之天"，其实蕴含着天道的意思，即"天行"所体现出来的规律。同时，"命"这个概念有时也具有"天道"的含义。

其次是孔子的认识论思想。中国哲学的认识论是有其特定意义的，简单来说就是为了"知道"——认识"天道"（道家尤甚），尤其"人道"（儒家尤甚）。对象上的特定性决定了方法上的特殊性，就是特别推崇直觉体悟的方法。孔子亦然，对他来说，最重要的是"知天""知命"或"知天命"，"不知命，无以为君子也"。[1]孔子自称"五十而知天命"[2]。但他的天道、天命其实就是人道，亦即"君臣父子"这套伦理规范。但在孔子看来，对天道、天命的认识能力是因人而异的，有的人"生而知之"，有的人"学而知之"，"唯上知与下愚不移"。[3]孔子认为，学习属于感性认识，所以还要跟理性认识和实践结合起来："学而不思则罔，思而不学则殆"；"温故而知新"；"学而时习之"。[4]

再就是孔子的伦理价值观。毫无疑问，孔子及其儒家思想的主体部分就是伦理思想。孔子伦理思想以"仁"为核心，表现为几大原则：（1）"仁爱"原则："樊迟问'仁'，子曰：'爱人。'"[5]（2）"忠恕"原则："己欲立而立人，己欲达而达人"；"己所不欲，勿施于人"。[6]（3）"孝悌"原则："有子曰：孝弟也者，其为仁之本欤。"[7]（4）"礼乐"原则："克己复礼为仁"，"非礼勿视，非礼勿听，非礼勿言，非礼勿动"[8]；"人而不仁如礼何？人而不仁如乐何？"[9]（5）"杀身成仁"原则："志士仁人，无求生以害仁，有杀身以成仁。"[10]

最后是孔子的社会历史观。这里涉及的是孔子的历史哲学思想和政治哲学思想。

---

[1]　《论语·尧曰》。
[2]　《论语·为政》。
[3]　《论语·为政》。
[4]　《论语·为政》。
[5]　《论语·颜渊》。
[6]　《论语·颜渊》。
[7]　《论语·颜渊》。
[8]　《论语·颜渊》。
[9]　《论语·八佾》。
[10]　《论语·卫灵公》。

从历史观来看，孔子的思想可称之为"理想的保守主义"。总的来看，他倾向于保守，"好古"，"述而不作"。但他不像老子，亦即并不认为越古的越好，例如他认为周比商夏好。事实上，他心目中的周并非实际的周，而是理想的周。礼制是越改越好、越来越理想："殷因于夏礼，所损益可知也；周因于殷礼，所损益可知也；其或继周者，虽百世可知也"[1]；但其中有某些不变的东西。这是合理的思考。

从政治观来看，（1）"损益"主义：根据以上"三代损益"观点，孔子属于所谓"改良主义"。（2）"正名"主义：政治上首要的问题就是"必也正名乎"；"名不正则言不顺，言不顺则事不成，事不成则礼乐不兴，礼乐不兴则刑罚不中。"[2]正名的标准就是"君君臣臣父父子子"的礼制。（3）"均安"主义："不患寡而患不均，不患贫而患不安。"[3]（4）"德政"主义："为政以德。"[4]（5）教化主义："富之""庶之""教之"。[5]

孔子的思想是否具有现代意义？这是一个很大的、很难的题目，这里略述一二。我曾说过："我们的基本方法，是对文化进行'二重分析'。这就是说，对于任何民族任何时代的文化传统，我们都认定它包含至少两个层面的内容：一是特殊的形而下的历史的层面，它是'器'，是'变易'的；一是一般的形而上的超越的层面，它是'道'，是'不易'的。"[6]这同样适用于孔子。孔子思想中的许多历史性内容确实已经过时了，但他思想中也有一些超越性内容具有现代意义。例如认识论上的"学与思""学与习"的关系学说具有普遍意义；伦理观上的"仁爱"思想显然具有超越的价值，"忠恕"思想亦然；历史观上的"损益"思想也具有相当的合理性。

---

[1] 《论语·为政》。
[2] 《论语·子路》。
[3] 《论语·子路》。
[4] 《论语·为政》。
[5] 《论语·子路》。
[6] 黄玉顺主编："追寻中国精神丛书""主编琐语"《追寻"现代性"之根》，四川人民出版社 2000 年版。

三、孔门高徒与儒家文学

相传孔子"弟子三千，贤者七十有二"，这虽然未必可靠，但孔门弟子当中，"名人"大有人在，则是事实。第一个要提到的，就是两个专攻"文学"的子夏、子游。[1]

子夏（前507—？）姓卜，名商。他是孔子的高足，长于文献学（《论语》所谓"文学"）。他后来做过魏文侯、李克、吴起等人的老师，影响很大。《论语》里记载的他的思想，主要的就是宿命论的"死生有命，富贵在天"[2]和权变论的"大德不逾闲，小德出入可也"[3]。相传他曾"序《诗》""传《易》"，应是儒家的诗学、易学大师。可惜我们今天已经无法看到子夏的诗学著作了。但是今天所见的《易传》和《诗序》，最初可能都跟他的传授有关。

子游（前506—？）姓言，名偃。关于他的事迹和著作情况，更乏文献可征。

至于子思之于《中庸》，我们将在下文讨论。这里，我们讨论一下曾子之于《大学》。

曾子（前505—前436）姓曾，名参，字子舆，鲁国人。此人以"孝"著称，今本《孝经》可能就是从他那里传授下来的。另外，《大学》的著作权，据说也该归于他。《大学》作为"四书"之一，在儒家经典中的地位自不待言。此书提出了著名的、影响巨大的"三纲八目"之说：

> 三纲领：大学之道，在明明德，在亲民，在止于至善。
>
> 八条目：古之欲明明德于天下者，先治其国；欲治其国者，先齐其家；欲齐其家者，先修其身；欲修其身者，先正其心；欲正其心者，先诚其意；欲诚其意者，先致其知；致知在格物。物格而后知至，知至而后意诚，意诚而后心正，心正而后身修，身修而后家齐，家齐而后国治，国治而后天下平。

---

[1]　《论语·先进》。
[2]　《论语·颜渊》。
[3]　《论语·子张》。

朱熹认为，以上"三纲八目"是"经"，乃是"孔子之言而曾子述之"；下面是"传"，则是"曾子之意而门人记之"。由此说来，《大学》只是曾子口述，而非亲自笔录。

这里，我们还应讨论一下孔门弟子的一部集体著作《论语》。在战国时期的儒家文学中，《论语》无疑是最有代表性的散文著作。《论语》不是孔子的专著，而是孔子弟子以及再传弟子辗转编辑的一部语录。关于此书的最初的编辑情况，现在仍然不太明朗。这里我们只是简要介绍一下现今通行的《论语》版本。先秦时期的《论语》因"秦火"而失传，今本《论语》是从西汉开始编辑的。起初存在着今文本的《鲁论》《齐论》、古文本的《古论》三种，西汉末年安昌侯张禹根据前两种改编为《张侯论》，东汉末年郑玄又以此本为依据、参考《齐论》《古论》作《论语注》，这就是今本《论语》，共20篇。除此之外，现代逐渐发现了另外一些《论语》版本，可供参考。[1]《论语》虽是孔子的弟子以及再传弟子辗转编辑的一部语录，但是正如柏拉图的"对话"具有很高的文学价值一样，《论语》也具有极高的文学价值。例如下面一段就是既富哲学意义，又富美学意义的名篇：

> 子路、曾皙、冉有、公西华侍坐。
>
> 子曰："以吾一日长乎尔，毋吾以也。居则曰：'不吾知也！'如或知尔，则何以哉？"子路率尔而对曰："千乘之国，摄乎大国之间，加之以师旅，因之以饥馑，由也为之，比及三年，可使有勇，且知方也。"
>
> 夫子哂之。"求，尔何如？"对曰："方六七十，如五六十，求也为之，比及三年，可使足民。如其礼乐，以俟君子。"
>
> "赤，尔何如？"对曰："非曰能之，愿学焉！宗庙之事，如会同，端章甫，愿为小相焉。"
>
> "点，尔何如？"鼓瑟希，铿尔，舍瑟而作。对曰："异乎三子者之

---

[1]　现今最流行的注本有：[三国魏]何晏《论语集解》，[南朝梁]皇侃《论语义疏》，[北宋]邢昺《论语正义》，[南宋]朱熹《论语集注》，[清]刘宝楠《论语正义》，杨伯峻《论语译注》等。

撰！"子曰："何伤乎？亦各言其志也。"曰："莫（暮）春者，春服既成，冠者五六人，童子六七人，浴乎沂，风乎舞雩（yú），咏而归。"

夫子喟然叹曰："吾与点也。"[1]

有些篇章很短，却也写得隽永有致。例如：

楚狂接舆歌而过孔子曰："凤兮！凤兮！何德之衰？往者不可谏，来者犹可追。已而，已而，今之从政者殆而！"孔子下，欲与之言。趋而辟之，不得与之言。[2]

楚狂接舆的那首歌，后来被庄子大大地扩写了：

凤兮凤兮，何如德之衰也？来世不可待，往世不可追也。

天下有道，圣人成焉。天下无道，圣人生焉。方今之时，仅免刑焉。

福轻乎羽，莫之知载。祸重乎地，莫之知避。

已乎已乎，临人以德。殆乎殆乎，画地为趋。

迷阳迷阳，无伤吾行。吾行郤曲，无伤吾足。[3]

《论语》还有一些篇章，颇具讽刺意味，例如：

长沮、桀溺耦而耕。孔子过之，使子路问津焉。

长沮曰："夫执舆者为谁？"子路曰："为孔丘。"曰："是鲁孔丘与？"曰："是也。"曰："是知津矣！"

问于桀溺。桀溺曰："子为谁？"曰："为仲由。"曰："是鲁孔丘之徒与？"对曰："然。"曰："滔滔者，天下皆是也，而谁以易之？且

---

[1] 《论语·先进》。
[2] 《论语·微子》。
[3] 《庄子·人间世》。

而与其从辟人之士也，岂若从辟世之士哉？"耰（yōu）而不辍。

子路行以告。夫子怃（wǔ）然曰："鸟兽不可与同群。吾非斯人之徒与而谁与？天下有道，丘不与易也！"[1]

第三节　儒学的早期发展与文学的初步繁荣

一、诸子的百家争鸣与文学的百花齐放

战国时代，中国思想文化领域真正进入了"百家争鸣"的时期。当时可谓异说蜂起、学派林立，是一个思想大解放的时代。后来刘向、刘歆、班固等人把他们概括为"九流十家"：儒家、道家、阴阳家、法家、名家、墨家、纵横家、杂家、农家和小说家。其实何止于此？例如还有兵家、辞赋家、方技家等等，不一而足。

与思想领域"百家争鸣"相呼应的，是文学领域的"百花齐放"，各种风格的文学创作呈现一种初步的繁荣局面。汉代刘歆的《七略》把先秦时代的全部学术划分为六类："六艺""诸子""诗赋""兵书""数术""方技"。其中诗赋属于文学，其他六艺、诸子两类，也与文学有关。

这个时期的文学，大致可以分为南、北两种潮流：北方、所谓"中原"国家，以散文为大宗；南方尤其楚国，以辞赋为大宗。

北方的散文，可谓诸子百家散文，异彩纷呈。其中关于儒家的，我们将在下文叙述；这里且以《战国策·秦策》所载的"纵横家"苏秦的故事为例，以见一斑。苏秦起初去游说秦惠王：

大王之国，西有巴蜀汉中之利，北有胡貉代马之用，南有巫山、黔中之限，东有肴函之固。田肥美，民殷富，战车万乘，奋击百万，沃野千里，

---

[1] 《论语·微子》。

蓄积饶多，地势形便。此所谓天府，天下之雄国也。以大王之贤，士民之众，车骑之用，兵法之教，可以并诸侯、吞天下，称帝而治。愿大王少留意，臣请奏其效。

秦王不以为然，请他改天再说。结果：

> 说秦王书十上，而说不行。黑貂之裘弊，黄金百斤尽，资用乏绝，去秦而归。羸縢履蹻（jué），负书担橐，形容枯槁，面目犁黑，状有归（愧）色。归至家，妻不下纴，嫂不为炊，父母不与言。

总之异常狼狈。于是仇视秦国，发愤攻书，一年之后，揣摩有成。然后游说赵王，"抵掌而谈，赵王大悦，封为武安君，受相印"，"约从散横以抑强秦"。后来：

> 将说楚王，路过洛阳。父母闻之，清宫除道，张乐设饮，郊迎三十里。妻侧目而视，侧耳而听。嫂蛇行匍伏，四拜自跪而谢。苏秦曰："嫂何前倨而后卑也？"嫂曰："以季子之位尊而多金。"

这就是典型的纵横家的风格。

南方的辞赋，最著名的无疑是屈原的作品。

屈原（约前340—约前278）的思想感情虽然不能说就是儒家的，但确实带有浓厚的儒家色彩，例如忠君爱国、执着追求等等。李白曾盛赞"屈平辞赋悬日月"，屈原的辞赋创作对后世的辞赋创作以及一般的诗歌创作都产生了巨大深远的影响。屈原的作品以《离骚》为代表，其他还有很多，后来收入了汉代刘向所编的《楚辞》。这里仅以《国殇》为例：

> 操吴戈兮被犀甲，车错毂兮短兵接。
> 旌蔽日兮敌若云，矢交坠兮士争先。

凌余阵兮躐余行，左骖殪兮右刃伤。

霾两轮兮絷四马，援玉枹兮击鸣鼓。

天时坠兮威灵怒，严杀尽兮弃原野。

出不入兮往不反，平原忽兮路超远。

带长剑兮挟秦弓，首身离兮心不惩。

诚既勇兮又以武，终刚强兮不可凌。

身既死兮神以灵，子魂魄兮为鬼雄！

　　南方当然也有杰出的散文创作，例如《庄子》。司马迁说：庄子"其学无所不窥，然其要本归于老子之言。故其著书十余万言，大抵率寓言也，……皆空语无事实。然善属书离辞，指事类情，……其言洸洋自恣……"[1] 此书充满了"寓言"，这无疑是标准的文学作品。不仅如此，此书整个说来，善于"属书离辞，指事类情"，风格"洸洋自恣"，实为文学散文的精品。这里仅举数例：

　　北冥有鱼，其名为鲲。鲲之大，不知其几千里也。化而为鸟，其名为鹏。鹏之背，不知其几千里也。怒而飞，其翼若垂天之云。[2]

　　齧（niè）缺问乎王倪曰："子知物之所同是乎？"曰："吾恶乎知之！""子知子之所不知邪？"曰："吾恶乎知之！""然则物无知邪？"曰："吾恶乎知之！虽然，尝试言之：庸讵知吾所谓知之非不知邪？庸讵知吾所谓不知之非知邪？……毛嫱、丽姬，人之所美也，鱼见之深入，鸟见之高飞，麋鹿见之决骤。四者孰知天下之正色哉？自我观之，仁义之端，是非之涂，樊然殽乱，吾恶能知其辩？"[3]

　　尝试论之，世俗之所谓至知者，有不为大盗积者乎？所谓至圣者，有

[1]　《史记·老子韩非列传》。
[2]　《庄子·逍遥游》。
[3]　《庄子·齐物论》。

不为大盗守者乎？何以知其然邪？昔者龙逢斩，比干剖，苌弘胣（chì，车裂），子胥靡。故四子之贤，而身不免乎戮。故盗跖之徒问于跖曰："盗亦有道乎？"跖曰："何适而无有道邪？夫妄意室中之藏，圣也；入先，勇也；出后，义也；知可否，知也；分均，仁也。五者不备，而能成大盗者，天下未之有也！"由是观之，善人不得圣人之道不立，跖不得圣人之道不行。天下之善人少，而不善人多，则圣人之利天下也少，而害天下也多。[1]

二、子思、孟轲与文学

儒家自孔子之后的正宗，通常公推以子思和孟轲为代表的所谓"思孟学派"。

子思（前483—前402）姓孔，名伋，字子思，是孔子的孙子、曾子的学生。他主要继承了孔子"中庸之道"的思想，又特别发挥了"诚"的思想。据说现存《礼记》中的《中庸》就是他的作品。《中庸》后被列为"四书"之一，可见其对儒家思想的意义。同时，《中庸》也是一篇颇有特点的散文作品。它的第一章写道：

> 天命之谓性，率性之谓道，修道之谓教。
>
> 道也者，不可须臾离也，可离非道也。是故君子戒慎乎其所不睹，恐惧乎其所不闻。莫见乎隐，莫显乎微，故君子慎其独也。
>
> 喜怒哀乐之未发，谓之中；发而皆中节，谓之和。中也者，天下之大本也；和也者，天下之达道也。致中和，天地位焉，万物育焉。

此"中和"即"中庸"之意：庸者，用也；"礼之用，和为贵"，"中"之用，也以"和"为贵，所以中庸即是中和。过去对"中庸"的解释是不对的。其实，"中"与"和"的关系就是"体"与"用"的关系："中"之未发，为"本"、为"体"；已发，为"道"、为"用"、为"庸"、为"和"。

---

[1]　《庄子·胠箧》。

《中庸》又以"诚"为本体：

> 诚者，天之道也；诚之者，人之道也。诚者不勉而中，不思而得，从容中道，圣人也。……唯天下至诚，为能尽其性；能尽其性，则能尽人之性；能尽人之性，则能尽物之性；能尽物之性，则可以赞天地之化育；可以赞天地之化育，则可以与天地参矣。

这是以畅达的散文，来表述儒家的哲理。

孟子（约前372—前289）姓孟，名轲，字子舆，鲁国邹人。他是孔子之孙子思的再传弟子，在当时以继承孔门儒家学统著称，而以"距杨、墨"为己任，提出了许多重要的思想。他把孔子的仁学思想发展成了他的"仁政"学说，认为民贵君轻。在他的思想中，最核心的是心性论，这是他的仁政学说的人性论依据。他的思想经宋明理学的继承发展，成为儒家的正宗。

孟子的美学思想，乃是围绕着"充实为美"这个命题展开的：

> 浩生不害问曰："乐正子何人？"孟子曰："善人也，信人也。""何谓善？何谓信？"曰："可欲之谓善，有诸己之谓信，充实之谓美，充实而有光辉之谓大，大而化之之谓圣，圣而不可知之之谓神。乐正子，二之中、四之下也。"[1]

孟子这段议论，蕴含着深刻的美学思想：

其一，美是善的表现。"可欲"之"善"本是内在的东西，善性充实于内，流露于外，那就是美。"充满其所有，以茂好于外，故容貌硕大而为美。美指其容也。"[2]

其二，美是善与真的统一。"信"即"诚"，亦即"真"。《说文解字》："信，诚也。"在孟子看来，美是比善与真更高的境界，是对善与真的统一与

---

[1]　《孟子·尽心下》。
[2]　焦循：《孟子正义》。

充实。美是善与真之内在统一的外在表现。

其三，美是天性。"充实其所有""有诸己"的东西，就是仁义礼智，它是天生固有的："仁义礼智，非由外铄我也，我固有之也。"[1] 仁义礼智充实于内、展现于外，那就是美。这是因为，仁义礼智本身就美，"岂以仁义为不美也？"[2] 对这种天生仁性之美，孟子论证道：

> 口之于味，有同耆（嗜）也；易牙，先得我口之所耆者也。如使口之于味也，其性与人殊，若犬马之与我不同类也，则天何耆皆从易牙之于味也？至于味，天下期于易牙，是天下之口相似也。惟耳亦然，至于声，天下期于师旷，是天下之耳相似也。惟目亦然，至于子都，天下莫不知其姣也。不知子都之姣者，无目者也。故曰：口之于味也，有同耆焉；耳之于声也，有同听焉；目之于色也，有同美焉。至于心，独无所同然乎？心之所同者何也？谓理也，义也。圣人，先得我心之所同然耳。故理义之悦我心，犹刍豢之悦我口。[3]

但是，人性固有的仁义之美毕竟尚未充分展现出来，所以需要培植充实。如果反其道而行之，放失了它，乃至戕害了它，那就变善为恶、变美为丑了。孟子曾比喻道：

> 牛山之木尝美矣，以其郊于大国也，斧斤伐之，可以为美乎？是其日夜之所息（生长），雨露之所润，非无萌蘖之生焉，牛羊又从而牧之，是以若彼濯濯也。人见其濯濯也，以为未尝有材焉，此岂山之性也哉？虽存乎人者，岂无仁义之心哉？其所以放其良心者，亦犹斧斤之于木也，旦旦而伐之，可以为美乎？[4]

---

[1]　《孟子·告子上》。
[2]　《孟子·公孙丑下》。
[3]　《孟子·告子上》。
[4]　《孟子·告子上》。

仁义之心外发之美，表现在礼乐政治文化上就是"乐"（yuè），表现在审美心理感受上就是"乐"（lè）。

仁之实，事亲是也；义之实，从兄是也；智之实，知斯二者、弗去是也；礼之实，节文斯二者是也；乐之实，乐斯二者。乐，则生矣；生，则恶可已矣；恶可已，则不知足之蹈之，手之舞之。[1]

所以，孟子很重视"乐"："仁言不如仁声之入人深也。"[2] 在这个问题上，孟子对"独乐"和"与民同乐"加以区分：独乐乃是恶的、丑的，与民同乐才是善的、美的。《梁惠王上》记载：

孟子见梁惠王。王立于沼上，顾鸿雁麋鹿，曰："贤者亦乐此乎？"孟子对曰："贤者而后乐此，不贤者虽有此不乐也。《诗》云：'经始灵台，经之营之。庶民攻之，不日成之。经始勿亟，庶民子来。王在灵囿，麀（yōu）鹿攸伏。麀鹿濯濯，白鸟鹤鹤。王在灵沼，於牣鱼跃。'文王以民力为台为沼，而民欢乐之，谓其台曰'灵台'，谓其沼曰'灵沼'，乐其有麋鹿鱼鳖。古之人与民偕乐，故能乐也。《汤誓》曰：'时日害（盍，何不）丧？予及女（汝）偕亡！'民欲与之皆亡，虽有台池鸟兽，岂能独乐哉！"

另据《梁惠王下》记载：

（孟子）见于王曰："王尝语庄子以好乐，有诸？"王变乎色，曰："寡人非能好先王之乐也，直好世俗之乐耳！"曰："王之好乐甚，则齐其庶几乎！今之乐，由古之乐也。"曰："可得闻与？"曰："独乐乐，与人乐乐，孰乐？"曰："不若与人。"曰："与少乐乐，与众乐乐，孰乐？"曰："不若与众"。"臣请为王言乐。今王鼓乐于此，百姓闻王钟鼓之声，

---

[1] 《孟子·离娄上》。
[2] 《孟子·尽心上》。

管籥之音，举疾首蹙頞而相告曰：'吾王之好鼓乐，夫何使我至于此极也？父子不相见，兄弟妻子离散！'今王田猎于此，百姓闻王车马之声，见羽旄之美，举疾首蹙頞而相告曰：'吾王之好田猎，夫何使我至于此极也？父子不相见，兄弟妻子离散！'此无他，不与民同乐也。今王鼓乐于此，百姓闻王钟鼓之声，管籥之音，举欣欣然有喜色而相告曰：'吾王庶几无疾病与？何以能鼓乐也！'今王田猎于此，百姓闻王车马之音，见羽旄之美，举欣欣然有喜色而相告曰：'吾王庶几无疾病与？何以能田猎也！'此无他，与民同乐也。今王与百姓同乐，则王矣。"

重视"乐"，自然重视"诗"。孟子"通五经，尤长于《诗》《书》"[1]，在诗学上颇有独到见解。例如，他有如下一些重要见解：

（1）"以意逆志"说

　　咸丘蒙曰："舜之不臣尧，则吾既得闻命矣。《诗》云：'普天之下，莫非王土；率土之滨，莫非王臣。'而舜既为天子矣，敢问瞽瞍之非臣，如何？"曰："是诗也，非是之谓也。劳于王事，而不得养父母也。曰：'此莫非王事，我独贤劳也。'故说诗者，不以文害辞，不以辞害志。以意逆志，是为得之。如以辞而已矣，《云汉》之诗曰：'周馀黎民，靡有孑遗。'信斯言也，是周无遗民也。"[2]

这里讲的是应当如何鉴赏诗歌：不要因文字而妨碍对言辞的理解，不要因言辞而妨碍对情志的理解；应该用自己的心意去迎受诗人的情志，这样才是真有所获。

---

[1]　赵岐：《孟子题辞》。
[2]　《孟子·万章上》。

（2）"知人论世"说

　　孟子谓万章曰："一乡之善士斯友一乡之善士，一国之善士斯友一国之善士，天下之善士斯友天下之善士。以友天下之善士为未足，又尚论古之人。颂其诗，读其书，不知其人，可乎？是以论其世也。是尚友也。"[1]

　　意思是说：诵其诗，必须知其人；知其人，必须论其世。这是因为，诗言其志，知其人才能知其志；人居世，论其世才能知其人。上面所讲的"以意逆志"的诗歌鉴赏方法，是依赖于"知人论世"的："正惟有世可论，有人可求，故吾之意有所措，而彼之志有可通"；"不论其世，欲知其人，不得也；不知其人，欲逆其志，亦不得也。"[2]

（3）"知言养气"说

《公孙丑上》提出了著名的"养气"之说：

　　　（公孙丑）曰："敢问夫子恶乎长？"
　　　曰："我知言，我善养吾浩然之气。"
　　　"敢问何谓浩然之气？"
　　　曰："难言也。其为气也，至大至刚，以直养而无害，则塞于天地之间。其为气也，配义与道。无是，馁也。是集义所生者，非义袭而取之也。行有不慊（qiàn）于心，则馁矣。我故曰：告子未尝知义，以其外之也。必有事焉而勿正，心勿忘，勿助长也。无若宋人然。宋人有闵其苗之不长而揠之者，芒芒然归，谓其人曰：'今日病矣！予助苗长矣！'其子趋而往视之，苗则槁矣。天下之不助苗长者寡矣！以为无益而舍之者，不耘苗者也；助之长者，揠苗者也，非徒无益，而又害之。"
　　　"何谓知言？"
　　　曰："诐（bǐ）辞知其所蔽，淫辞知其所陷，邪辞知其所离，遁辞知

---

[1]　《孟子·万章下》。
[2]　顾镇：《虞东学诗》。

其所穷。生于其心，害于其政；发于其政，害于其事。圣人复起，必从吾言矣。"

这其实跟上面所谈的"以意逆志"有关：诵其诗，可以知其志；闻其言，可以知其心。所以，正心就是一件重要的事情。而正心的途径，则在于养气。养气的关键，在于"以直养而无害"，"配义与道"。

《孟子》不仅是一部影响深远的哲学著作，而且是一部同样影响深远的散文作品。它往往以生动的文学语言，表达深刻的儒家哲理，思维犀利，文笔练达，譬喻形象，气势恢宏。例如《公孙丑下》里面的一段，通常是作为古代散文的典范被选入中小学教材里的：

天时不如地利，地利不如人和。

三里之城，七里之郭，环而攻之而不胜。夫环而攻之，必有得天时者矣；然而不胜者，是天时不如地利也。

城非不高也，池非不深也，兵革非不坚利也，米粟非不多也；委而去之，是地利不如人和也。

故曰：域民不以封疆之界，固国不以山谿之险，威天下不以兵革之利。得道者多助，失道者寡助。寡助之至，亲戚畔之；多助之至，天下顺之。以天下之所顺，攻亲戚之所畔，故君子有不战，战必胜矣。

《梁惠王上》表现了孟子的"仁政"主张，其中下面这段表现了"恻隐之心，人皆有之"的思想：

（孟子）曰："臣闻之胡龁（hé）曰：王坐于堂上，有牵牛而过堂下者，王见之，曰：'牛何之？'对曰：'将以衅钟。'王曰：'舍之！吾不忍其觳觫（húsù），若无罪而就死地。'对曰：'然则废衅钟与？'曰：'何可废也？以羊易之！'不识有诸？"曰："有之。"

曰："是心足以王矣！百姓皆以王为爱也，臣固知王之不忍也。"王曰：

"然。诚有百姓者！齐国虽褊小，吾何爱一牛？即不忍其觳觫，若无罪而就死地，故以羊易之也。"

曰："王无异于百姓之以王为爱也。以小易大，彼恶知之？王若隐其无罪而就死地，则牛羊何择焉？"王笑曰："是诚何心哉！我非爱其财而易之以羊也。宜乎百姓之谓我爱也！"

曰："无伤也，是乃仁术也。见牛未见羊也。君子之于禽兽，见其生，不忍见其死；闻其声，不忍食其肉。是以君子远庖厨也。"王说，曰："《诗》云'他人有心，予忖度之'，夫子之谓也。夫我乃行之，反而求之，不得吾心。夫子言之，于我心有戚戚焉。……"

三、荀卿与《易传》的文学成就

（一）荀子

荀子（约前313—前238）名况，人称荀卿，或称孙卿，战国时赵国人。李斯和韩非都是他的高足。他是儒家中跟孟子齐名的大师，但两人的思想有很大的差异，甚至对立。例如孟子相信"性善"，他相信"性恶"；孟子主张"天人合一"，他主张"天人相分"；等等。荀子是第一个写有美学专著的儒家大师，这部专著就是《乐论》。

荀子的美学思想继承了孔子关于"文质"的观念，叫作"文而致实"[1]。具体来说，就是"文貌情用，相为内外表里"[2]。这里的"实""内""里"就是"质"，也就是"情"，其实质就是仁德。所以，他说："诚美其德也，故为之雕琢刻镂、黼黻文章以藩饰之，以养其德也。"[3]因此，他批评"墨子蔽于用而不知文"[4]。这种"用"应该加以"文"，亦即德之用，文为贵，犹如有子所谓"礼之用，和为贵"。其实荀子所说的"德"的外化，正是"礼"，所以，他说："修冠弁衣裳、黼黻文章、雕琢刻镂，皆有等差，是所以藩饰之

---

[1]　《荀子·非相》。
[2]　《荀子·大略》。
[3]　《荀子·富国》。
[4]　《荀子·解蔽》。

也。"[1] 此处的"等差"也就是"礼"，而其修饰也就是"乐"。

荀子区分了物之美和自然美、人之美和风俗美、装饰美、艺术美等等。

就自然物来看，"天之所覆，地之所载，莫不尽其美，致其用，上以饰贤良，下以养百姓而乐安之，夫是之谓大神。"[2] 不过，自然物固然有其美，但是这种美是需要人去鉴赏的。物的这种自然美是与人自己的心灵美有关的：

> 形体、色、理以目异，声音清浊、调节奇声以耳异，……说、故、喜、怒、哀、乐、爱、恶、欲以心异。心有征知。征知，则缘耳而知声可也，缘目而知形可也；然而征知必将待天官（心）之当簿其类然后可也。
>
> …………
>
> 心忧恐则口衔刍豢而不知其味，耳听钟鼓而不知其声，目视黼黻而不知其状，轻煖平簟（diàn）而体不知其安。故向万物之美而不能见嗛（qiǎn）也，假而得问（间）而嗛之，则不能离也，故向万物之美而盛忧。[3]

在审美活动中，物之"美"有待人之"审"，这是一种比较深刻的见解。

而就人之自身来看，荀子认为，重要的不在于形貌之美，而在于心灵之美。他举例说：

> 盖帝尧长，帝舜短；文王长，周公短；仲尼长，子弓短。昔者卫灵公有臣曰公孙吕，身长七尺，面长三尺，焉（额）广三寸，鼻目耳具，而名动天下；楚之孙叔敖，期思之鄙人也，突秃长左，轩较之下而以楚霸。……故事不揣长，不揳（xiē）大，不权轻重，亦将志乎尔。长短、小大、美恶形相，岂论也哉？
>
> 且徐偃王之状，目可瞻焉（额）；仲尼之状，面如蒙倛（似蟹）；周公之状，身如断菑；皋陶之状，色如削瓜；闳夭之状，面无见肤；傅说之状，

身如植鳍；伊尹之状，面无须麋（须眉）。禹跳，汤偏，尧、舜参牟（眸）子。从者将论志意，比类文学邪？直将差长短、辨美恶，而相欺傲邪？古者桀、纣，长巨姣美，天下之杰也，筋力越劲，百人之敌也。然而身死国亡，为天下僇（戮），后世言恶，则必稽焉。是非容貌之患也，闻见之不众，论议之卑尔！ [1]

因此，对人来说，根本在于心术之美，"相形不如论心，论心不如择术。形不胜心，心不胜术。术正而心顺之，则形相虽恶而心术善，无害为君子也；形相虽善而心术恶，无害为小人也。" [2] 当然，这种内在的美也有外在化的表现，例如他认为，"士君子之容：其冠进，其衣逢，其容良，俨然，壮然，祺然，蕼（sì）然，恢恢然，广广然，昭昭然，荡荡然，是父兄之容也；其冠进，其衣逢，其容悫（què），俭然，恈（shì）然，辅然，端然，訾然，洞然，缀缀然，瞀瞀然，是子弟之容也。" [3] 总之，对人来说，就是"身尽其故则美" [4]，亦即充分发挥自己固有的仁德之性。但这种"尽故"是需要后天的学习的，即"君子之学也，以美其身"。学什么呢？最根本的是学"礼"："礼者，断长续短，损有余、益不足，达爱敬之文而滋成行义之美者也" [5]；"故美之者，是美天下之本也" [6]；"儒者在本朝则美政，在下位则美俗" [7]。

"美政""美俗"的最重要的工具就是"乐"。荀子认为：

君子以钟鼓道志，以琴瑟乐心，动以干戚，饰以羽旄，从以磬管。故其清明象天，其广大象地，其俯仰周旋有似于四时。故乐行而志清，礼修而行成，耳目聪明，血气和平，移风易俗，天下皆宁，美善相乐。故曰：乐者，乐也。君子乐得其道，小人乐得其欲。以道制欲，则乐而不乱；以欲忘道，则惑而不乐。故乐者，所以道乐也；金石丝竹，所以道德也。乐行，

---

[1]　《荀子·非相》。
[2]　《荀子·非相》。
[3]　《荀子·非十二子》。
[4]　《荀子·解蔽》。
[5]　《荀子·劝学》。
[6]　《荀子·富国》。
[7]　《荀子·儒效》。

而民乡方（向道）矣。故乐者，治人之盛者也。[1]

荀子的美学思想体现在他的文学创作上，主要有两个方面：散文创作和辞赋创作。这些作品说理缜密，结构严谨，风格稳健，笔力雄厚。

散文方面，《劝学》是很著名的，文中充满深思熟虑的譬喻：

> 君子曰：学不可以已。青，取之于蓝而青于蓝；冰，水为之而寒于水。木直中绳，輮以为轮，其曲中规，虽有槁暴，不复挺者，輮使之然也。故木受绳则直，金就砺则利。君子博学而日参省乎己，则知明而行无过矣。
>
> 故不登高山，不知天之高也；不临深谿，不知地之厚也；不闻先王之遗言，不知学问之大也。干越夷貉之子，生而同声，长而异俗，教使之然也。……
>
> 吾尝终日而思矣，不如须臾之所学也；吾尝跂而望矣，不如登高之博见也。登高而招，臂非加长也，而见者远；顺风而呼，声非加疾也，而闻者彰。假舆马者，非利足也，而致千里；假舟楫者，非能水也，而绝江河。君子生非异也，善假于物也。

辞赋方面，荀子有一篇极为典型的文学作品，即《成相》。王先谦《荀子集解》说："'成相'之义，非谓'成功在相'也。篇内但以国君之愚闻为戒耳。《礼记》：'治乱以相。'　'相'乃乐器，所谓'春牍'"；"审此篇音节，即后世弹词之祖"；"首句'请成相'，言请奏此曲也"。可见《成相》乃是以民间文艺的形式来讲述为君治国的道理。节录如下：

> 请成相，世之殃，愚暗愚暗堕贤良。
>
> 人主无贤，如瞽无相，何伥伥。
>
> 请布基，慎圣人，愚而自专事不治。

---

[1] 《荀子·乐论》。

主忌苟胜，群臣莫谏必逢灾。

…………

请成相，道圣王，尧舜尚贤身辞让。

许由善卷，重义轻利行显明。

尧让贤，以为民，泛利兼爱德施均。

辨治上下，贵贱有等明君臣。

…………

君教出，行有律，吏谨将之无铍滑。

下不私请，各以所宜舍巧拙。

臣谨修，君制变，公察善思论不乱。

以治天下，后世法之成律贯。

荀子还有一篇仅存的文人辞赋，名为《赋篇》，其风格与模仿民间文学形式的《成相》大不相同。"赋"是一种骈（韵文）、散（散文）兼行的文学体裁，到汉代时蔚成大宗。现将《赋篇》节录如下：

爰有大物：非丝非帛文理成章；非日非月为天下明；生者以寿，死者以葬；城郭以固，三军以强；粹而王，驳而伯，无一焉而亡。臣愚不识，敢请之王？

王曰：此夫文而不采者与？简然易知而致有理者与？君子所敬而小人所不者与？性不得则若禽兽、性得之则甚雅似者与？匹夫隆之则为圣人、诸侯隆之则一四海者与？致明而约，甚顺而体，请归之礼。……

琁玉瑶珠，不知佩也；杂布与锦，不知异也；闾娵子奢，莫之媒也；嫫母力父，是之喜也。以盲为明，以聋为聪，以危为安，以吉为凶，呜呼上天，曷维其同！

显然，荀子的文学作品所讲的都是儒家的哲学道理。

（二）《易传》

荀子与《易传》有密切关系，这是一个值得继续深入研究的课题。例如《荀子·大略》："《易》之《咸》，见夫妇。夫妇之道不可不正也，君臣父子之本也。咸，感也。以高下下，以男下女，柔上而刚下。聘士之义，亲迎之道，重始也。"这与《周易·咸象》非常接近："咸，感也。柔上而刚下，二气感应以相与，止而说，男下女，是以'亨，利贞。取女吉'也。"

《易传》作为儒家的基本经典之一，是把《易经》从神学改造为哲学的典范文献。此书共有十篇，所谓"十翼"，实为七种文献。相传它是孔子所作，其实应是孔子后学的集体创作，而非出自一时一人之手。它的成书，大约在战国时代。《易传》以生命关怀为中心，以阴阳范畴为核心，阐述了"生生之谓易"的生命存在论，"有天地然后有万物"的自然观，"刚柔相推，变在其中""天地革而四时成""穷则变，变则通，通则久"的发展观，"仰观俯察"的认识论，"自强不息""厚德载物"的伦理观，等等。

《易传》作为哲理论文，其文学成就也颇为突出。《易传》的论文在体裁上分为两种，一种是韵文，一种是散文。韵文的例子，比如《乾象传》：

> 大哉乾元，万物资始，乃统天。云行雨施，品物流行。大明终始，六位时成，时乘六龙以御天。乾道变化，各正性命，保合大和乃利贞。首出庶物，万国咸宁。

又如《蒙象传》：

> 蒙，山下有险，险而止，蒙。蒙"亨"，以亨行时中也。"匪我求童蒙，童蒙求我"，志应也。"初筮告"，以刚中也。"再三渎，渎则不告"，渎蒙也。蒙以养正，圣功也。

《象传》分为"大象"和"小象"，"小象"也都是韵文。例如《乾象》：

"潜龙勿用"，阳在下也。"见龙在田"，德施普也。"终日乾乾"，反复道也。"或跃在渊"，进无咎也。"飞龙在天"，大人造也。"亢龙有悔"，盈不可久也。"用九"，天德不可为首也。

《杂卦》也是一篇典型的韵文：

乾刚，坤柔；比乐，师忧；临观之义，或与或求。屯见而不失其居，蒙杂而著。震，起也；艮，止也。……归妹，女之终也；未济，男之穷也。

《易传》的其他篇章都是散文，但其中也间夹着韵文。例如《乾文言》：

九五曰"飞龙在天，利见大人"，何谓也？子曰："同声相应，同气相求；水流湿，火就燥。云从龙，风从虎，圣人作而万物睹。本乎天者亲上，本乎地者亲下，则各从其类也。"

又如《坤文言》：

积善之家，必有余庆；积不善之家，必有余殃。臣弑其君，子弑其父，非一朝一夕之故，其所由来者渐矣，由辩之不早辩也。《易》曰"履霜，坚冰至"，盖言顺也。

又如《说卦传》：

乾，天也，故称乎父；坤，地也，故称乎母。震，一索而得男，故谓之长男；巽，一索而得女，故谓之长女。坎，再索而得男，故谓之中男；离，再索而得女，故谓之中女。艮，三索而得男，故谓之少男；兑，三索而得女，故谓之少女。

又如《序卦传》

有天地然后有万物，有万物然后有男女，有男女然后有夫妇，有夫妇然后有父子，有父子然后有君臣，有君臣然后有上下，有上下然后礼义有所错（措）。

尤其是《系辞传》，大量运用对偶、排比的手法，更是一篇质朴流畅的散文佳作。例如：

是故《易》有太极，是生两仪，两仪生四象，四象生八卦，八卦定吉凶，吉凶生大业。是故法象莫大乎天地；变通莫大乎四时；县（悬）象着明莫大乎日月；崇高莫大乎富贵；备物致用、立成器以为天下利，莫大乎圣人；探赜索隐、钩深致远，以定天下之吉凶、成天下之亹亹（mén）者，莫大乎蓍龟。是故天生神物，圣人则之；天地变化，圣人效之。天垂象，见吉凶，圣人象之；河出图，洛出书，圣人则之。

《易传》不仅在思想内容上深刻地影响了后世的儒家哲学，而且在文笔风格上长久地滋润着后来的中国文学。

第二章 经学时代的儒家文学

第二章　经学时代的儒家文学

第一节　儒学的时代转换与文学的时代特征

一、学术的嬗变

自战国后期至西汉前期，是中国传统学术发生了大转变的时代，按照传统的说法，就是从"子学"时代转变为"经学"时代：此前是所谓"百家争鸣"的时代，此后则基本是"独尊儒术"的时代。

所谓"经学"，有广义和狭义之分。广义的经学是指自战国至清代的所有"治经"（研究阐释儒家经典）的学术，它实际上也就是中国古代学术的主体，甚至几乎成了"传统学术"的代名词。举凡今天所谓的哲学、史学、文学、文艺学、逻辑学、伦理学、政治学、经济学、社会学、文献学（目录版本校勘）、语文学（文字音韵训诂）乃至科学等等，一概包容其中；而其核心，就是儒家哲学。这种经学是在汉代奠定基础的，而汉代的经学也就是狭义的经学。从学术历史分期的角度讲，汉代叫作"经学时代"。

这次空前的学术嬗变的发轫，可以溯及战国时期的学术渗透融合趋势。而这次学术嬗变的完成，则可以将董仲舒提出"罢黜百家，独尊儒术"而被汉武帝所采纳作为标志。据《汉书·董仲舒传》载，武帝即位后举贤良文学之士，董仲舒（前179—前104）对策曰：

《春秋》大一统者，天地之常经，古今之通谊也。今师异道，人异论，百家殊方，指意不同。是以上亡以持一统；法制数变，下不知所守。臣愚以为诸不在六艺之科、孔子之术者，皆绝其道，勿使并进。邪辟之说灭息，然后统纪可一而法度可明，民知所从矣。

汉武帝很赞赏这个建议，遂加采纳。至此，中国进入了文化专制时代。我们记得，当年秦始皇也曾想统一思想、统一学术，但是有所"破"，无所"立"，焚书坑儒的结果，只是加速了自家王朝的灭亡。而董仲舒、汉武帝则不同，他们有破有立，确立了儒家的官方正统地位。从此以后，中国的学术基本上都是在儒家"经学"的框架之内发展的。

二、经学的兴起

事实上，经学的兴起可以追溯到先秦时代。应该说，自从孔子将"六经"传授给学生以后，经学也就开始了，也就是说，孔门弟子从那时就开始了对儒家经典的研究和注释。例如注释发挥《易经》的《易传》，就是成于战国时期的。其他《诗》《书》《礼》《乐》莫非如此。所谓"《春秋》三传"，撇开未必属于儒家传注的《左传》不说，《公羊传》《穀梁传》虽然到汉代才"著于竹帛"，但是始于战国时期子夏的弟子公羊高、穀梁赤。

当然，经学真正的全面的兴起是在西汉。唯其如此，汉代才被称为经学时代。关于汉代经学的兴起、传承，班固《汉书·艺文志·六艺略》已有全面的总结：

《易》：汉兴，田何传之。讫于宣、元，有施、孟、梁丘、京氏列于学官，而民间有费、高二家之说。刘向以中《古文易经》校施、孟、梁丘经，或脱去"无咎""悔亡"，唯费氏经与古文同。

《书》：秦燔书禁学，济南伏生独壁藏之。汉兴亡失，求得二十九篇，以教齐鲁之间。讫孝宣世，有《欧阳》《大小夏侯氏》，立于学官。《古文尚书》者，出孔子壁中。武帝末，鲁共王坏孔子宅，欲以广其宫，而得《古文尚书》及《礼记》《论语》《孝经》凡数十篇，皆古字也。共王往入其宅，闻鼓琴瑟钟磬之音，于是惧，乃止不坏。孔安国者，孔子后也，悉得其书，以考二十九篇，得多十六篇。安国献之。遭巫蛊事，未列于学官。刘向以中古文校欧阳、大小夏侯三家经文，《酒诰》脱简一，《召诰》脱简二。率简二十五字者，脱亦二十五字，简二十二字者，脱亦二十二字，文字异者七百有余，脱字数十。

《诗》：汉兴，鲁申公为《诗》训故，而齐辕固、燕韩生皆为之传，或取《春秋》，采杂说，咸非其本义。与不得已，鲁最为近之。三家皆列于学官。又有毛公之学，自谓子夏所传，而河间献王好之，未得立。

《礼》：及周之衰，诸侯将逾法度，恶其害己，皆灭去其籍，自孔子时而不具，至秦大坏。汉兴，鲁高堂生传《士礼》十七篇。讫孝宣世，后仓最明。戴德、戴圣、庆普皆其弟子，三家立于学官。《礼古经》者，出于鲁淹中及孔氏，与十七篇文相似，多三十九篇。及《明堂阴阳》《王史氏记》所见，多天子诸侯卿大夫之制，虽不能备，犹瘉仓等推《士礼》而致于天子之说。

《乐》：周衰俱坏，乐尤微眇，以音律为节，又为郑卫所乱，故无遗法。汉兴，制氏以雅乐声律，世在乐官，颇能纪其铿锵鼓舞，而不能言其义。六国之君，魏文侯最为好古，孝文时得其乐人窦公，献其书，乃《周官·大宗伯》之《大司乐》章也。武帝时，河间献王好儒，与毛生等共采《周官》及诸子言乐事者，以作《乐记》，献《八佾》之舞，与制氏不相远。其内史丞王定传之，以授常山王禹。禹，成帝时为谒者，数言其义，献二十四卷记。刘向校书，得《乐记》二十三篇，与禹不同，其道寖以益微。

《春秋》：仲尼思存前圣之业，……有所褒讳贬损，不可书见，口授弟子，弟子退而异言。丘明恐弟子各安其意，以失其真，故论本事而作传，明夫子不以空言说经也。……及末世口说流行，故有《公羊》《穀梁》《邹》《夹》之《传》。四家之中，《公羊》《穀梁》立于学官，邹氏无师，夹氏未有书。

《论语》：汉兴，有齐、鲁之说。传《齐论》者，昌邑中尉王吉、少府宋畸、御史大夫贡禹、尚书令五鹿充宗、胶东庸生，唯王阳名家。传《鲁论语》者，常山都尉龚奋、长信少府夏侯胜、丞相韦贤、鲁扶卿、前将军萧望之、安昌侯张禹，皆名家。张氏最后而行于世。

《孝经》：汉兴，长孙氏、博士江翁、少府后仓、谏大夫翼奉、安昌侯张禹传之，各自名家。经文皆同，唯孔氏壁中古文为异。

"小学"：汉兴，萧何草律，亦著其法。……《史籀篇》者，周时史官教学童书也，与孔氏壁中古文异体。《苍颉》七章者，秦丞相李斯所作也；《爰历》六章者，车府令赵高所作也；《博学》七章者，太史令胡母敬所作也。……汉书（兴），闾里书师合《苍颉》《爰历》《博学》三篇，断六十字以为一章，凡五十五章，并为《苍颉篇》。武帝时，司马相如作《凡将篇》，无复字。元帝时，黄门令史游作《急就篇》；成帝时，将作大匠李长作《元尚篇》：皆《苍颉》中正字也。《凡将》则颇有出矣。至元始中，征天下通小学者以百数，各令记字于庭中。扬雄取其有用者以作《训纂篇》，顺续《苍颉》，又易《苍颉》中重复之字，凡八十九章。臣复续扬雄作十二（三）章，凡一百二章，无复字，六艺群书所载略备矣。《苍颉》多古字，俗师失其读，宣帝时征齐人能正读者，张敞从受之，传至外孙之子杜林，为作训故，并列焉。

以上就是汉代经学大致的传承情况。在这当中，最瞩目的是所谓"今古文之争"。对此，上引《汉书·艺文志》已有所说明。另外，班固还说：

至秦患之，乃燔灭文章，以愚黔首。汉兴，改秦之败，大收篇籍，广开献书之路。迄孝武世，书缺简脱，礼坏乐崩，圣上喟然而称曰："朕甚闵焉！"于是建藏书之策，置写书之官，下及诸子传说，皆充秘府。至成帝时，以书颇散亡，使谒者陈农求遗书于天下。诏光禄大夫刘向校经传诸子诗赋，步兵校尉任宏校兵书，太史令尹咸校数术，侍医李柱国校方技。每一书已，向辄条其篇目，撮其指意，录而奏之。会向卒，哀帝复使向子侍中奉车都尉歆卒父业。歆于是总群书而奏其《七略》。

这些被重新写下来的文献，所用的都是当时的隶书，亦即所谓"今文"。后来在地方上陆续发现了一些有幸遗存下来的先秦文献，所用的则是当时的六国文字，此即所谓"古文"。今文经由于先出，汉武帝时即已经被立于学官，设置了博士；[1] 而后来的古文经则不受汉代中央政府的重视，未被列于学官，就只好在民间传播。直到王莽的新朝，这才接受刘歆的建议，设立古文经学博士。这就形成了互相尖锐对立斗争的两大学派，即古文经学和今文经学。

三、儒学的变换

今文经学与古文经学的区别远不止在文字上，实际上两派的治学目的和方法都大有区别。今文学家认定，孔子当年删定六经，意在"托古改制"，所以，应该钻研、阐发孔子所删定的这些经典所隐含的"微言""大义"，用以议论政治，为专制的"大一统"提供理论依据。这就需要对经典作相当自由的阐释发挥，所以他们特别重视解释的自由度比较大的"公羊学"或者"春秋学"。难怪今文经学由西汉春秋公羊学家董仲舒开创，而由东汉春秋公羊学家何休集其大成。而古文经学则不同，更具真正的纯粹学术的特点。他们认为真正的"创作"应属周公，而孔子则"述而不作，信而好古"，只是注释、传播周公经典；他们也应如此，所以特别注重古典文献的文字考据、名物训诂。今、古文之争的前景是力量互相消长，同时互相吸收渗透，直到东汉经学大师郑玄的"郑学"出现，两派终于归于平静、融合。

从今文经学和古文经学的斗争和融合中，我们可以看出儒学发生了重大的时代变换的一些特征。这些特征，最重要的可以归纳出以下几点：

儒学的地位，从民间学派跃升为官方哲学。这是儒学发生历史转变的一个最明显，也是最表面的标志。本来，儒家作为诸子百家之一，必须在百家争鸣的"意见的自由市场"上进行竞争，同时对统治集团也自然占有一种超然的地位。

---

[1]　汉武帝采纳公孙弘的建议，设立了"五经博士"，作为中央政府官方学术的代表。

现在它上升为官方哲学了，获得了"话语的霸权"的同时，也就具有了对于政权的依附性，失去了批评的自由度。这对儒学来说是一个根本性的变化，其影响是巨大深远的。

儒学的性质，从宗法封建社会的意识形态转变为君主专制社会的意识形态。秦汉以来的君主专制社会，和以前的宗法封建社会相比，是性质截然不同的两种社会形态：其经济基础是地主私有经济，取代了领主共有经济；废除了本来意义的"封建"制度，而代之以"郡县"制度，其实质是削弱了地方的权力，加强了中央集权。儒学的意识形态性质也就随之发生了历史的转变：孔子所景仰的周公，不再是那个维护封建王道的周公，而是维护专制帝国的周公了。

儒学的取向，从"革命"的理想主义转变为"守成"的现实主义。这里所谓"革命"，也是这个术语的本来意义，就是"汤武革命，顺天应人"的意义。原典儒学本是这样一种革命的理论、批判的理论，他们激烈地批判现实，他们的理论活动都是指向某种社会理想境界的。孔子心目中的"东周"，其实并不是历史的现实，而是自己建构的一种社会理想境界。儒学批判现实的功能在历史上最突出、最明显的两次体现，发生在中国历史上两次历史大转型的时期：一次就是春秋战国时期那个"革命"的时代，另外一次则是明末清初那个类似"文艺复兴"的时代。儒学的这种"革命理想主义"，这种"批判现实主义"，儒学批判的精神、批判的功能，一直未能受到应有的重视，这是我们研究当中的一个误区。今天人们把儒学形容为"文化守成主义"，那是不能涵盖原典儒学的。

第二节　儒学与汉代文学理论

一、儒学与汉代诗学

儒学发生了历史性大转换，在文学理论上最突出的表现，是汉代诗学的繁荣：不仅诗歌理论高度发达，而且对诗歌的认识也发生了重要的转变。汉代诗学是围绕着对《诗经》的研究展开的，因为儒家的地位空前提高，儒学的经典受到特别的重视，《诗经》也不例外。当时经学家们都喜说诗，而专门说诗的共有六家：齐、鲁、韩、毛、齐后氏、齐孙氏。据《汉书·艺文志》所载，就有"凡《诗》六家，四百一十六卷"。其中最著名的是齐、鲁、韩、毛四家，前面"三家诗"是今文诗学，后一家"毛诗"是古文诗学。此后诗家辈出，最著名的是郑众、郑玄两家。

汉代诗学思想主要表现在以下几方面：

（一）"言志"说

本来，"诗言志"是《尚书》以来的传统说法，但汉代诗学把这一点充分地突显出来，并且对"志"的理解也更为独到深入。例如《毛诗序》说：

> 诗者，志之所之也。在心为志，发言为诗。情动于中，而形于言。言之不足，故嗟叹之；嗟叹之不足，故永歌之；永歌之不足，不知手之舞之、足之蹈之也。……情发于声，声成文谓之音。治世之音安以乐，其政和；乱世之音怨以怒，其政乖；亡国之音哀以思，其民困。故正得失，动天地，感鬼神，莫近于诗。……至于王道衰，礼义废，政教失，国异政，家殊俗，而变风、变雅作矣。……发乎情，民之性也。

显然，汉儒把"诗言志"作为其论证诗歌的社会政治功能的根据：正因为"诗言志"，我们才能用诗来"美刺讽喻"，人们也才能以诗来观政教得失。所以，"诗言志"是汉代诗学的全部理论的基础。正如郑玄《诗谱序》说的："《虞书》曰：'诗言志……'，然则诗之道，放于此乎！"

（二）"六义"说

循着"诗言志"的思路而进一步展开，汉儒提出了诗"六义"说。诗"六义"说是"诗言志"说的具体化，说明诗是如何言志的。此说本来也是一种传统的说法，谓之"六诗"，例如《周礼·春官·大师》："大师……教六诗：曰风，曰赋，曰比，曰兴，曰雅，曰颂。"汉儒对此展开了自己的阐释，例如《毛诗序》说：

> 故诗有六义焉：一曰风，二曰赋，三曰比，四曰兴，五曰雅，六曰颂。……是以一国之事，系一人之本，谓之《风》；言天下之事，形四方之风，谓之《雅》；……政有小大，故有《小雅》焉，有《大雅》焉。《颂》者，美盛德之形容，以其成功告于神明者也。是谓四始，诗之至也。

《毛诗序》解释了"风、雅、颂"，却没有解释"赋、比、兴"。后来，郑众的解释是："比者，比方于物也；兴者，托事于物也。"郑玄的解释是："赋之言铺，直铺陈今之政教善恶；比，见今之失，不敢斥言，取比类以言之；兴，见今之美，嫌于媚谀，取善事以喻劝之。"[1] 两家的说法，比较而言，郑众的更近实际；然而郑玄的说法强调美刺教化，虽然不免牵强之嫌，却正好是汉儒说诗的特征。大致说来，"赋"是直陈于物，"比"是比方于物，"兴"是托事于物。后世通常认为，"风雅颂"是体裁之别，"赋比兴"是手法之别，也是对汉儒家的说法的继承和发展。直陈、比方、寄托，都是对上面的"诗言志"的展开，同时也是下面的"美刺讽喻"说的铺垫。

（三）"美刺讽喻"说

汉儒诗说最直截了当、最显著的表达，就是"美刺讽喻"之说。

上面提到，《毛诗序》说，"上以风化下，下以风刺上，主文而谲谏，言之者无罪，闻之者足以戒，故曰风"；"颂者，美盛德之形容，以其成功告于神明者也"。此外还说，风是"国史明乎得失之迹，伤人伦之废，哀刑政之苛，吟咏情性，以风（讽）其上，达于事变而怀乎旧俗也"；"雅者，正也，言王政之所由废兴也"。如此等等，都不外乎是讲诗歌的"美刺讽喻"的社会政治功能。

---

[1]　《毛诗正义》卷一。

郑玄《诗谱》也认为,诗歌的作用全在于政治:"论功颂德,所以将顺其美;刺过讥失,所以匡救其恶。各于其党,则为法者彰显,为戒者著明。"在他看来,孔子当年删诗就是如此:"故孔子录懿王、夷王时诗,讫于陈灵公淫乱之事,谓之'变风''变雅',以为勤民恤功,昭事上帝,则受颂声,弘福如彼;若违而弗用,则被劫杀,大祸如此。吉凶之所由,忧娱之萌渐,昭昭在斯,足作后王之鉴。"

总之,汉儒认为,诗歌的社会政治功能,就是"美刺""讽喻"。

(四)"王化"说

唯其如此,诗歌就有了另外一种功能,就是教化。这是美刺讽喻的另外一个方面。对于居上位者来说,诗歌是教化的手段;对于居下位者来说,诗歌是怨刺的手段。

对此,《诗大序》说:"先王以是经夫妇,成孝敬,厚人伦,美教化,移风俗";"风,风(讽)也,教也。风以动之,教以化之";"故变风发乎情,止乎礼义。发乎情,民之性也;止乎礼义,先王之泽也";"然则《关雎》《麟趾》之化,王者之风,故系之周公;'南'言化自北而南也。《鹊巢》《驺虞》之德,诸侯之风也,先王之所以教,故系之召公。《周南》《召南》,正始之道,王化之基。"这就是对于后世影响至巨至深的诗歌教化说。

当时的儒者均持此说。例如郑玄《诗谱序》说:"文、武之德,光熙前绪,以集大命于厥身,遂为天下父母,使民有政有居";"欲知源流清浊之所处,则循其上下而省之;欲知风化芳臭气泽之所及,则傍行而观之:此《诗》之大纲也"。这就是说,理解《诗经》的关键、"大纲",就是"风化"。

二、儒学与汉代美学

汉代儒家的诗学,是建立在他们的美学思想基础之上的。关于汉代儒家美学思想,我们这里着重讨论以下几家:

（一）董仲舒

董仲舒在儒学史上的地位尚未得到足够充分的评估。他不仅在汉代"为儒者宗"，而且确立了儒学作为官方意识形态的地位；更重要的是，他还完成了儒学第一次历史大转型，确定了此后儒学基本的历史走向。他的思想包括美学思想在历史上的实际影响是极为深远的。董仲舒的美学思想，集中体现在他对"美""恶（即丑）"的观点当中。简单来说，他的美恶观具有这样几个特点：

（1）伦理政治学内核：董仲舒的美学思想继承了先秦儒家美学的伦理政治学内核的传统，其表现是将美恶与善恶联系起来。一方面，这两者是有区别的，例如他用虞舜之事和文武之事来说明孔子关于"尽善""尽美"的说法，认为尽美未必尽善，尽善未必尽美；[1] 而另一方面，这两者又是有联系的，美恶乃是善恶的表现。所以他说："善无小而不举，恶无小而不去，以纯其美。"[2]

（2）宇宙论基础：正如董仲舒的伦理政治哲学是建立在他的宇宙论基础上的一样，他的美学也建立在其宇宙论基础之上。这是因为，他的思维模式是"同类相动"。天地与君臣同类相动，善恶与美恶也同类相动。"美事招美类，恶事招恶类"；"美恶皆有从，来以为命，莫知其处所"。[3] 人事之美恶之所从来，就是天地之美恶。因此，他用"天尊地卑"来论证君尊臣卑，也用天地之美来说明君臣人事之美。他说："天地之行美也。"[4] 具体而言：

> 是以天高其位而下其施，藏其形而见其光，序列星而近至精，考阴阳而降霜露。高其位所以为尊也；下其施所以为仁也；藏其形所以为神也；见其光所以为明也；序列星所以相承也；近至精所以为刚也；考阴阳所以成岁也；降霜露所以生杀也。为人君者其法取象于天。
>
> 地卑其位而上其气，暴其形而著其情，受其死而献其生，成其事而归其功。卑其位所以事天也；上其气所以养阳也；暴其形所以为忠也；著其情所以为信也；受其死所以藏终也；献其生所以助明也；成其事所以助

---

[1]　《举贤良对策》。
[2]　《春秋繁露·盟会要》。
[3]　《春秋繁露·同类相动》。
[4]　《春秋繁露·天地之行》。

化也；归其功所以致义也。为人臣者其法取象于地。[1]

这就是董仲舒"天人感应"思想在美学上的体现。

（3）中和论精神：董仲舒的审美标准，就是"中和"论。他说："天地之美恶，在两和之处。"[2] 此处所谓"两和"，就是阴阳中和。"阴阳"是董仲舒儒学思想的核心观念，阴阳和谐就是"中和"。所以，他说：

> 天有两和以成二中；岁立其中，用之无穷。是北方之中用合阴，而物始动于下；南方之中用合阳，而养始美于上。其动于下者，不得东方之和不能生，中（仲）春是也；其养于上者，不得西方之和不能成，中（仲）秋是也。然则天地之美恶，在两和之处，二中之所来归而遂其为也。
>
> 中者，天下之终始也；而和者，天地之所生成也。夫德莫大于和，而道莫正于中。中者，天地之美达理也，圣人之所保守也。[3]
>
> 世治而民和，志平而气正，则天地之化精，而万物之美起。[4]

总而言之，一切美都源于阴阳中和。

如果说董仲舒更多地论述了天地美，那么班固则更多地论述了文艺美的问题。

（二）班固

班固（32—92）其人，既是大史学家、大文学家，也可算是一个大儒。我们知道，《白虎通义》在儒学史上的地位是不可忽视的，而此书虽不是班固的"创作"，却是由他编定的。另外，在他创作的史学名著《汉书》中，处处渗透出儒家思想。他自己是服膺儒家的，有《汉书·艺文志》可证。在谈到诸子百家时，他对儒家的评价是最高的，认为儒家"游文于六经之中，留意于仁义之际，

---

[1] 《春秋繁露·天地之行》。
[2] 《春秋繁露·循天之道》。
[3] 《春秋繁露·循天之道》。
[4] 《春秋繁露·天地阴阳》。

祖述尧、舜，宪章文、武，宗师仲尼，以重其言，于道最为高"。

在汉代美学思想中，班固的思想是值得注意的。他的文艺美学观，可概括为："神明生道德，道德生文章。"此语出自他所集撰的《白虎通义》中的《天地》篇：

> 始起，先有太初，然后有太始；形兆既成，名曰太素。混沌相连，视之不见，听之不闻，然后剖判清浊。既分，精出曜布，度物施生。精者为三光，号者为五行，行生情，情生汁中，汁中（斗中）[1]生神明，神明生道德，道德生文章。

显然，这是把美学观念建立在形而上学基础之上：从宇宙论（从太始到五行）讲到人性论（情性），再讲到伦理学、美学（文章）。

何谓"神明"？《汉书·礼乐志》说："登歌再终，下奏休成之乐，美神明既飨也。"可见"神明"具有神学意味。但《白虎通义·情性篇》又说："精神者，何谓也？精者，静也，太阳施化之气也。……神者，恍惚，太阳之气也。出入无间，总云支体，万化之本也。"可见"神明"未必就是神学的意义。但是无论如何，"神明"是指的"万化之本"，具有本体的意义。"天命之谓性"，神明落实于人性，便是"情性"。情性之"质"，便是"道德"；情性之"文"，便是"文章"。所以，情性和文章就是质和文的关系。"事莫不先有质性，后乃有文章也。"[2]

何谓"文章"？班固所谓文章有两种用法：广义的用法是指万事万物表现出来的文采，也就是由"质"表现出来的"文"。例如《汉书·董仲舒传》："常玉不琢，不成文章；君子不学，不成其德。"而"文章"的狭义用法则指文学。例如《汉书·艺文志》："至秦患之，乃燔灭文章，以愚黔首。"《公孙弘卜式兒宽传》："汉之得人，于兹为盛，……文章则司马迁、相如。"《地理志》："王褒、严遵、扬雄之徒，文章冠天下。"这些文章泛指文字作品，而主要是

---

[1]　据陈立《白虎通义疏证》校。疏云："五行生情性，情性生斗中。"
[2]　《白虎通义·三正》。

文学作品。

班固的意思是，文学艺术是性情的表现，进而是天道的表现。

（三）王充

王充（27—约97）字仲任，会稽上虞人，东汉的大思想家。就思想倾向看，他虽"好博览而不守章句"，"博通众流百家之言"[1]，而且自称"违儒家之说，合黄老之义"[2]，但是毕竟曾在京师太学受业，而且师从儒者、班固之父班彪，是不可能不受儒家影响的。况且黄老学说本身就是杂合的产物，其中也有儒家的思想。他所批评的其实并非全部儒家思想，而主要是汉儒家的思想，尤其是董仲舒的天人感应之类的思想。例如，他也好谈性命，认为："禀气有厚泊，故性有善恶也"[3]；"操行善恶者，性也；祸福吉凶者，命也。"[4]大致来讲，王充的思想是以道家为主，此外则主要兼儒家思想。

王充的美学思想可一言以蔽之：真美。所谓"真美"，并不是说"真的美"，而是说"真即美"。也就是说，本真的、真实的、质朴无华的，也就是美的。在他看来，"世俗所患，患言事增其实；著文垂辞，辞出溢其真。"[5]他之作《论衡》，就是针对"起众书并失实，虚妄之言胜真美"[6]，意在"没华虚之文，存敦庞之朴"[7]。这就是说，他是把"美"建立在"真"的基础之上的。这在当时实为很有特色的美学思想。

这种"真美"的思想，实际上是把"真"和"美"看作一个事物的两个方面：真是内容，美是形式；真是内在性质，美是外在表现。例如，他说，对自然物来说："有根株于下，有荣叶于上；有实核于内，有皮壳于外。"[8]对人来说："德弥盛者文弥褥，德弥彰者人弥明"[9]；"实诚在胸臆，文墨著竹帛，外内表里，

---

[1]　《后汉书·王充传》。
[2]　《论衡·自然》。
[3]　《论衡·率性》。
[4]　《论衡·命义》。
[5]　《论衡·艺增》。
[6]　《论衡·对作》。
[7]　《论衡·自纪》。
[8]　《论衡·超奇》。
[9]　《论衡·书解》。

自相付称"[1]。所以，"人之有文也，犹禽之有毛也。毛有五色，皆生于体。苟有文无实，是则五色之禽毛妄生也。"[2] 这是问题的一方面，另一方面是："物以文为表，人以文为基"；"人有文，质乃成"；"人无文德，不为圣贤"。[3] 这些论断，其实跟孔子所说的"文质彬彬"完全一致。

落实到文学上，他对那种"发胸中之思，论世俗之事，非徒讽古经、读故文""真美"之文极为赞许：

> 玩扬子云之篇，乐于居千石之宫；挟桓君山之书，富于积猗顿之财。韩非之书，传在秦廷，始皇叹曰："独不得与此人同时！"陆贾《新语》，每奏一篇，高祖左右，称曰"万岁"。夫叹思其人、与喜称"万岁"，岂可空为哉？诚见其美，欢气发于内也。[4]

他自己作《论衡》也是如此，就是试图改变这样的现实："虚妄显于真，实诚乱于伪，世人不悟，是非不定，紫朱则厕，瓦玉集糅。"[5]

三、儒学与汉代文论

汉儒美学思想不仅体现在诗学上，而且在整个文论中全面地表现出来。

汉代文论最突出的特征之一，无疑是"春秋笔法"。"春秋笔法"本是一个史学问题，亦即应该如何修史的问题；但它也跟文学理论密切相关，甚至跟《诗》直接相关，正如孟子所说："王者之迹熄而《诗》亡，《诗》亡然后《春秋》作。"[6] 这是因为在传统观念中，"文史"很难分开。在儒家观念中，"文"和"史"都是"载道"的，这就决定了两者有共同的宗旨。

所谓"春秋笔法"，是说孔子修《春秋》所采取的原则方法。此说最早

---

[1]　《论衡·超奇》。
[2]　《论衡·超奇》。
[3]　《论衡·书解》。
[4]　《论衡·佚文》。
[5]　《论衡·对作》。
[6]　《孟子·离娄下》。

见于《左传》。昭公三十一年："《春秋》之称，微而显，婉而辩"；成公
十四年："《春秋》之作，微而显，志而晦，婉而成章，尽而不污，惩恶而
劝善。"汉代盛行此说，并且大为发挥。大致说来，汉儒所理解的"春秋笔法"
主要有以下几点意思：

（1）言志：这是与"诗言志"直接相通的。上引《左传》所说的"志而晦""微
而显"就是这个意思。此"志"说的是孔子之所以修《春秋》的意图，其实是
孔子理想中的王道，也就是董仲舒《春秋繁露》所推证的"《春秋》大一统"
之旨。所以司马迁说：孔子之作《春秋》，"王道备，人事浃"[1]。王充认为："孔
子不王，素王之业，在于《春秋》"[2]；"然则孔子之《春秋》，素王之业也"[3]。
作《春秋》意在备王道。这也就是后世"文以载道"文学思想的一个来源。

（2）道义：上述"王道"的具体内容，也就是"义"，亦即后来公羊学
家所谓的"微言大义"。司马迁说《春秋》之能"王道备，人事浃"，正在于
其"以制义法"。这里，"法"（具体的笔法）是"义"的体现，"义"是"法"
的根据。所以他说："《春秋》之义行，则天下乱臣贼子惧焉。"[4]孔子的素
王之"志"，在这里体现为《春秋》之"义"。他还说过："《春秋》辨是非，
故长于治人"；"垂空文以断礼义"。[5]"辨是非""断礼义"就是"道义"，
"长于治人"则是"王道"。近代康有为推演的"三世说"，所谓"此为春秋
第一大义"，正是由此而来的。

（3）褒贬惩劝：作为史书，《春秋》微言大义，是通过对君主的"褒贬"
来实现的。这与汉儒对《诗》的"美刺"功能的理解直接相关。"褒贬"的目
的在于"惩劝"，这就是上引《左传》所说"惩恶而劝善"，也跟《诗》之"美
刺"相关。

（4）笔削隐约：《春秋》的"大义"是隐含于"微言"当中的，此即上引《左
传》所说的"微""晦"。幽曲隐晦，这是《春秋》笔法的一个特征，即董仲

---

[1]　《史记·十二诸侯年表》。
[2]　《论衡·定贤》。
[3]　《论衡·超奇》。
[4]　《史记·孔子世家》。
[5]　《史记·太史公自序》。

舒所谓"甚幽而明，无传而著"[1]。这种幽曲隐晦的风格表现在篇章上就是简约，表现在创作上则是所谓"笔削"。司马迁说："至于为《春秋》，笔则笔，削则削"[2]，"约其文辞，去其繁重"[3]。这也就是董仲舒说的"已明者去之，未明者著之"[4]。用简约的文笔来隐晦地寄寓王道大义，这是《春秋》的又一特征。《汉书·艺文志》曾认为："《春秋》所贬损大人当世君臣，有威权势力，其事实皆形于《传》，是以隐其书而不宣，所以免时难也。"这就是说，孔子《春秋》之所以隐晦简约，是因为他所褒贬的都是当时的大人物，他只能如此以免受害。这正如《诗》一样，说到底是"言志"的某种需要："夫《诗》《书》隐约者，欲遂其志之思也。"[5]

在汉代文论中，我们对于太史公司马氏父子不能不谈。他们不能算是纯儒，但是，他们的思想还是深受儒家熏染的。例如司马迁（前145—前90）对诗歌乃至文学的性质的看法，就是"诗言志""诗缘情"的观点。在他看来：

> 夫《诗》《书》隐约者，欲遂其志之思也。昔西伯拘羑里，演《周易》；孔子厄陈、蔡，作《春秋》；屈原放逐，著《离骚》；左丘失明，厥有《国语》；孙子膑脚，而论兵法；不韦迁蜀，世传《吕览》；韩非囚秦，《说难》《孤愤》；《诗》三百篇，大抵贤圣发愤之所为作也。此人皆意有所郁结，不得通其道也，故述往事，思来者。[6]

在他看来，诗歌乃至文学不仅是缘于情的，而且是缘于郁愤之情的。他自己的散文作品《史记》，也正是这种郁愤之情的产物。

不过，抒发郁愤之情还只是司马迁文学创作的动因之一，而他更为根本的创作动因，则是"恨私心有所不尽、鄙没世而文采不表于后也"。所以，他说：

---

[1]　《春秋繁露·竹林》。
[2]　《史记·孔子世家》。
[3]　《十二诸侯年表》。
[4]　《春秋繁露·楚庄王》。
[5]　《史记·太史公自序》。
[6]　《史记·太史公自序》。

古者富贵而名磨灭，不可胜记，唯倜傥非常之人称焉。盖文王拘而演《周易》；仲尼厄而作《春秋》；屈原放逐，乃赋《离骚》；左丘失明，厥有《国语》；孙子膑脚，兵法修列；不韦迁蜀，世传《吕览》；韩非囚秦，《说难》《孤愤》；《诗》三百篇，大底贤圣发愤之所为作也。……乃如左丘无目，孙子断足，终不可用，退而论书策，以舒其愤，思垂空文以自见。[1]

显而易见，这是儒家功名之志的表现。我们记得，孔子也说过类似的话："君子疾没世而名不称焉。"[2]

汉代文论，从诸子之说而逐渐归于儒家正统。扬雄（前53—后18）可谓一个典型。他本来是汉代辞赋的大家，后来却作了自我否定。"或问：'吾子少而好赋？'曰：'然。童子雕虫篆刻。'俄而曰：'壮夫不为也。'"[3]他之所以否定辞赋，主要出于几点考虑：

第一，辞赋不合儒家正统。"如孔氏之门用赋也，则贾谊升堂、相如入室矣。如其不用何！"这表现出扬雄的一切是非以圣人孔子、儒家经典为标准的立场。"或曰：'人各是其所是，而非其所非，将谁使正之？'曰：'万物纷错，则悬诸天；众言淆乱，则折诸圣。'或曰：'恶睹乎圣而折诸？'曰：'在则人，亡则书，其统一也。'""好书而不要诸仲尼，书肆也；好说而不要诸仲尼，说铃也。"

第二，具体来说，辞赋的特点是"淫"，也就是文胜于质，乃至有文无质。在扬雄看来，文学的标准就是孔子所说的"文质彬彬，然后君子"。用他的话说就是："事胜辞则伉，辞胜事则赋，事辞称则经，足言足容，德之藻矣。"他写道："或曰：'有人焉，自云姓孔而字仲尼，入其门，升其堂，伏其几，袭其裳，则可谓仲尼乎？'曰：'其文是也，其质非也。''敢问质？'曰：'羊质而虎皮，见草而说，见豺而战，忘其皮之虎矣。圣人虎别，其文炳也；君子豹别，其文蔚也；辩人貍别，其文萃也。'""君子言而无择（意为"败

---

[1]　司马迁：《报任少卿书》。

[2]　《论语·卫灵公》。

[3]　《法言·吾子》。

坏"），听而无淫。择则乱，淫则辟。"他由此而提出了一个著名的原则，用以区分诗歌与辞赋。这就是："诗人之赋丽以则，辞人之赋丽以淫。"所谓"诗人之赋"，主要是指屈原楚辞那样的作品；"辞人之赋"，则指景差、唐勒、宋玉等人的作品以及大部分汉赋。"丽"是辞赋的共同特征，就是辞彩华丽，也就是"文"。但"文"又有分别：或者是有"则"有"质"之文；或者是无"则"无"质"之文，也就是"淫"。"则"指法则，即指健康的思想内容；而"淫"则指不健康思想内容的泛滥。所以他说："女恶华丹之乱窈窕也，书恶淫辞之淈法度也。"

第三，在扬雄看来，"诗人之赋"之"则"的关键在于"讽"。而辞赋"淫"的结果，不仅不能"讽"，简直就是"劝"——鼓励奢靡了。所以他写道："或曰：'赋可以讽乎？'曰：'讽乎！讽则已；不已，吾恐不免于劝也。'"

不过，以上扬雄的言论，主要还是针对辞赋而发的。我们认为，他的另一种文学观念更有意义："言，心声也；书，心画也。声画形，君子、小人见矣。声画者，君子、小人之所以动情乎。""言不能达其心，书不能达其言，难矣哉！"[1] 这种文学观念，简要来说就是：言为心声，书为情画。换句话说，文学作品乃是心、情的写照。当然，在扬雄看来，这种心情及其写照是有君子和小人之别的。

到了东汉，儒学可以说渐趋衰落，同时作为魏晋玄学的先声，道家思想开始逐渐复兴。这在文学上也表现出来。但是必须指出：东汉乃至魏晋玄学的道家思想，其实并非纯粹的，而是糅合着儒家思想的。

这方面，王充是一个代表。上文说过，他的美学思想的核心即追求"真美"。这种思想也在其文学理论上体现出来。他在《对作》篇自述其写书宗旨："《论衡》之造也，起众书并失实，虚妄之言胜真美也"；"世俗之性，好奇怪之语，说（悦）虚妄之文"；"才能之士，好谈论者，增益实事，为美盛之语；用笔墨者，造生空文，为虚妄之传"；"故为《论衡》，文露而旨直，辞奸而情实"，"冀悟迷惑之心，使知虚实之分；虚实之分定，而华伪之文灭；华伪之文灭，则纯诚之化日以孳矣"。总之，"《论衡》篇以十数，亦一言也，曰：疾虚妄。"[2]

---

[1]　《法言·问神》。
[2]　刘盼遂《论衡集解》卷二十所载佚文。

　　显然，他最基本的文学主张，就是批判虚妄浮华的文风，即主张"实"而反对"增"。为此，他写了"三增"：《语增》《儒增》《艺增》。在他的书中，多有对儒家的批评，乃有《儒增》，乃至《问孔》《刺孟》。但事实上，王充批评的主要不是孔、孟其人，而是《论语》《孟子》其书。在他看来，这些书"言事增其实"。例如：

　　　　案《论语》之篇、诸子之书，孔子自卫反鲁，在陈绝粮，削迹于卫，忘味于齐，伐树于宋，并费与顿牟，至不能十国。传言"七十国"，非其实也。[1]

　　王充在孔孟肯定的儒家经典和后儒的其他书籍之间作出了严格的区分，认为儒家经典或者不"增"，或者"增"而有据："儿经艺之言如其实乎？言审莫过圣人，经艺万世不易，犹或出溢增过其实；增过其实，皆有事为，不妄乱误、以少为多也。然而必论之者，方言经艺之增与传语异也。"[2]这样的矛盾，这样的"双重标准"，正是王充思想的复杂性之所在。由此我们可以看出，王充并非纯然的道家，而是深受儒家思想影响熏陶的。其实后来的魏晋玄学亦然，并非纯粹的道家思想。

　　说白了，王充所谓"增"，也就是文学的"夸张"手法。文学当然是要运用夸张的，问题在于这种夸张应该运用得当。这是王充并不反对的。例如他对《诗经》的夸张就是有所肯定的。举例说明：

　　　　《诗》曰："维周黎民，靡有孑遗。"是谓周宣王之时，遭大旱之灾也。诗人伤旱之甚，民被其害，言无有孑遗一人不愁痛者。夫旱甚，则有之矣；言无孑遗一人，增之也。夫周之民，犹今之民也。……而言"靡有孑遗"，增益其文，欲言旱甚也。[3]

---

[1]　《论衡·语增》。
[2]　《论衡·艺增》。
[3]　《论衡·艺增》。

可见王充对文学的夸张还是肯定的。王充这个思想，后来为刘勰（约465—520）所继承、发展：

> 故自天地以降，豫入声貌，文辞所被，夸饰恒存。虽《诗》《书》雅言，风格训世，事必宜广，文亦过焉。是以言峻则"嵩高极天"，论狭则"河不容舠"，说多则"子孙千亿"，称少则"民靡孑遗"，襄陵举"滔天"之目，倒戈立"漂杵"之论，辞虽已甚，其义无害也。[1]

第三节　儒学与汉代文学创作

一、儒学与汉代散文

汉代的文学作品，最主要的有三种体裁，即辞赋、诗歌和散文。仅就散文而论，主要是政论、史传文学和哲理散文。汉代政论文章的代表，可推贾谊的作品。

贾谊（前200—前168）是汉代著名的政论家和辞赋家，可惜一代少年俊才，英年早逝。贾谊的思想基本上属于道家的范畴，这尤其体现在他的早期著作《道德说》里面。但是仔细分析当时的时代风尚，虽然崇尚"黄老之学"，然而这个学派基本上是各种思想"杂交"的产物，其中也有儒家思想的因素。而且在政治上，他主张加强中央集权，削弱地方割据势力，这是与儒家的政治主张一致的。贾谊著有《新书》十卷，包括著名的政论文章《过秦论》等。所谓"过秦"，意为指秦之过，亦即揭示秦得天下、失天下的原因。此文高屋建瓴，气势雄拔，开"史论"题材之先河。文章写道：

---

[1]　《文心雕龙·夸饰》。

秦孝公据殽函之固，拥雍州之地，君臣固守，而窥周室，有席卷天下、包举宇内、囊括四海之意，并吞八荒之心。当是时也，商君佐之，内立法度，务耕织，修守战之具；外连衡而斗诸侯。于是秦人拱手而取西河之外。……及至始皇，奋六世之余烈，振长策而御宇内，吞二周而亡诸侯，履至尊而制六合，执敲扑以鞭笞天下，威震四海。……胡人不敢南下而牧马，士不敢弯弓而报怨。……天下已定，始皇之心，自以为关中之固，金城千里，子孙帝王万世之业也。始皇既没，余威震于殊俗。然而陈涉，瓮牖绳枢之子，氓隶之人，而迁徙之徒也，材能不及中庸，非有仲尼、墨翟之贤，陶朱、猗顿之富，蹑足行伍之间，俛起阡陌之中，率罢（疲）弊之卒，将数百之众，转而攻秦，斩木为兵，揭竿为旗，天下云集而响应，赢粮而景（影）从，山东豪俊遂并起而亡秦族矣！……一夫作难而七庙隳，身死人手，为天下笑者，何也？仁义不施，而攻守之势异也。

最后一句"仁义不施，而攻守之势异也"可谓画龙点睛，而这正是儒家"仁政"思想的表现。

当时主张加强中央集权、削弱地方权力的，还有晁错。贾谊因之而遭贬，而晁错则因之而被杀。

晁错（前 200—前 154）是西汉的一位政治改革家，也是一位政论作者，陈述"守边备塞，劝农力本，当世急务二事"[1]。关于前者的，就是著名的政论《论贵粟疏》。文中谈到当时的商人：

男不耕耘，女不蚕织，衣必文采，食必粱肉，亡（无）农夫之苦，有阡陌之得，因其富厚，交通王侯，力过吏势，以利相倾，千里游敖，冠盖相望，乘坚策肥，履丝曳缟。此商人所以兼并农人，农人所以流亡者也。

---

[1] 《汉书·晁错传》。

文章提出：当务之急，在于使民务农；使民务农，在于贵粟；贵粟之道，则在于以粟为赏罚。这种重农轻商的主张，也是与儒家的主张相一致的。

汉代散文中成就最高的，无疑是历史散文，尤其是司马迁的《史记》列传以及班固的《汉书》列传。

司马迁（前145—？）字子长，汉代史官，继其父司马谈的职务为太史令。他是中国最伟大的史学家之一，也是杰出的思想家、文学家。他因为李陵辩护而触怒了武帝，被下狱，遭腐刑，此后继续父志，发愤著述，完成了《史记》这部史学巨著。司马迁的思想也跟其父司马谈一样，其主要倾向是道家，但是这个"道家"乃是当时的"黄老之学"，实际上是各家思想的一种综合体，其中包含着儒家的思想，亦即"其为术也，因阴阳之大顺，采儒、墨之善，撮名、法之要"[1]。

《史记》作为"二十四史"之首，乃是我国第一部纪传体通史，包括："本纪"十二篇，"表"十篇，"书"八篇，"世家"三十篇，"列传"七十篇。其中最富文学价值的，就是作为史传散文的本纪、世家，尤其是列传，情节跌宕，形象生动，语言丰富，成为后世散文的典范。这里且看数例：

> 项籍者，下相人也，字羽。初起时，年二十四。其季父项梁。……项籍少时，学书不成，去学剑，又不成。项梁怒之。籍曰："书足以记名姓而已。剑一人敌，不足学。学万人敌。"于是项梁乃教籍兵法。籍大喜。略知其意，又不肯竟学。……秦始皇帝游会稽，渡浙江。梁与籍俱观。籍曰："彼可取而代也！"[2]

> 陈胜王凡六月。已为王，王陈。其故人尝与庸耕者闻之，之陈，扣宫门曰："吾欲见涉。"……陈王出，遮道而呼涉。陈王闻之，乃召见，载与俱归。入宫，见殿屋帷帐，客曰："夥颐！涉之为王沈沈者！"……客出入愈益发舒，言陈王故情。或说陈王曰："客愚无知，颛妄言，轻威。"

---

[1]　《史记·太史公自序》。
[2]　《史记·项羽本纪》。

陈王斩之。诸陈王故人皆自引去，由是无亲陈王者。[1]

除《史记》外，司马迁的《报任少卿书》也是一篇不可多得的散文名篇。司马迁遭刑后，任中书令，他的朋友任安（少卿）写信给他，希望他利用职务之便，"推贤进士"。这是司马迁写给他的回信：

> 仆之先非有剖符、丹书之功，文史星历，近乎卜祝之间，固主上所戏弄，倡优所畜，流俗之所轻也。假令仆伏法受诛，若九牛亡一毛，与蝼蚁何以异？而世俗又不能与死节者次比，特以为智穷罪极，不能自免，卒就死耳。何也？素所自树立使然也。人固有一死，死或重于泰山，或轻于鸿毛，用之所趣异也。……猛虎在深山，百兽震恐，及在槛阱之中，摇尾而求食，积威约之渐也。……今交手足，受木索，暴肌肤，受榜箠幽于圜墙之中，当此之时，见狱吏则头抢地，视徒隶则心惕息。何者？积威约之势也。……夫人情莫不贪生恶死，念父母，顾妻子；至激于义理者不然，乃有所不得已也。……所以隐忍苟活，幽于粪土之中而不辞者，恨私心有所不尽，鄙陋没世而文采不表于后世也。古者富贵而名磨灭，不可胜记，唯倜傥非常之人称焉。盖文王拘而演《周易》；仲尼厄而作《春秋》；屈原放逐，乃赋《离骚》；左丘失明，厥有《国语》；孙子膑脚，兵法修列；不韦迁蜀，世传《吕览》；韩非囚秦，《说难》《孤愤》；《诗》三百篇，大底贤圣发愤之所为作也。此人皆意有所郁结，不得通其道，故述往事，思来者。乃如左丘无目，孙子断足，终不可用，退而论书策以舒其愤，思垂空文以自见。仆窃不逊，……亦欲以究天人之际，通古今之变，成一家之言。草创未就，会遭此祸，惜其不成，是以就极刑而无愠色。……

班固字孟坚，扶风安陵人。他也是一位伟大的史学家，写成了《汉书》的初稿。严格说来，《汉书》算是集体创作的作品：先是其父班彪为补《史记》而作《后

---

[1]　《史记·陈涉世家》。

传》，然后班固继续搜集材料、继续写作，最后由其妹班昭和马续完成。班固的思想倾向属于儒家。例如儒学史上著名的《白虎通义》，虽然是对白虎观会议的记录整理稿，但毕竟是由他编撰而成的。

《汉书》是汉代的断代史，共一百卷，资料相当丰富，在史学上占有很高的地位。其文结构严谨，语言简练，骈散兼行，开后世骈文之先河。例如《李广苏建列传》所载的苏武的故事，非常感人：

> 武，字子卿。……
>
> 单于使使晓武，会论虞常，欲因此时降武。剑斩虞常已，律曰："汉使张胜谋杀单于近臣，当死，单于募降者赦罪。"举剑欲击之，胜请降。律谓武曰："副有罪，当相坐。"武曰："本无谋，又非亲属，何谓相坐？"复举剑拟之，武不动。律曰："苏君，律前负汉归匈奴，幸蒙大恩，赐号称王，拥众数万，马畜弥山，富贵如此。苏君今日降，明日复然。空以身膏草野，谁复知之？"武不应。律曰："君因我降，与君为兄弟。今不听吾计，后虽欲复见我，尚可得乎？"武骂律曰："女为人臣子，不顾恩义，畔主背亲，为降虏于蛮夷，何以女为见？且单于信女，使决人死生，不平心持正，反欲斗两主，观祸败。南越杀汉使者，屠为九郡；宛王杀汉使者，头悬北阙；朝鲜杀汉使者，即时诛灭。独匈奴未耳。若知我不降明，欲令两国相攻，匈奴之祸，从我始矣。"律知武终不可胁，白单于。
>
> 单于愈益欲降之。乃幽武，置大窖中，绝不饮食。天雨雪，武卧啮雪，与旃毛共咽之，数日不死，匈奴以为神。乃徙武北海上无人处，使牧羝，羝乳乃得归。别其官属常惠等，各置他所。……
>
> 武留匈奴凡十九岁，始以强壮出，及还，须发尽白。

真是尽忠报国，富贵不淫，威武不屈，贫贱不移。

班固的《汉书·艺文志》可以说是最早的一篇系统的中国学术史，比较详尽地叙述了中国学术源流。例如他论汉代的文献整理情况：

昔仲尼没而微言绝，七十子丧而大义乖。故《春秋》分为五，《诗》分为四，《易》有数家之传。战国从衡，真伪分争，诸子之言纷然殽乱。至秦患之，乃燔灭文章，以愚黔首。汉兴，改秦之败，大收篇籍，广开献书之路。迄孝武世，书缺简脱，礼坏乐崩，圣上喟然而称曰："朕甚闵焉！"于是建藏书之策，置写书之官，下及诸子传说，皆充秘府。至成帝时，以书颇散亡，使谒者陈农求遗书于天下，诏光禄大夫刘向校经传诸子诗赋，步兵校尉任宏校兵书，太史令尹咸校数术，侍医李柱国校方技。每一书已，向辄条其篇目，撮其指意，录而奏之。会向卒，哀帝复使向子侍中奉车都尉歆卒父业。歆于是总群书而奏其《七略》，故有《辑略》，有《六艺略》，有《诸子略》，有《诗赋略》，有《兵书略》，有《术数略》，有《方技略》。

又论儒家"六经"：

六艺之文：《乐》以和神，仁之表也；《诗》以正言，义之用也；《礼》以明体，明者著见，故无训也；《书》以广听，知之术也；《春秋》以断事，信之符也。五者，盖五常之道，相须而备，而《易》为之原。故曰"《易》不可见，则乾坤或几乎息矣"，言与天地为终始也。至于五学，世有变改，犹五行之更用事焉。古之学者耕且养，三年而通一艺，存其大体，玩经文而已，是故用日少而畜德多，三十而五经立也。后世经传既已乖离，博学者又不思"多闻阙疑"之义，而务碎义逃难，便辞巧说，破坏形体；说五字之文，至于二三万言。后进弥以驰逐，故幼童而守一艺，白首而后能言，安其所习，毁所不见，终以自蔽。此学者之大患也。序六艺为九种。

又论儒家：

儒家者流，盖出于司徒之官，助人君顺阴阳明教化者也。游文于六经之中，留意于仁义之际，祖述尧、舜，宪章文、武，宗师仲尼，以重其言，于道最为高。孔子曰："如有所誉，其有所试。"唐、虞之隆，殷、周之盛，仲尼之业，已试之效者也。然惑者既失精微，而辟者又随时抑扬，违离道本，苟以哗众取宠。后进循之，是以《五经》乖析，儒学寖衰，此辟儒之患。

二、儒学与汉代辞赋

汉代文学是以辞赋著称的，人称"汉赋"，这就犹如"唐诗""宋词"之称一样。汉赋作为一代文体大宗，名家辈出，如贾谊、枚乘、司马相如、扬雄、班彪、张衡、赵壹等人。

贾谊的辞赋，以《鹏鸟赋》和《吊屈原赋》为代表，前者的老庄思想倾向浓厚，后者则有更多的儒家思想倾向。《汉书·贾谊传》说：

谊既以谪去，意不自得，及度湘水，为赋以吊屈原。屈原，楚贤臣也，被谗放逐，作《离骚赋》，其终篇曰："已矣！国亡人，莫我知也。"遂自投江而死。谊追伤之，因以自谕。其辞曰：

恭承嘉惠兮，俟罪长沙。仄闻屈原兮，自湛汨罗。造讬湘流兮，敬吊先生。遭世罔极兮，乃陨厥身。乌乎哀哉兮，逢时不祥！鸾凤伏窜兮，鸱枭翱翔。阘茸尊显兮，谗谀得志；贤圣逆曳兮，方正倒植。谓随、夷溷兮，谓跖、蹻廉；莫邪为钝兮，铅刀为铦。于嗟默默，生之亡故兮！斡弃周鼎，宝康瓠兮。腾驾罢牛，骖蹇驴兮；骥垂两耳，服盐车兮。章父荐屦，渐不可久兮；嗟若先生，独离此咎兮！

讯曰：已矣！国其莫吾知兮，子独壹郁其谁语？凤缥缥其高逝兮，夫固自引而远去。袭九渊之神龙兮，沕渊潜以自珍；偭蟂獭以隐处兮，夫岂从虾与蛭螾？所贵圣之神德兮，远浊世而自臧。使麒麟可系而羁兮，岂云异夫犬羊？般纷纷其离此邮兮，亦夫子之故也！历九州而相其君兮，何必怀此都也？凤皇翔于千仞兮，览德辉而下之；见细德之险征兮，遥增击而去之。彼寻常之汙渎兮，岂容吞舟之鱼！横江湖之鳣鲸兮，固将制于蝼蚁（yǐ）。

在汉赋中，枚乘（shèng）的《七发》是很有名的。

枚乘（前？—前140）有赋九篇，今存三篇。《七发》假设楚太子患病，有吴客前往问候，所谓"七发"，就是吴客用口说的七件事启发太子，使之病愈，精神振奋。此赋旨在说明一个道理：奢侈享乐的生活是病根，"要言妙道"的汲取是良药。全文结构恢宏，辞藻丰富，写得铺张细致，形象生动。赋中写道：

> 楚太子有疾，而吴客往问之，曰："伏闻太子玉体不安，亦少间乎？"太子曰："惫！谨谢客。"……客曰："今太子之病，可无药石针刺灸疗而已，可以要言妙道说而去也，不欲闻之乎？"太子曰："仆愿闻之。"……

吴客连说了六事，每说毕一事就问："太子，能强起听之乎？"太子都说："仆病，未能也。"但实际上精神逐渐振奋起来。说到最后一事：

> 客曰："将为太子奏方术之士有资略者，若庄周、魏年、杨朱、墨翟、便蜎（pián yuān）、詹何（dān hé）之伦，使之论天下之精微，理万物之是非，孔、老览观，孟子筹之，万不失一。此亦天下要言妙道也，太子岂欲闻之乎？"于是太子据几而起，曰："涣乎，若一听圣人辩士之言！"涊（rěn）然汗出，霍然病已。

枚乘的《七发》影响很大，以至后来成为一种专门的体裁，谓之"七体"。汉代辞赋家中有两个四川人特别有名，那就是司马相如和扬雄。

司马相如（前179—前118）字长卿，蜀郡成都人。他以《子虚赋》《上林赋》两篇作品而受到武帝的爱重，用为郎。这两篇赋本是一篇，篇中假设了"子虚""乌有先生""亡（无）是公"几个虚构人物的谈论，竭力铺陈了楚王游猎云梦的盛况、汉天子校猎上林苑的壮观；而最后归结为提倡节俭，以此讽谏。此赋作为汉代大赋的代表作，铺陈宏大，描写细腻，对后世影响很大。例如《子虚赋》描写云梦泽：

臣闻楚有七泽，尝见其一，未睹其余也。臣之所见，盖特其小小者耳，名曰云梦。云梦者，方九百里，其中有山焉。其山则盘纡弗郁，隆崇嵂崒（lù cuì），岑崟（cén yín）参差，日月蔽亏，交错纠纷，上干青云，罢池陂陀，下属江河。其土则丹青赭垩，雌黄白坿，锡碧金银，众色炫耀，照烂龙鳞。其石则赤玉玫瑰，琳瑉昆吾，瑊玏（jiān lè）玄厉，碝（ruǎn）石碔砆。其东则有蕙圃：衡兰芷若，芎藭（xiōng qióng）菖蒲，江蓠蘼芜，诸柘巴苴。其南则有平原广泽：登降陁（yí）靡，案衍坛曼，缘以大江，限以巫山。其高燥则生葴菥（zhēn xī）苞荔，薛莎青薠；其埤湿则生藏莨蒹葭，东蘠雕胡，莲藕觚卢，菴闾轩于：众物居之，不可胜图。其西则有涌泉清池：激水推移，外发芙蓉菱华，内隐钜石白沙；其中则有神龟蛟鼍，玳瑁（dài mào）鳖鼋。其北则有阴林：其树楩枏（pián nán）豫章，桂椒木兰，檗离朱杨，樝（zhā）梨梬（yǐng）栗，橘柚芬芳；其上则有鹓雏孔鸾，腾远射干；其下则有白虎玄豹，蟃蜒（màn yán）貙犴（qū hàn）。……

这确实是汉赋的"铺张扬厉"风格的一个代表。

扬雄早年写过《羽猎赋》《长杨赋》《甘泉赋》等名篇，后来"悔其少作"，转而研究哲学、语言问题。据他自己所说："或问：'吾子少而好赋？'曰：'然。童子雕虫篆刻。'俄而曰：'壮夫不为也！'"[1]但其后期仍有赋作，例如《解嘲》。据《汉书·扬雄传》记载："哀帝时丁、傅、董贤用事，诸附离之者或起家至二千石。时雄方草《太玄》，有以自守，泊如也。或嘲雄'以玄尚白'，而雄解之，号曰《解嘲》。"此赋是为解释别人对他的"以玄尚白"的嘲弄而作。《太玄》之"玄"指"道"，本义却指黑色；而所谓"白"，是说扬雄所宗之"道"不行，身无禄位，近乎"白丁"。可见扬雄此时的赋作已非昔比，是有批评现实的意味的。不过，此赋最终还是落脚在著书成名上。《解嘲》写道：

---

[1]　《法言·吾子》。

  客嘲扬子曰："吾闻上世之士，人纲人纪，不生则已，生必上尊人君，下荣父母。析人之珪，儋人之爵，怀人之符，分人之禄；纡青拖紫，朱丹其毂。今子幸得遭明盛之世，处不讳之朝，与群贤同行，历金门，上玉堂，有日矣，曾不能画一奇，出一策，上说人主，下谈公卿……顾默而作《太玄》五千文，……然而位不过侍郎，擢才给事黄门。意者玄得无尚白乎？何为官之拓落也！"

  扬子笑而应之曰："……为可为于可为之时，则从；为不可为于不可为之时，则凶。若夫蔺生收功于章台，四皓采荣于南山，公孙创业于金马，票骑发迹于祁连，司马长卿窃訾于卓氏，东方朔割炙于细君。仆诚不能与此数公者并，故默然独守吾《太玄》。"

  追求成名、不朽，本来就是儒家的宗旨之一，孔子就曾一再说过："君子疾没世而名不称焉。"扬雄这种著书成名的追求，其实正是儒家所追求的"三不朽"之一，亦即"立言"以求不朽。

  班固的父亲班彪（3—54）字叔皮，安陵人。继司马迁《史记》而作《后传》，成为班固《汉书》的基础。

  班彪有一篇《北征赋》，颇有名气。此赋记其北行的见闻感想，抒发了伤时怀古的儒家情怀，表现了安贫乐道的儒家思想。赋中写道：

  余遭世之颠覆兮，罹填塞之阨灾。……慕公刘之遗德，及行苇之不伤。彼何生之优渥，我独罹此百殃？故时会之变化兮，非天命之靡常。……揽余涕以于邑兮，哀生民之多故。夫何阴曀之不阳兮，嗟久失其平度。谅时运之所为兮，永伊郁其谁愬？

  乱曰：夫子固穷，游艺文兮。乐以忘忧，惟圣贤兮。达人从事，有仪则兮。行止屈申，与时息兮。君子履信，无不居兮。虽之蛮貊，何忧惧兮。

  最后一段文字，表达的完全都是孔子的思想感情。

  张衡（78—139）字平子，南阳西鄂人。他既是杰出的文学家，也是伟大的科学家，同时也是一个严肃正直的儒者。他的《归田赋》是抒情小赋中的名篇，抒发了自己不满现实、欲归田园的思想感情："游都邑以永久，无明略以佐时。徒临川以羡鱼，俟河清乎未期。……谅天道之微昧，追渔父以同嬉。超埃尘以遐逝，与世事乎长辞。"这种思想感情表面看来很接近于道家隐遁倾向，实则是儒家式的对社会现实的深切关怀。

类似的作品，还有赵壹（122—196）的《刺世疾邪赋》，是讽刺现实的佳作：

> 有秦客者，乃为诗曰："河清不可俟，人命不可延。顺风激靡草，富贵者称贤。文籍虽满腹，不如一囊钱！伊优北堂上，抗脏倚门边。"
>
> 鲁生闻此辞，系而作歌曰："势家多所宜，咳唾自成珠。被褐怀金玉，兰蕙化为刍。贤者虽独悟，所困在群愚。且各守尔分，勿复空驰驱。哀哉复哀哉，此是命矣夫！"

总的来看，汉代辞赋家主观上是希望遵循汉儒倡导的文学作品"美刺""讽喻""惩劝"的功能的；但客观上情况比较复杂，一般来说，人们认为汉赋发挥的实际功能却是"惩"之不足，"劝"之有余，而其所"劝"（勉励）的，又是铺张奢华之风。这就是汉代辞赋家的自相矛盾之处。

三、儒学与汉代诗歌

汉代诗歌体裁属于"杂言"，其主要倾向是从四言诗向五言诗的过渡。从内容上来看，汉代诗歌基本上是与汉儒主张的诗歌"美刺"功能相一致的。

汉代的诗歌创作，可以大致分为两类：一类是文人诗歌，一类是民间诗歌。

在文人诗中，张衡的《四愁诗》是很有名的。据《文选》所载此诗之前的序说：

> 时天下渐弊，郁郁不得志……为《四愁诗》。屈原以美人为君子，以珍宝为仁义，以水深雪雾为小人，思以道术相报，贻于时君，而惧谗邪不

得以通。

也就是说，此诗寄托着诗人伤世忧时的心情，在手法上继承了屈原的创作方法。我们知道，屈原具有强烈的儒家情怀。《四愁诗》云：

> 我所思兮在太山，欲往从之梁父艰。
> 侧身东望涕沾翰！
> 美人赠我金错刀，何以报之英琼瑶。
> 路远莫致倚逍遥，何为怀忧心烦劳！
>
> 我所思兮在桂林，欲往从之湘水深。
> 侧身南望涕沾襟！
> 美人赠我琴琅玕，何以报之双玉盘。
> 路远莫致倚惆怅，何为怀忧心烦快！
>
> 我所思兮在汉阳，欲往从之陇阪长。
> 侧身西望涕沾裳！
> 美人赠我貂襜褕，何以报之明月珠。
> 路远莫致倚踟蹰，何为怀忧心烦纡！

在汉代的文人诗中，贫穷文人梁鸿的《五噫歌》也很有名，写得很有特色。这是梁鸿路经京都洛阳所作，揭露王室的奢侈，感叹人民的疾苦，实即汉儒主张的"美刺""讽喻"。据说汉章帝见到此诗后，便下令捉拿他。诗云：

> 陟彼北芒兮，噫！顾览帝京兮，噫！
> 宫室崔嵬兮，噫！人之劬劳兮，噫！

辽辽未央兮，噫！

汉代文人诗歌作品，最有成就的是民间文人诗，其中最著名的就是被《文选》收入、题为《古诗十九首》的一组诗。这些诗歌在形式上鲜明地显示了中国诗歌从四言向五言的发展，在内容上生动地表现了民间文人以及平民百姓的思想感情，语言质朴，感情真挚，对后世诗歌有极大的影响。这些诗歌虽然并不符合汉儒主张的"温柔敦厚"的诗教，但实际上却是符合儒家经典《诗经》的传统的。这里略举三例。

《行行重行行》表现的是女子思念远行的情人的感情：

> 行行重行行，与君生别离。相去万余里，各在天一涯。
> 道路阻且长，会面安可知？胡马依北风，越鸟巢南枝。
> 相去日已远，衣带日已缓。浮云蔽白日，游子不顾反。
> 思君令人老，岁月忽已晚。弃捐勿复道，努力加餐饭！

这样的情诗，实际上是继承了儒家经典《诗经》当中"国风"的情诗传统。

《明月皎夜光》所抒发的是对人情冷暖、世态炎凉的感叹：

> 明月皎夜光，促织鸣东壁。玉衡指孟冬，众星何历历。
> 白露沾野草，时节忽复易。秋蝉鸣树间，玄鸟逝安适？
> 昔我同门友，高举振六翮。不念携手好，弃我如遗迹。
> 南箕北有斗，牵牛不负轭。良无磐石固，虚名复何益！

此诗向往着真诚的友情，也是符合儒家"朋友"之伦的。

《迢迢牵牛星》是关于牛郎织女故事的较早的文学作品，诗中所表现的是爱情的相思之苦：

> 迢迢牵牛星，皎皎河汉女。纤纤擢素手，札札弄机杼。
>
> 终日不成章，泣涕零如雨。河汉清且浅，相去复几许？
>
> 盈盈一水间，脉脉不得语！

类似的作品在《诗经》里也是极为常见的。

如果说汉代文人诗歌在一定程度上继承了《诗经》的传统，那么汉代的乐府民歌就更是对《诗经·国风》传统的继承发扬。汉代文学是以汉赋和乐府著称的，乐府民歌是汉代文学作品的瑰宝。这些民间作品并不符合汉儒"温柔敦厚"的说教，但却远绍着儒家原典《诗经》"十五国风"的精神。

《战城南》是一首悼念阵亡将士的诗歌，写得悲壮感人：

> 战城南，死郭北，野死不葬乌可食。
>
> 为我谓乌，且为客豪。
>
> 野死谅不葬，腐肉安能去子逃！
>
> 水深激激，蒲苇冥冥。
>
> 枭骑战斗死，驽马徘徊鸣。
>
> 梁筑室，何以南，何以北？
>
> 禾黍不获君何食？愿为忠臣安可得？
>
> 思子良臣，良臣诚可思：
>
> 朝行出攻，暮不夜归！

这首诗令人联想到屈原的名篇《国殇》，一样的激烈悲壮。

《上邪》则是一首表白爱情忠贞、海枯石烂永不变心的名作：

> 上邪！我欲与君相知，长命无绝衰。

山无陵，江水为竭，冬雷震震，夏雨雪，天地合，乃敢与君绝！

此诗语言之质朴、夸张之大胆，实在令人惊叹！

乐府民歌一般都是所谓"杂言"，句式参差不齐；也有一些是很整齐的五言诗，恐怕是经过民间文人的加工润色，正如《诗经》的句式那么整齐，也是经过统一的加工润色的。例如有名的《陌上桑》，就属于这样的作品：

日出东南隅，照我秦氏楼。秦氏有好女，自名为罗敷。

罗敷喜蚕桑，采桑城南隅。青丝为笼系，桂枝为笼钩。

头上倭堕髻，耳中明月珠。缃绮为下裙，紫绮为上襦。

行者见罗敷，下担捋髭须。少年见罗敷，脱帽著帩头。

耕者忘其犁，锄者忘其锄。来归相怨怒，但坐观罗敷。

使君从南来，五马立踟蹰。使君遣吏往，问是谁家姝。

秦氏有好女，自名为罗敷。罗敷年几何？二十尚不足，十五颇有余。

使君谢罗敷：宁可共载不？罗敷前置辞：使君一何愚！

使君自有妇，罗敷自有夫。东方千余骑，夫婿居上头。

何用识夫婿？白马从骊驹。青丝系马尾，黄金络马头。

腰中鹿卢剑，可直千万余。十五府小史，二十朝大夫。

三十侍中郎，四十专城居。为人洁白皙，鬑鬑颇有须。

盈盈公府步，冉冉府中趋。坐中数千人，皆言夫婿殊。

《东门行》写的是一个城市贫民，无衣无食，故铤而走险，妻子也劝不住。诗歌表现了悲愤绝望的心情：

出东门，不顾归。来入门，怅欲悲。

盎中无斗米储，还视架上无悬衣。

拔剑东门去，舍中儿母牵衣啼：

"他家但愿富贵，贱妾与君共𫗦糜。

上用仓浪天故，下当用此黄口儿。今非！"

"咄！行，吾去为迟！白发时下难久居！"

　　这首民歌显然是不符合儒家的伦理道德观念的，颇有"小人犯上作乱"的意思。但就乐府民歌的总体来看，基本上是继承了《诗经·国风》的传统。《诗经》一向被认为是孔子编定的，如果此说成立，那就表明了孔子的文学、诗学思想远不是后来汉儒所以为的那样保守，因为在《诗经》里，尤其在《国风》里，我们可以读到大量的并不符合后世儒家伦理道德规范的作品。这说明了，原典时代的儒学和专制时代的儒学是大不相同的，这是我们所应给予注意的。

第三章 玄学佛学时代的儒家文学

第三章　玄学佛学时代的儒家文学

第一节　魏晋玄学与文学

一、玄学与儒学

所谓玄佛时代，大致是指从魏晋到隋唐的时代。魏晋以玄学著称，隋唐以佛学著称。所谓玄学，又叫"魏晋玄学"，是指魏晋时期的思想学术潮流。所谓"玄"，出自《老子》的"玄之又玄，众妙之门"之说，这是魏晋玄学高度思辨的标志。魏晋时期的学人重视所谓"三玄"：《老子》《庄子》《周易》。通常认为，魏晋玄学的总体特征就是用道家思想来解释儒家典籍。其代表人物有何晏、王弼、阮籍、嵇康、裴頠，以及后来的向秀、郭象，乃至张湛等人。他们喜好玄谈，谓之"清谈"。清谈之风是从"清议"之风转变而来的，两者又有根本区别：清议是评议时政，士人往往由此遭祸，所以转为清谈，"休谈国是"，只谈远离现实的玄妙的哲理。时人傅玄在奏议中批评这种清谈风气："近者魏武好法术，而天下贵刑名；魏文慕通达，而天下贱守节。其后纲维不摄，而虚无放诞之论盈于朝野，使天下无复清议，而亡秦之病复发于今。"杨泉在《物理论》中说："夫虚无之谈，尚其华藻，无异春蛙秋蝉，聒耳而已！""傅子曰：'圣人之道如天地，诸子之异如四时。'四时相反，天地合而通焉。"他们这是把玄学跟儒学绝对地对立起来了。

玄学与儒学的关系，是一个值得讨论的问题。"三玄"之一的《周易》本身也是儒家的经典。不仅如此，何晏《论语集解》和王弼《周易注》《周易略例》

《论语释疑》等所注的，都是儒家的核心经典。而且，简单地说"用道家思想来解释儒家典籍"也还是不够确切的。魏晋玄学固然是对汉代经学的反叛，但在我看来，它本身在很大程度上也是属于广义的"经学"的。例如何、王的注释，就被收入了儒家的《十三经注疏》里，这说明，它们被唐宋儒家视为正宗的儒家思想。

当然，无可否认，玄学继承了道家的许多东西，尤其是道家的本体论思想。他们大谈什么"有"啊、"无"啊、"本"啊、"末"啊，给人一种强烈的印象：玄学就是道学。[1] 但事实上在中国哲学史上，儒、道、释总是互相影响、互相渗透的，没有纯之又纯、一成不变的学术思想。所以，这里我想强调，对于玄学中儒与道的关系，我们千万不要忘记的一点就是：玄学真正关怀的是"名教"与"自然"的关系，而其宗旨在于说明"名教"的来源、性质等等。而无论他们怎样说，"名教"本身乃是儒家的东西，这大概是没有问题的。他们说"名教出于自然"也罢，或者说"名教即是自然"也罢，都不外乎论证"名教"之合理性。所以，在我看来，从总体上、本质上看，玄学乃是"内儒外道"的：表面看去带有浓厚的道家色彩，而骨子里则是儒家的东西。这就正如后来的宋明理学一样，确实吸收了许多道家的东西，仍不失为正宗的儒学。同理，佛教传入以后，也跟道家思想互相影响吸纳，但是结果仍然佛是佛，道是道，这是众所周知的事实。

所以我说：玄学乃是内儒外道的东西。例如王弼《周易注·鼎卦》说："革既变矣，则制器立法以成之焉。变而无制，乱可待也。法制应时，然后乃吉；贤愚有别，尊卑有序，然后乃亨。"这分明是在论证儒家的礼制名教的合理性。至于阮籍，据《晋书》本传说："籍本有济世志，属魏晋之际，天下多故，名士少有全者，籍由是不与世事，遂酣饮为常。"可见他的"尤好老庄"之"痴"是假装出来的表面现象。他甚至正面对儒家"礼乐"文化大加赞赏："刑教一体，礼乐外内也"；"尊卑有分，上下有等，谓之礼"；"人安其生，情意无哀，

---

[1]　这里所谓"道学"是指的道家学说。"道学"一词本来是指宋明理学，但是后来就很少这样叫了。现今许多学者则把道家学术称为"道学"，而且颇有成为道家学术的一种正式称谓的架势。

谓之乐"；"礼定其象，乐平其心。礼治其外，乐化其内。礼乐正，而天下平"。[1]
嵇康也是如此，表面上"清言而已"[2]，乃至"非汤武而薄周孔"[3]，实际上是
出于无奈，或忍不住借古讽今，讥刺现实。例如他讲的"命有所定，寿有所在"[4]，
跟儒家讲的"死生有命，富贵在天"何异？他讲的"歌以叙志，舞以宣情"[5]，
跟儒家讲的"诗言志气，歌咏言"何别？他的《家诫》更能表明其内在的儒家
思想的流露："若志之所之，则口与心誓，守死无二，耻躬不逮，期于必济"；
如果"以之守则不固，以之攻则怯弱，与之誓则多违，与之谋则善泄，临乐则
肆情，处逸则极意"，那就会"虽繁华熠耀，无结秀之勋；终年之勤，无一旦
之功。斯君子所以叹息也！"再如向秀，虽然通过注释《庄子》"发明奇趣，
振起玄风"[6]，毕竟还是作了《思旧赋》，以怀旧友故国。郭象继向秀注《庄
子》，乃至"儒墨之迹见鄙，道家之言遂盛"[7]，也不过是用"自生""独化"
来论证"名教即是自然"而已。他说：

> 君臣上下，手足外内，乃天理自然，岂真人之所为哉！夫臣妾但各当
> 其分耳，未为不足以相治也。相治者，若手足耳目，四肢百体，各有所司
> 而更相御用也。夫时之所贤者为君，才不应世者为臣，若天之自高，地之
> 自卑，首自在上，足自居下，岂有递哉！虽无错于当而必自当也。[8]

二、玄学与文学理论

　　魏晋玄学不仅在哲学上思维卓越，而且在文学上成就显著。玄学中人，无
一不是既为哲学家，亦为文学家。而作为文学家，他们的文学创作成就当然是
建立在他们的文学理论基础之上的。玄学的文论也跟他们的哲学一样，可以说

---

[1]　阮籍：《乐论》。
[2]　《晋书·文士传》。
[3]　嵇康：《与山巨源绝交书》。
[4]　嵇康：《难宅无吉凶摄生论》。
[5]　嵇康：《声无哀乐论》。
[6]　《晋书·向秀传》。
[7]　《晋书·向秀传》。
[8]　《庄子注·齐物论》。

是内儒外道的；除此而外，还有佛学的影响。而正因为他们把道与儒及佛结合起来了，才使他们在文学理论上超越汉儒，高见迭出。魏晋时期，文论蜂起，这里，我们着重介绍以下几家：

（一）曹丕《典论·论文》

曹丕（187—226）字子桓，曹操的次子，后来接受"禅让"成为魏文帝。根据《三国志·魏书·文帝纪第二》所载："帝好文学，以著述为务，自所勒成垂百篇。"这其中就有《典论》。他自己说：

> 生有七尺之形，死唯一棺之土，唯立德扬名，可以不朽；其次，莫如著篇籍。疫疠数起，士人凋落，余独何人，能全其寿？故论撰所著《典论》诗赋，盖百余篇。[1]

这是典型的儒家之"三不朽"的追求。可惜此书早已亡佚，所幸其中《论文》犹存。文中评论了当时的"建安七子"，这可谓中国文学史上最早的有意识的文学批评。此文提出了几个重要的观点：

（1）本同末异："夫文，本同而末异：盖奏议宜雅，书论宜理，铭诔尚实，诗赋欲丽。"这是关于文体风格的早期论述。其中关于狭义文学的"诗赋欲丽"之说，对后世是颇有影响的。那么，何为文之"本"呢？

（2）以气为主："文以气为主。气之清浊有体，不可力强而致。譬如音乐，曲度虽均，节奏同检，至于引气不齐，巧拙有素，虽在父兄，不能以移子弟。"这不禁令人想起孟子的"养气"之说。这是首次把文学的灵气和技巧明确地区分开来了。显然，文气作为文学的灵魂，乃是自我修养的一种自然流露。

（3）不朽盛事："盖文章，经国之大业，不朽之盛事。年寿有时而尽，荣乐止乎其身，二者必至之常期，未若文章之无穷。是以古之作者，寄身于翰墨，见意于篇籍，不假良史之辞，不托飞驰之势，而声名自传于后。故西伯幽而演

---

[1]　裴松之注引《魏书》所载《与王朗书》。

《易》，周旦显而制《礼》，不以隐约而弗务，不以康乐而加思。"把文学对于人生的意义提到如此高的关乎"不朽"的境界，实在是不多见的。春秋时代谈的"三不朽"当中的"立言"还只是一种泛泛而谈，而这里则明确地讲是文学。这个观点对于后世文学的影响之深，不在乎对"文"的影响，而在于对"人"本身的观念的影响。

（二）陆机《文赋》

陆机（261—303）字士衡，吴郡人。其父是吴国大司马陆抗。吴亡，仕晋。他的《文赋》是中国文学史上第一篇系统完整的文学理论著作，提出了不少重要的文学理论问题，对后世有很大影响。此赋比较全面地讨论了文章的立意、构思、谋篇、行文、体制、方法、才情、风格、意与文之关系、文章弊病、功用等等。

开篇即谈文章的立意缘由："伫中区以玄览，颐情志于典坟"是说志于学立意；"遵四时以叹逝，瞻万物而思纷"以下是说感于物而立意。接下来讲构思："其始也，皆收视反听，耽思傍讯，精骛八极，心游万仞。其致也，情瞳昽而弥鲜，物昭晰而互进，倾群言之沥液，漱六艺之芳润。…… 收百世之阙文，采千载之遗韵。…… 观古今于须臾，抚四海于一瞬。"接着讲谋篇布局："然后选义按部，考辞就班，…… 笼天地于形内，挫万物于笔端。…… 理扶质以立干，文垂条而结繁。"

说到体裁风格问题，陆机认为："体有万殊，物无一量，纷纭挥霍，形难为状。…… 虽离方而遁员，欲穷形而尽相。故夫夸目者尚奢，惬心者贵当，言穷者无隘，论达者唯旷；诗缘情而绮靡，赋体物而浏亮。…… 要辞达而理举，故无取乎冗长。"在他所列举的各种体裁中，诗和赋是今天理解的典型的文学体裁。"诗缘情"是说诗歌重在抒发感情，"赋体物"是说辞赋重在叙述描写，这两者是讲文之"意"；同时讲文之"辞"，诗歌追求"绮靡"精妙，辞赋追求"浏亮"清明。这两句话的影响很大，但是并不符合文学历史的事实，因为诗歌也讲体物清明，辞赋也讲缘情精妙。不过，"诗缘情"之说却是直接继承了儒家传统的"诗言志"的说法的。人们爱引用朱自清先生《诗言志辨》的说法：

"诗言志，指的表见德性，……可是缘情的五言诗发达了，……于是陆机《文赋》第一次铸成'诗缘情而绮靡'这个新语。"其实"诗缘情"就是"诗言志"，因为儒家所谓"德性"正是一种情，即"仁者爱人"之情。

《文赋》最后讲到文学的功能："伊兹文之为用，固众理之所因。……济文武于将坠，宣风声于不泯。……被金石而德广，流管弦而日新。"这就把文学的功用归结到了继承儒家道德教化上来了："文武"说的是文武之道，亦即《论语·子张》所说："文武之道，未坠于地，在人。""风声"说的是儒家的风教、教化，亦即《诗序》所说："风也，教也。风以动之，教以化之"；"上以风化下，下以风刺上"。

（三）挚虞《文章流别论》

挚虞（？—311）字仲洽，京兆长安人。他最主要的著作有两种，根据《晋书·挚虞传》所说："虞撰《文章志》四卷"；"又撰古文章，类聚区分，为三十卷，名曰《流别集》，各为之论，辞理惬当，为世所重"。《隋书·经籍志》载有他的"《文章流别集》四十一卷，《文章流别志论》二卷"。看来《流别集》是文学作品总集（它可能是最早的一部文选总集），《流别志》是文学的历史记述。所以刘师培说："古代之书，莫备于晋之挚虞。虞之所作，一曰《文章志》，一曰《文章流别》。志者，以人为纲者也；流别者，以文体为纲者也。"[1]而今仅存的《文章流别论》，可能是他为《流别集》"各为之论"的结果。

《文章流别论》当然主要是研究文体分类及其历史演变问题，较之曹丕和陆机的文体论更加细密。但此论的意义还不止于此，还有另外一些比较重要的文学理论思想，其中有些是消极的，有些是积极的。比如说，他说"颂之所美者，圣王之德也"，这是比较典型的汉儒诗说的"美刺"观点。再如，他认为，"雅音之韵，四言为正；其余虽备曲折之体，而非音之正也"，这种观点表明了他以儒家《诗经》的四言作为诗歌体裁标准的立场，到底带有厚古薄今的味道。

挚虞文论最突出的一个积极点，表现在他对古诗和今赋的区分及其评价：

---

[1] 刘师培：《搜集文章志材料方法》。

"古诗之赋，以情义为主，以事类为佐；今之赋，以事形为本，以义正为助。"指出今赋的"四过"（"假象过大""逸辞过壮""辩言过理""丽靡过美"）的形式主义弊病。这是对扬雄"悔其少作"的继承和发展，更是对孔子所倡导的"文""质"关系理论的继承和发展，是很有见地的。同时，他还指出了诗与赋的继承性关系："赋者，敷陈之称，古诗之流也。古之作诗者，发乎情，止乎礼义。情之发，因辞以行之；礼义之旨，须事以明之。故有赋焉，所以假象尽辞，敷陈其志。"

挚虞根本的文学观，是极典型的儒家文学观："文章者，所以宣上下之象，明人伦之叙，穷理尽性，以究万物之宜者也。"

（四）葛洪

葛洪（284—364）字稚川，号抱朴子，丹阳句容（今属江苏）人。此人是道士、神仙家，却与儒学关系密切。简单来说，他是内道而外儒、所谓"身在山林而心存魏阙"的人物。照他自己的说法，就是："内宝养生之道，外则和光于世；治身而身长修，治国而国太平；以六经训俗士，以方术授知音。"[1] 这是因为，在他看来："儒，教近而易见，故宗之者众焉；道意远而难识，故达之者寡也。"[2]所以，他坚持说："欲求仙者，要当以忠孝、和顺、仁信为本。若德行不修，而但务方术，皆不得长生也。"[3] 总之，"玄道者，得之乎内（内道），守之者外（外儒），用之者神，忘之者器，此思玄道之要言也。"[4]

他所著的《抱朴子》，尤其《外篇》，涉及许多文学理论问题。其中最宝贵的思想，是今胜于古的观点。他说："古书者虽多，未必尽美。"例如，"《尚书》者，政事之集也，然未若近代之优文诏策军书奏议之清富赡丽也。《毛诗》者，华彩之辞也，然不及《上林》《羽猎》《二京》《三都》之汪濊博富也。然则古之子书能胜今之作者，何也？"这是因为"古者事事醇素，今则莫不雕饰，时移世改，理自然也"。今人许多事都比古人强，"何以独文章不及古邪？"

---

[1]　《抱朴子·释滞》。
[2]　《抱朴子·明本》。
[3]　《抱朴子·对俗》。
[4]　《抱朴子·畅玄》。

他还指出，这种古今差别，主要不是在内容上，而是在形式上，比如"今诗与古诗，俱有义理，而盈于差美"。[1] 但这并不是说形式比内容更重要，相反，"夫制器者珍于周急，而不以辨饰外形为善；立言者贵于助教，而不以偶俗集誉为高。"[2] 他还针对那种认为古人文章深奥、今人文章浅薄的观点，指出："古书之多隐，未必昔人故欲难晓；或世异语变，或方言不同，经荒历乱，埋藏积久，简编朽绝，亡失者多，或则续残缺，或脱去章句，是以难知，似若至深耳。"[3] 这确实是一种深刻的见解。

他这种厚今薄古的思想，显然跟儒家不同。他毕竟不是儒学中人，所以对诸子百家一视同仁："百家之言，与善一揆。譬操水者，器虽异而救火同焉；犹针灸者，术虽殊而攻疾均焉。"[4] 但实际上他的文学思想也还是儒道结合的，例如：

> 或曰："德行者，本也；文章者，末也。故四科之序，文不居上。然则著纸者，糟粕之余事；可传者，祭毕之刍狗。卑高之格，是可讥矣。文之体略，可得闻乎？"抱朴子答曰："筌可弃，而鱼未获，则不得无筌。文可废，而道未行，则不得无文。……且文章之与德行，犹十尺之与一丈，谓之'余事'，未之前闻也。"[5]

他这番议论，真有点孔子的"文质彬彬"之意了。

三、玄学与文学创作

玄学时代的文学创作非常丰富多彩，大致可以分为辞赋、诗歌、散文、小说四个方面，分述如下：

---

[1]　以上均见《抱朴子·钧世》。
[2]　《抱朴子·应嘲》。
[3]　《抱朴子·钧世》。
[4]　《抱朴子·尚博》。
[5]　《抱朴子·文行》。

（一）辞赋

汉赋以后，辞赋这种文学体裁继续发展，而其风格发生了很大的转变。这种转变最为明显的表现，体现在篇幅上，就是由汉代"大赋"转变为六朝"小赋"。在内容上，一般来说，大赋长于叙事，小赋长于抒情；大赋倾向于政治讽劝，小赋倾向于自我抒发。

在魏晋辞赋中，"建安七子"的成就较高；而七子中，又以王粲最为突出。

王粲（177—217）字仲宣，山阳高平（今山东邹城）人。他生当社会动乱的三国时期，对离乱生活感受颇深。例如他的《登楼赋》，记登荆州当阳县城楼时的客居之感，是建安时期抒情小赋的代表作：

> 登兹楼以四望兮，聊暇日以销忧。览斯宇之所处兮，实显敞而寡仇。……虽信美而非吾士兮，曾何足以少留！遭纷浊而迁逝兮，漫逾纪以迄今。情眷眷而怀归兮，孰忧思之可任？……悲旧乡之壅隔兮，涕横坠而弗禁。昔尼父之在陈兮，有归欤之叹音。……人情同于怀土兮，岂穷达而异心。惟日月之逾迈兮，俟河清其未极。冀王道之一平兮，假高衢而骋力。惧匏瓜之徒悬兮，畏井渫之莫食。……

辞中抒发的不仅仅是孤独感、流离感，更有"俟河清""冀王道"的儒家理想。

与王粲齐名的是曹植，人称"曹王"。

曹植（192—232）字子建，沛国谯（今安徽亳州）人。他是曹操的儿子、曹丕的弟弟。他的主要成就是诗歌，但他的《洛神赋》是非常有名的。此赋假借对神话传说中的宓羲之女、洛水之神的思慕，寄托着忠君思君之情不得相通的苦闷：

> 余从京域，言归东藩，背伊阙，越轘辕，经通谷，陵景山。日既西倾，车殆马烦。尔乃税驾乎蘅皋，秣驷乎芝田，容与乎阳林，流眄乎洛川。于是精移神骇，忽焉思散。俯则未察，仰以殊观。睹一丽人，于岩之畔。……其形也，翩若惊鸿，婉若游龙，荣曜秋菊，华茂春松。髣髴兮若轻云

之蔽月，飘飘兮若流风之回雪。远而望之，皎若太阳升朝霞；迫而察之，灼若芙蓉出渌波。……

　　余情悦其淑美兮，心振荡而不怡。无良媒以接欢兮，托微波而通辞。……

　　于是洛灵感焉，徙倚彷徨。神光离合，乍阴乍阳。竦轻躯以鹤立，若将飞而未翔。……含辞未吐，气若幽兰。华容婀娜，令我忘餐。……于是越北沚，过南冈，纡素领，回清阳。动朱唇以徐言，陈交接之大纲。恨人神之道殊兮，怨盛年之莫当。抗罗袂以掩涕兮，泪流襟之浪浪。悼良会之永绝兮，哀一逝而异乡。无微情以效爱兮，献江南之明珰。虽潜处于太阴，长寄心于君王。……浮长川而忘反，思绵绵而增慕。夜耿耿而不寐，沾繁霜而至曙。……

这种以美人喻忠臣的手法，其所表现的也是儒家的思想感情。这是《诗经》《楚辞》的传统，只不过曹植写得更动人，叙事更细腻，抒情更缠绵。

陶渊明（365或372或376—427）的《归去来兮辞》当然赫赫有名，但它表现的主要是道家的思想倾向；他的儒家思想倾向，表现在他的一些诗歌里。不过，《归去来兮辞》当中也不无儒家思想的影子，例如辞中最后写道：

　　已矣乎，寓形宇内复几时！曷不委心任去留，胡为乎遑遑兮欲何之？富贵非吾愿，帝乡不可期。怀良辰以孤往，或植杖而耘籽。登东皋以舒啸，临清流而赋诗。聊乘化以归尽，乐乎天命复奚疑！

乐天知命，这其实是儒、道两家共同的主张。孔子就曾多次表达过乐天知命的思想，也有过"乘桴浮于海"的向往。

（二）诗歌

玄学时代的诗歌取得了很大的成就，成为"唐诗"的直接先驱。李白、杜甫对这个时期的诗歌就推崇备至，引为范例。从体裁上来看，这个时期的诗歌基本完成了从四言到五言的转变，并且出现了七言诗体。从题材上来看，此时的诗歌涉及的素材非常广泛。通过这些题材，玄学时代的诗歌表现了丰富多彩的感情世界，这其中也不乏儒家的思想感情。

在魏晋时期的诗歌里，曹氏父子三人的作品应该说是非常杰出的。

曹操这个人，历史上争议很大，是个非常复杂的人物。他当然远不是什么儒学中人，但他的诗作当中却往往流露出某种儒家的情怀。他的诗很明显地受到《诗经》、汉代乐府民歌的影响，又加上他个人的宏大胸襟抱负，这就决定了其诗的内容多有家国之思、生民之忧，而诗的风格或博大雄浑，或抑郁深沉。如著名的《短歌行》：

> 对酒当歌，人生几何？譬如朝露，去日苦多！
> 慨当以慷，忧思难忘。何以解忧，唯有杜康。
> 青青子衿，悠悠我心。但为君故，沉吟至今。
> 呦呦鹿鸣，食野之苹。我有嘉宾，鼓瑟吹笙。
> 明明如月，何时可辍？忧从中来，不可断绝！
> 越陌度阡，枉用相存。契阔谈宴，心念旧恩。
> 月明星稀，乌鹊南飞。绕树三匝，何枝可依？
> 山不厌高，水不厌深。周公吐哺，天下归心！

这其中的家国忧思，我们是不难体味的。尤其最后两句"周公吐哺，天下归心"，实为儒家的社会政治理想。

又如其《蒿里行》，表现了他对人民疾苦的深切同情：

> 关东有义士，兴兵讨群凶。初期会盟津，乃心在咸阳。
> 军合力不齐，踌躇而雁行。势利使人争，嗣还自相戕。
> 淮南弟称号，刻玺于北方。铠甲生虮虱，万姓以死亡。
> 白骨露于野，千里无鸡鸣。生民百遗一，念之断人肠！

比起其父来，曹氏兄弟就差远了；但在当时的诗人当中，他们还是算是杰出的。

曹丕的诗作更多表现的是他个人的感受，其中《燕歌行》是现存较早的一首文人七言诗歌：

> 秋风萧瑟天气凉，草木摇落露为霜，群燕辞归雁南翔。
> 念君客游思断肠，慊慊思归恋故乡，何为淹留寄他方？
> 贱妾茕茕守空房，忧来思君不敢忘，不觉泪下沾衣裳！
> 援琴鸣弦发清商，短歌微吟不能长。
> 明月皎皎照我床，星汉西流夜未央。
> 牵牛织女遥相望，尔独何辜限河梁？

这种游子思妇之诗，其实也是《诗经》的传统。

曹植也多类似的作品，例如《七哀》：

> 明月照高楼，流光正徘徊。上有愁思妇，悲叹有余哀。
> 借问叹者谁？言是宕子妻。君行逾十年，孤妾常独栖。
> 君若清路尘，妾若浊水泥。浮沉各异势，会合何时谐？
> 愿为西南风，长逝入君怀。君怀良不开，贱妾当何依！

曹植也另有一些诗，是比较接近曹操的。又如《杂诗》其五：

> 仆夫早严驾，吾行将远游。远游欲何之？吴国为我仇。
> 将骋万里途，东路安足由？江介多悲风，淮泗驰急流。
> 愿欲一轻济，惜哉无方舟！闲居非吾志，甘心赴国忧。

他有如此的儒家抱负，难怪曹操一度想立他为太子。

李白曾有诗云："自从建安来，绮丽不足珍。"当时"建安七子"（孔融、阮瑀、陈琳、徐幹、王粲、刘桢、应场）的诗歌成就是超出同时人的。

孔融（153—208）字文举，是有名的神童，成为名士，后来因多次触怒曹操而被杀。孔融的思想基本上是儒家的，所以曹丕评论其作品说："及其所善，扬班俦也。"[1] 扬即扬雄，班即班固，都是典型的儒家。孔融的诗作流传下来的不多，却也慷慨激昂。其《杂诗》之二写幼子夭折的悲痛心情，也表现出了儒家思想感情：

> 远送新行客，岁暮乃来归。
> 入门望爱子，妻妾向人悲。……
> 生时不识父，死后知我谁？……
> 人生图嗣息，尔死我念追。
> 俯仰内伤心，不觉泪沾衣。
> 人生自有命，但恨生日希！

阮瑀（？—212）字元瑜，陈留尉氏（今属河南）人。他的诗作也不多，最著名的是《驾出北郭门行》，写的是一个孤儿遭到后母的虐待：

> 驾出北郭门，马樊不肯驰。……
> 亲母舍我殁，后母憎孤儿。饥寒无衣食，举动鞭捶施。
> 骨消肌肉尽，体若枯树皮。藏我空室中，父还不能知。
> 上冢察故处，存亡永别离。
> 亲母何可见？泪下声正嘶！……

陈琳（？—217）字孔璋，广陵射阳（今江苏宝应）人。他是当时撰写表章书记的高手，诗只有四首。但他的《饮马长城窟行》却颇有名。此诗通过一个筑城卒与其妻的书信，揭露了徭役带给人民的苦难：

---

[1] 《典论·论文》。

饮马长城窟，水寒伤马骨。

往谓长城吏："慎莫稽留太原卒！"……

长城何连连，连连三千里。边城多健少，内舍多寡妇。

作书与内舍："便嫁莫留住！善待新姑嫜，时时念我故夫子！"

报书往边地："君今出语一何鄙！"

"身在祸难中，何为稽留他家子？生男慎莫举，生女哺用脯。

君独不见长城下，死人骸骨相撑拄？"

"结发行事君，慊慊心意关。明知边地苦，贱妾何能久自全！"

此诗明显地受到乐府民歌的影响，也是远接着《诗经》的传统的。

徐幹（170—217）字伟长，北海（今山东潍坊）人。他是一个思想家、儒家学者，所作《中论》"大都阐发义理，原本经训，而归之于圣贤之道"[1]，提出"大义为先"的原则，开启了玄学"微言大义"的先河，在儒学史上占有一席之地。至于诗歌，今天仅存四首。其中《室思》作为闺情诗，也属于《诗经》情诗的传统：

沈阴结愁忧，愁忧为谁兴？念与君相别，各在天一方。

良会未有期，中心摧且伤！……

峨峨高山首，悠悠万里道。君去日已远，郁结令人老。

人生一世间，忽若暮春草！……

王粲的《七哀诗》很有名。《文选》注说："七哀，谓痛而哀，义而哀，感而哀，怨而哀，耳目闻见而哀，口叹而哀，鼻酸而哀也。"这就近乎孔子说的"诗可以兴，可以观，可以群，可以怨"了。诗中写道：

出门无所见，白骨蔽平原。路有饥妇人，抱子弃草间。

---

[1]　《四库提要·子部·儒家》。

顾闻号泣声，挥涕独不还。未知身死处，何能两相完?

驱马弃之去，不忍听此言!

刘桢（？—217）字公干，东平宁阳（今山东宁阳）人。他的五言诗在当时很有名，曹丕誉为"妙绝时人"，但流传下来的也不多。如果说《赠徐幹》表现了儒家朋友之伦，那么《赠从弟》就表现了儒家兄弟之伦。后一诗云：

亭亭山上松，瑟瑟谷中风。风声一何盛，松枝一何劲!

冰霜正惨悽，终岁常端正。岂不罹凝寒? 松柏有本性!

魏晋时期出现了一位了不起的女诗人，就是蔡琰。她是著名文学家蔡邕的女儿。蔡邕（133—192）是当时有名的经学家，著名的儒家经典"熹平石经"就是由他及其他人写定的。蔡琰在其夫死之后归家，后为乱兵所虏，流落南匈奴十二年，被曹操用金璧赎回，嫁给董祀。蔡琰诗仅存《悲愤诗》二首，一为五言，一为骚体。其《悲愤诗》写于再嫁董祀之后，痛定思痛，通过叙述自身遭遇，展现了当时的政治形势、社会动乱，反映了广大人民妻离子散的悲惨生活：

汉季失权柄，董卓乱天常。

志欲图篡弑，先害诸贤良。

逼迫迁旧邦，拥主以自强。

海内兴义师，欲共讨不祥。……

斩截无孑遗，尸骨相撑拒。

马边悬男头，马后载妇女。……

岂复惜性命? 不堪其詈骂。

或便加棰杖，毒痛参并下。

旦则号泣行，夜则悲吟坐。

欲死不能得，欲生无一可。……

边荒与华异，人俗少义理。

处所多霜雪，胡风春夏起。

翩翩吹我衣，肃肃入我耳。

感时念父母，哀叹无穷已。……

去去割情恋，遄征日遐迈。

悠悠三千里，何时复交会？

念我出腹子，胸臆为摧败！

既至家人尽，又复无中外。

城郭为山林，庭宇生荆艾。

白骨不知谁，纵横莫覆盖。

出门无人声，豺狼号且吠。

茕茕对孤景，怛咤糜肝肺。……

人生几何时？怀忧终年岁！

魏晋时期，当时的玄学家也多是诗人，且往往其诗歌创作的成就相当突出。这当中，尤其是当时的"竹林七贤"，例如阮籍、嵇康、刘伶、阮咸、向秀；而其中杰出的，无疑是阮籍、嵇康。

阮籍（210—263）字嗣宗，陈留尉氏（今属河南）人。曾任步兵校尉，故史称"阮步兵"。他是当时的名士、玄学家，为"竹林七贤"之一。他虽尤好老庄，但那是借纵酒谈玄以逃避灾祸。当时"属魏晋之际，天下多故，名士少有全者，籍由是不与世事，遂酣饮为常"，但实际上"籍本有济世志"。[1]其实他骨子里也还是主张"定尊卑之制"，"尊卑有分，上下有等"[2]；认为"礼逾其制，则尊卑乖；乐失其序，则亲疏乱"[3]。这种内儒外道的思想特征，也在其诗歌创作中流露出来：他表面上不问世事，而实际上内心深处充满了对现实的关怀、焦虑。例如他的《咏怀诗》其三十三：

---

[1]　《晋书·阮籍传》。
[2]　阮籍：《通易论》。
[3]　阮籍：《乐论》。

一日复一夕，一夕复一朝，颜色改平常，精神自损消。

胸中怀汤火，变化故相招。万事无穷极，知谋苦不饶。

但恐须臾间，魂气随风飘。终身履薄冰，谁知我心焦！

　　这绝不是道家的情绪，实质上是儒家的情怀。唯其如此，他才会有那种讽刺现实政治的诗歌，如《咏怀诗》其三十一：

驾言发魏都，南向望吹台。箫管有遗音，梁王安在哉？

战士食糟糠，贤者处蒿莱。歌舞曲未终，秦兵已复来。

夹林非我有，朱宫生尘埃。军败华阳下，身竟为土灰！

　　嵇康（223—262）字叔夜，谯国铚（今安徽濉溪）人。他也是当时的名士、玄学家，"竹林七贤"之一，与阮籍齐名。他因其朋友吕安的事情而被捕入狱，在狱中写下了著名的《幽愤诗》，诗中写道：

嗟余薄祜，少遭不造。哀茕靡识，越在襁褓。……

爰及冠带，冯宠自放。抗心希古，任其所尚。

托好老庄，贱物贵身。志在守朴，养素全真。……

大人含弘，藏垢怀耻。民之多僻，政不由己。……

理弊患结，卒致囹圄。对答鄙讯，絷此幽阻。……

事与愿违，遘兹淹留。穷达有命，亦又何求？……

煌煌灵芝，一年三秀。予独何为，有志不就？……

采薇山阿，散发岩岫。永啸长吟，颐性养寿。

　　诗中表现的"明哲保身""穷达有命"的思想，实际上是儒、道两家共有的观念。

　　傅玄（217—278）字休奕，北地泥阳（今陕西铜川）人。后世辑有《傅子》一书。他是反对玄学家的虚无放诞的，其哲学观点基本上属于儒家，有些思想尤其近于荀子的思想。至于诗歌，他爱写的是女性题材，表现儿女之情或者妇女的痛苦。例如《豫章行苦相篇》写的是重男轻女造成的女子的悲苦：

> 苦相身为女，卑陋难再陈。……
> 女育无欣爱，不为家所珍。长大逃深室，藏头羞见人。
> 垂泪适他乡，忽如雨绝云。……
> 玉颜随年变，丈夫多好新。昔为形与影，今为胡与秦。
> 胡秦时相见，一绝逾参辰。

张华（232—300）字茂先，范阳方城（今河北固安）人。他是一个著名的博物学家，有《博物志》传世。他的诗歌写得很艳丽。例如《情诗》五首之二，写一个外出远游的男子思念在家的妻子：

> 游目四野外，逍遥独延伫。……
> 佳人不在兹，取此欲谁与？……
> 不曾远别离，安知慕俦侣！

潘岳（247—300）字安仁，荥阳中牟（今属河南）人。他的诗歌很善于抒情，例如其著名的《悼亡诗》：

> 望庐思其人，入室想所历。帏屏无髣髴，翰墨有余迹。……
> 怅恍如或存，周遑忡惊惕。如彼翰林鸟，双栖一朝只。
> 如彼游川鱼，比目中路析。……
> 寝息何时忘？沈忧日盈积！……

陆机在理论上有上文谈到过的《文赋》，在创作上也是颇有成绩的。他的诗文是公认的六朝文风的先声，喜用排偶，讲究辞藻。例如他表现光阴易逝、功业难成的《长歌行》：

> 逝矣经天日，悲哉带地川。……
> 年往迅劲矢，时来亮急弦。……
> 兹物苟难停，吾寿安得延？
> 俯仰逝将过，倏忽几何间。……
> 但恨功名薄，竹帛无所宣。

左思（约250—305）字太冲，齐国临淄（今山东淄博）人。其诗风格雄劲，著称当时。例如《咏史》其一，表现了一种建功立业的抱负：

> 弱冠弄柔翰，卓荦观群书。
> 著论准《过秦》，作赋拟《子虚》。……
> 长啸激清风，志若无东吴。……
> 左眄澄江湘，右盼定羌胡。
> 功成不受爵，长揖归田庐。

这是他的一种儒家式的积极入世的情怀。

张协（？—约307）字景阳，安平武邑（今属河北）人。与其兄张载、其弟张亢并称为"三张"。他的《杂诗》第四首，颇有孔子"逝者如斯"的感叹、汉初司马季主的孤傲。诗中写道：

> 畴昔叹时迟，晚节悲年促。
> 岁暮怀百忧，将从季主卜。

刘琨（271—318）字越石，中山魏昌（今河北定州）人。由于常年征战边陲，其诗多抗敌报国之慨和英雄末路之悲。在写给朋友的著名诗篇《重赠卢谌》中，他化用了许多《论语》中关于孔子的典故，来表达其思想感情：

吾衰久矣乎，何其不梦周？谁云圣达节，知命故不忧？

宣尼悲获麟，西狩涕孔丘。功业未及建，夕阳忽西流。

时哉不我与，去乎若云浮。……

何意百炼刚，化为绕指柔！

郭璞（276—324）字景纯，河东闻喜（今属山西）人。他是著名的语文学家，著有《尔雅注》《方言注》；也是小说家，有《穆天子传注》《山海经注》。郭璞后来被道教奉为"水府仙伯"，但他的《尔雅注》《尔雅音义》《尔雅图》则是专门研究儒家经典《尔雅》的。他的诗赋也很有文采。诗歌方面的代表作，是《游仙诗》，表面看来是向往隐遁，其实"乃是坎壈咏怀，非列仙之趣"[1]。如第一首写道：

进则保龙见，退为触藩羝。

高蹈风尘外，长揖谢夷齐！

前面两句用的是《周易》的典故："保龙见"见于《乾卦》"见龙在田，利见大人"，意为保持中正之德，《文言》："龙，德而中正者也。""触藩羝"见于《大壮卦》"羝羊触藩，不能退，不能遂"，意为进退艰难，不如隐遁。这就是说，不能像儒家进取，那就只好如道家退隐。

孙绰（314—317）字兴公，太原中都（今山西平遥）人。他的思想基本属于玄学贵无论，但实际上有儒道释融合的倾向，认为"周孔即佛，佛即周孔"，宗旨就是"无为无不为也"[2]。他的诗歌多为玄言诗。例如《秋日》：

萧瑟仲秋日，飙唳风云高。

山居感时变，远客兴长谣。……

垂纶在林野，交情远市朝。

---

[1]　钟嵘：《诗品》。

[2]　《孙廷尉集·喻道论》。

> 澹然古怀心，濠上岂伊遥！

陶渊明当然是公认的田园诗人，似乎纯然道家风格，正如他的代表作《归园田居》所说：

> 少无适俗韵，性本爱丘山。
> 误落尘网中，一去三十年。……
> 久在樊笼里，复得返自然。

其实不然，他这种选择是符合孔子的理想的："先师有遗训，忧道不忧贫。"[1]在他的《拟古》九首、《杂诗》十二首里，时时流露出壮志未酬和忧国伤时的儒家情感。例如《杂诗》其五说：

> 忆我少壮时，无乐自欣豫。
> 猛志逸四海，骞翮思远翥。……
> 古人惜寸阴，念此使人惧。

其一说：

> 盛年不重来，一日难再晨。
> 及时当勉励，岁月不待人。

尤其是鲁迅先生大为赞赏的《读山海经》，让我们看到了一位更本真的、充满了儒者激情的陶潜：

> 精卫衔微木，将以填沧海。刑天舞干戚，猛志故常在。

---

[1]　典故出自《论语·卫灵公》："君子忧道不忧贫。"

同物既无虑，化去不复悔。徒设在昔心，良辰讵可待！

颜延之（384—456）字延年，琅邪临沂（今属山东）人。此人信佛，曾就何承天所赠《达性论》进行往返论辩，为佛教辩护；但同时，他认为佛与儒本是相符的，例如它们都以鬼神为教。诗歌方面，他曾借歌咏"竹林七贤"当中的"五君"，来寄托自己的思想感情。例如《五君咏·阮步兵》深得阮籍之情，揭明其托酒避世乃是出于不得已：

阮公虽沦迹，识密鉴亦洞。沈醉似埋照，寓词类托讽。
长啸若怀人，越礼自惊众。物故不可论，途穷能无恸！

谢灵运（385—433），陈郡阳夏（今河南省太康县附近）人。他是"山水诗"的开创者，对后世有很大的影响。他的《登池上楼》是非常有名的，表达了一种伤感情调。诗中写道：

初景革绪风，新阳改故阴。池塘生春草，园柳变鸣禽。
祁祁伤豳歌，萋萋感楚吟。索居易永久，离群难处心。
持操岂独古，无闷征在今。

细读魏晋诗人的作品，我们切不可被他们表面的逍遥隐逸蒙蔽了。说到底，他们是出于"不得已"，不过是在实践着孟子所说的"达则兼济天下，穷则独善其身"。

（三）散文

在魏晋时期的散文创作中，最富于儒家思想感情的有以下几家：

作为当时的著名儒者，孔融在散文方面也颇有成绩。例如他向曹操推荐其友、名士盛宪的书信《与曹操论盛孝章书》，就是用儒家尊贤之道去劝勉曹操的，而文笔也颇能动人：

岁月不居，时节如流。五十之年，忽焉已至。……海内知识，零落殆尽，惟会稽盛孝章尚存。其人困于孙氏，妻孥湮没，单子独立，孤危愁苦。若使忧能伤人，此子不得永年矣！《春秋传》曰："诸侯有相灭亡者，桓公不能救，则桓公耻之。"今孝章实丈夫之雄也，天下谈士，依以扬声；而身不免于幽絷，命不期于旦夕。……公诚能驰一介之使，加咫尺之书，则孝章可致，友道可弘矣。……惟公匡复汉室，宗社将绝，又能正之。正之之术，实须得贤。……凡所称引，自公所知；而复有云者，欲公崇笃斯义也。因表不悉。

而历史上极为著名的诸葛亮（181—234）《出师表》，更是完全建立在儒家思想感情上的，义正词严而又情深意切，令人倾倒：

先帝创业未半而中道崩殂，今天下三分，益州疲弊，此诚危急存亡之秋也！然侍卫之臣不懈于内，忠志之士忘身于外者，盖追先帝之殊遇，欲报之于陛下也。诚宜开张圣听，以光先帝遗德，恢弘志士之气；不宜妄自菲薄，引喻失义，以塞忠谏之路也。……

臣本布衣，躬耕于南阳，苟全性命于乱世，不求闻达于诸侯。先帝不以臣卑鄙，猥自枉屈，三顾臣于草庐之中，咨臣以当世之事。由是感激，遂许先帝以驱驰。后值倾覆，受任于败军之际，奉命于危难之间，尔来二十有一年矣！……愿陛下托臣以讨贼兴复之效，不效，则治臣之罪，以告先帝之灵。……

曹植的《求自试表》也是令人同情的，而他的理论依据就纯粹是儒家的君臣之道：

臣闻士之生世，入则事父，出则事君。事父尚于荣亲，事君贵于兴国。故慈父不能爱无益之子，仁君不能畜无用之臣。……今臣无德可述，无功可纪，若此终年，无益国朝，将挂风人彼己之讥。是以上惭玄冕，俯愧朱绂。

在魏晋时期的历史散文中，范晔的作品是很突出的。

范晔（yè）（398—445）字蔚宗，南朝宋顺阳（今河南淅川）人。他是当时杰出的史学家、文学家，"博涉经史，善为文章，能隶书，晓音律"[1]。今本"二十四史"中的《后汉书》的"纪""传"部分就是他的作品（"志"部分则是司马彪的《续汉书志》）。清代历史学家王鸣盛评论他说："贵德义，抑势利；进处士，黜奸雄；论儒学则深美康成，褒党锢则推崇李杜；宰相多无述，而特表逸民；公卿不见采，而惟尊独行。"[2]可见范晔属于儒家中的具有叛逆倾向的人。这也表现在他的历史散文作品当中。例如《宦者传论》序论叙述了宦官的历史，尤其揭示了汉代宦官专权所带来的巨大危害：

> 《易》曰："天垂象，圣人则之。"宦者四星，在皇位之侧。故《周礼》置官，亦备其数。阉者守中门之禁，寺人掌女宫之戒。……汉兴，仍袭秦制，置中常侍官。……中兴之初，宦官悉用阉人，不复杂调它士。……自明帝以后，迄乎延平，委用渐大，而其员稍增。……汉之纲纪大乱矣！
>
> 若夫高冠长剑，纡朱怀金者，布满宫闱；茛茅分虎、南面臣人者，盖以十数。……败国蠹政之事，不可单书，所以海内嗟毒，志士穷栖，寇剧缘间，摇乱区夏。虽忠良怀愤，时或奋发，而言出祸从，旋见孥戮。因复大考钩党，转相诬染，凡称善士，莫不离被灾毒。……斯亦运之极乎？虽袁绍龚行，芟夷无余，然以暴易乱，亦何云及！自曹腾说梁冀，竟立昏弱；魏武因之，遂迁龟鼎。所谓君以此始，必以此终，信乎其然矣！

（四）小说

"小说"之称，古已有之。班固《汉书·艺文志·诸子略》，便著有"小说家"，列为"九流十家"之一，认为：

---

[1] 《宋书·范晔传》。
[2] 王鸣盛：《十七史商榷》卷六一"范蔚宗以谋反诛"。

小说家者流，盖出于稗官。街谈巷语，道听途说者之所造也。孔子曰："虽小道，必有可观者焉，致远恐泥，是以君子弗为也。"然亦弗灭也。闾里小知者之所及，亦使缀而不忘。如或一言可采，此亦刍荛狂夫之议也。

这就是儒家对小说的基本看法：在性质上属于"街谈巷语""道听途说"之类，在价值上虽属"小知""小道"，但也不无"可观""可采"之处。

魏晋时期的小说，主要是今所谓"志怪小说"一类，如《列异传》《拾遗记》《搜神记》以及"历史小说"，如《西京杂记》。

《列异传》属于志怪短篇小说集，有人认为是曹丕所作[1]，有人认为是张华所作。[2] 此书已佚，今有鲁迅《古小说钩沉》所辑的五十则。这些故事虽然荒诞无稽，但也宣传了一些重要思想，包括儒家思想观念。

《拾遗记》也是志怪小说集，旧题"晋王嘉撰"。

王嘉（？—390）字子年，陇西安阳（今甘肃渭源）人，所以此书又名《王子年拾遗记》。书中主要记载了从庖牺氏、神农氏到东晋的神话传说，宣传了神仙方术，应属道家，但也不无儒家思想观念。例如《翔风》讲的是巨富石崇的爱妾翔风始见爱、终见弃的故事，翔风最后"乃怀怨而作五言诗"，颇有《诗经·国风》之致："春华谁不美？卒伤秋落时。突烟还自低，鄙退岂所期！桂芳徒自蠹，失爱在蛾眉。坐见芳时歇，憔悴空自嗤！"

魏晋志怪小说的代表作，乃是干宝的《搜神记》。

干宝（约283—351）字令升，东晋新蔡（今属河南）人。他既是小说家，也是历史学家，著有《晋纪》二十卷，时称"良史"。《搜神记》通过对民间神话传说故事的记叙，宣传阴阳术数思想，"亦足以明神道之不诬也"，其思想倾向以道家为主而兼儒家思想。例如《三王墓》记干将莫邪为楚王铸剑，而后被楚王所杀，其子成人以后自刎谢客、为父报仇的故事，最后：

---

[1] 《隋书·经籍志》。
[2] 《旧唐书·经籍志》《新唐书·艺文志》。

　　客持头往见楚王，王大喜。客曰："此乃勇士头也，当于汤镬煮之。"
王如其言煮头，三日三夕不烂，头踔出汤中，瞋目大怒。客曰："此儿头
不烂，愿王自往临视之，是必烂也。"王即临之，客以剑拟王，王头随堕
汤中。客亦自拟己头，头复堕汤中。三首俱烂，不可识别。乃分其汤肉葬之，
故通名三王墓。今在汝南北宜春县界。

　　《西京杂记》是东晋葛洪所撰的历史小说集，记载西京长安的遗闻佚事。
我们知道，葛洪的思想乃是兼宗儒、道的，这也在《西京杂记》中表现出来。
例如记王昭君的故事：

　　元帝后宫既多，不得常见，乃使画工图形，案图召幸之。诸宫人皆赂
画工，多者十万，少者亦不减五万。独王嫱不肯，遂不得见。匈奴入朝，
求美人为阏氏。于是上案图，以昭君行。及去，召见，貌为后宫第一，善
应对，举止闲雅。帝悔之，而名籍已定。帝重信于外国，故不复更人。乃
穷案其事，画工皆弃市，籍其家资皆巨万。

　　这个故事不仅表现了对昭君的同情、对帝王昏庸的惋惜和对画工势利的谴
责，也表现了对元帝"重信"的赞许，而这正是儒家"信义"思想的体现。

第二节　南北思潮与文学

一、南北学风

　　魏晋以后，中国社会分裂为南、北方：北方是北魏、东魏、西魏、北齐、
北周的交错，南方是宋、齐、梁、陈的更迭。这个时期最突出的一种文化现象，
就是玄学的衰歇、佛教的兴盛以及道教的发展。于是，中国文化史上第一次形

成了儒、道、佛三足鼎立的局面，这种局面竟持续了好几百年。而在当时，这种三足鼎立的局面同时又在一定程度上表现为北方儒家经学、南方道学佛学之间的对峙。表现在学术风格上，形成了南、北不同的学风：南方更多地接续着玄学的风气，而北方则更多地接续着汉代以来的经学传统。当然，这当中也存在着种种复杂交错的情况。下表是对当时南、北方儒、释、道的主要人物著作的列举，我们从中可见一斑：

三教	北方	南方
儒教	贾思勰《齐民要术》 刘芳《周官仪礼音》等 徐遵明《春秋义章》等 徐彦《春秋公羊传疏》 刘献之《毛诗序义》等 乐逊《春秋序义》等 颜之推《颜氏家训》等 甄鸾《笑道论》 熊安生《礼记义疏》等	何承天《达性论》等 范宁《穀梁传集解》 伏曼容《周易集解》等 范缜《神灭论》等 皇侃《论语义疏》等 费𬸚《尚书义疏》 顾越《丧服义疏》等 孔子祛《尚书义》等 沈重《周礼义》《毛诗音》 王元规《春秋发题辞》等 顾野王《玉篇》 张讥《周易义》等
道教	寇谦之《老君音诵戒经》	帛和《素书》 陆修静《三洞经书目录》等 顾欢《夷夏论》等 陶弘景《真诰》等 刘峻《辨命论》 朱世卿《性法自然论》
佛教	僧肇《肇论》 玄光《辨惑论》 菩提达摩《心经颂》等	郑鲜之《神不灭论》 宗炳《明佛论》等 颜延之《庭诘二章》 罗含《更生论》 周颙《三宗论》等 慧琳《白黑论》《孝经注》 僧祐《出三藏记集》等 萧子良《三宝记》等 王琰《冥祥记》 曹思文《难范缜神灭论》 萧琛《难神灭论》等 慧皎《高僧传》等 真谛译有《摄大乘论》等

我们从上表中不难看出，当时儒、释、道三教在南、北方同时发展。但是由于整个中国文化自北向南的转移趋势，新兴的佛、道二教主要是在南方发展，而儒家主要是以经学的形式在北方发展；至于南方的儒家学者，则往往是拒道排佛的中坚力量。然而同时，三教当中也有不少学者倾向于儒、佛、道的三教融合。这就是南北朝时期中国学术的大致情景。

这种时代风尚，也同样在文学理论和文学创作中表现出来。例如李延寿曾指出："江左宫商发越，贵于清绮；河朔词义贞刚，重乎气质。气质，则理胜其词；清绮，则文过其意。理胜者，便于时用；文华者，宜于咏歌。"[1] 这就是南、北文风之异趣的一种表现。

二、南北文学理论

南北朝时期的文学理论，是直接继承魏晋时期的，表现出许多共同性的特征。但是也有一些时代特点，如主要成就是在南朝学者手中取得的、儒佛道更深度的融通、论学更加精深细密等等。第一个具有重大影响的文学团体，是南齐竟陵王萧子良的所谓"八友"：萧衍，沈约，谢朓，王融，萧琛，范云，任昉，陆倕。这些人不仅都是颇有实力的文学家，而且往往兼有儒、释、道的思想修养，取得了多方面的成就，包括文学理论方面的成就。其中在创作上成就最突出的是谢朓，而在理论上成就最突出的则是沈约。

（一）沈约

沈约（441—513）字休文，吴兴武康（今浙江德清）人。他是一个学问非常广博的人物，著有历史学著作《晋书》《宋书》、语言学著作《四声谱》，而且熟悉儒道典籍并精通佛学。

在沈的全部著述中，对中国文化产生了最大影响的就是《四声谱》，由此形成的文学上的"永明体"，对唐宋诗词格律的形成发挥了决定性的影响。"汝

---

[1]　《北史·文苑传序》。

南周颙善识声韵，约等文皆用宫商，以平上去入为四声，以此制韵，不可增减，世呼为'永明体'。"[1] 为此，沈约"撰《四声谱》，以为在昔词人累千载而不悟，而独得胸衿，穷其妙旨，自谓入神之作"[2]。然后"王融、刘绘、范云之徒……慕而扇之，由是远近文学转相祖述，而声韵之道大行"[3]。对此，沈约自己在《宋书·谢灵运传论》中说：

> 夫五色相宣，八音协畅，由乎玄黄律吕，各适物宜。若使宫羽相变，低昂互节，若前有浮声，则后须切响。一简之内，音韵尽殊；两句之中，轻重悉异。妙达此旨，始可言文。……自骚人以来，此秘未睹。至于高言妙句，音韵天成，皆暗与理合，匪由思至。……世之知音者，有以得之，知此言之非谬。如曰不然，请待来者。

这是一番充满自负的陈说，以为汉语声律是他自己的千年独得之秘。其实，声律的发现不是偶然的，而是在前人的研究成果基础上的一种推进。东汉以来，佛学"声明之学"当中的"字母"之学的传入，启发了中国的语言学者，于是促成了中国的"反切"之学、音韵之学的诞生，进而产生了诸如孙炎《尔雅音义》、李登《声类》这样的著作。当然，这并不是说沈约等人就毫无功劳。他们的功绩在于把原来那种纯粹的语音理论应用到了文学理论、文学创作当中，从而推进了中国文学。但同时我们也必须指出，他把这种音律理论绝对化了，乃至于搞成了严重束缚文学创作的"四声八病"之说，使之作为文学批评的最高标准之一，并以此来评判前人的创作，这是有失偏颇的。

在《宋书·谢灵运传论》中，沈约还涉及了"文"与"情"（"志""质"）的关系问题，并提出了一个重要的观点："气质为体"，"文以情变"；"以情纬文，以文被质"；"夫志动于中，则歌咏外发"；"英辞润金石，高义薄云天"；等等。这些观点既是对汉儒狭隘的"美刺"说教的突破，又是对孔子"文

---

[1] 《南齐书·陆厥传》。
[2] 《梁书·沈约传》。
[3] 封演：《封氏闻见记》。

质彬彬"思想的继承发扬，都是非常正确的。

（二）刘勰《文心雕龙》

刘勰（约465—约532）字彦和，东莞莒（今属山东）人。从他的身世来看，他显然是长期接受佛学熏陶的：自幼寄居寺庙，后又出家为僧。但实际上他的思想跟同时代许多人一样，乃是兼佛、道、儒的。这一点，我们从《文心雕龙》可以看得非常清楚。《文心雕龙》是此前文论的集大成之作，也是儒、道、释三家文论的集大成之作。唯其如此，这才充分奠定了此书在中国文论史上独一无二的划时代的地位。

《文心雕龙》共五十篇，被章学诚誉为"体大而虑周"，是中国文论史上第一部完整而系统的长篇文学理论巨著。全书分为上、下两编。上编论述文学的基本理论，尤其是文体论；下编主要是创作论，尤其是对文学创作的基本规律的论述非常精到。这样的鸿篇巨制显然不是我们这里所能全面介绍的，我们着重讨论以下几点：

（1）《神思》的文学想象论

《文心雕龙》继承了陆机《文赋》，更进一步深入探讨了想象（"神思"）的性质特征及其在文学创作中的作用问题。例如，他说：

> 古人云，"形在江海之上，心存魏阙之下"，神思之谓也。（给出"神思"的定义）文之思也，其神远矣。故寂然凝虑，思接千载；悄焉动容，视通万里。吟咏之间，吐纳珠玉之声；眉睫之前，卷舒风云之色。其思理之致乎！（描绘"神思"的特征）故思理为妙，神与物游。神居胸臆，而志气统其关键；物沿耳目，而辞令管其枢机。枢机方通，则物无隐貌；关键将塞，则神有遁心。（论"神思"的构成）是以陶钧文思，贵在虚静，疏瀹五藏，澡雪精神，积学以储宝，酌理以富才，研阅以穷照，驯致以怿辞。（论"神思"的培育）然后使玄解之宰，寻声律而定墨；独照之匠，窥意象而运斤。此盖驭文之首术，谋篇之大端。（从"神思"到行文谋篇）……

这番议论颇带佛道之风，但"形在江海心存魏阙"本身却是儒与道的互补。

（2）《体性》的文学风格论

这是讨论文学风格的最早的一篇专文，文中探讨了许多问题。例如论"情理"与"言辞"的关系："夫情动而言形，理发而文见，盖沿隐以至显，因内而符外者也。"这显然是汉儒诗说"情动于中而形于言"的继承发扬。再如讨论形成风格的根据：先天的"才""气"，后天的"学""习"：

> 才有庸俊，气有刚柔，学有浅深，习有雅郑，并情性所铄，陶染所凝，是以笔区云谲，文苑波诡者矣。故辞理庸俊，莫能翻其才；风趣刚柔，宁或改其气；事义浅深，未闻乖其学；体式雅郑，鲜有反其习。各师成心，其异如面。

这里所讲的"情性""学习"，都是儒家哲学的具体运用。又如关于风格的分类"八体"：

> 若总其归途，则数穷八体：一曰典雅，二曰远奥，三曰精约，四曰显附，五曰繁缛，六曰壮丽，七曰新奇，八曰轻靡。典雅者，熔式经诰，方轨儒门者也；远奥者，馥采典文，经理玄宗者也；精约者，核字省句，剖析毫厘者也；显附者，辞直义畅，切理厌心者也；繁缛者，博喻酿采，炜烨枝派者也；壮丽者，高论宏裁，卓烁异采者也；新奇者，摈古竞今，危侧趣诡者也；轻靡者，浮文弱植，缥缈附俗者也。故雅与奇反，奥与显殊，繁与约舛，壮与轻乖，文辞根叶，苑囿其中矣。

这八种、四对风格，跟儒与道的对立统一有某种程度的关联：或"方轨儒门"，或"经理玄宗"。

（3）《风骨》的文学风骨论

"风骨"是中国文学理论特有的概念，在西语中没有对应词。它本来是对人的品评术语，如沈约说："刘裕风骨不恒，盖人杰也。"[1] "风"指人的风采、风度，为虚的一面；"骨"指人的骨相、体相，为实的一面。后来被引申为文学批评术语，如魏收说："文章须自出机杼，成一家风骨。"[2]《文心雕龙》所谓"风骨"，含义比较复杂。大致而言，骨为体、风为用，骨为本、风为末，骨为内、风为外，骨为未发、风为已发，如此等等。

作者论"风骨"，一开始就以《诗经》传统为准则："《诗》总六义，《风》冠其首，斯乃化感之本源，志气之符契也。"这显然是典型的儒家哲学的思路。具体来说，"是以怊怅述情，必始乎风；沈吟铺辞，莫先于骨。"这是一种"互文"的解释，意味着：述情铺辞，都先始于风骨。"故辞之待骨，如体之树骸；情之含风，犹形之包气。"骨为辞之体，风为情之发。因此，"结言端直，则文骨成焉；意气骏爽，则文风清焉。"义以直内，是为文骨；气以发外，是为文风。这里显然接受孟子论"气"的影响。所以他接着又说："是以缀虑裁篇，务盈守气。刚健既实，辉光乃新。"养气、守气，则能刚健、笃实，而铸成文骨，而发为文风。

总之，《文心雕龙》的"风骨"论是以儒为本、博采众长的："若夫镕铸经典之范，翔集子史之术，洞晓情变，曲昭文体，然后能孚甲新意，雕画奇辞。"

（三）钟嵘《诗品》

钟嵘（约468—约518）字仲伟，颍川长社（今河南长葛）人。他的《诗品》上中下三卷，评论了122位诗人，把他们分为三"品"，试图以此干预当时的诗风。《诗品》是当时文学批评的一部杰作，成为后世"诗话"著作的先声；而《诗品序》则是诗学理论的一篇杰作，发扬光大了儒家诗学的传统。

钟嵘反对沈约等人主张的"永明体""四声八病"说，倡导自然和谐的声律。他说："古曰诗颂，皆被之金竹，故非调五音，无以谐会。……今既不被管弦，亦何取于声律耶？""但令清浊通流，口吻调利，斯为足矣。"同时，他也反对作诗用典，主张直抒胸臆，认为："吟咏情性，亦何贵于用事？""观

---

[1]　《宋书·武帝纪》。
[2]　《魏书·祖莹传》。

古今胜语，多非补假，皆由直寻。"

他继承了《毛诗序》的观点，认为："气之动物，物之感人，故摇荡性情，形诸舞咏。"他认为诗歌是吟咏性情的，所以他批评道："永嘉时，贵黄老，稍尚虚谈，于时篇什，理过其辞，淡乎寡味。爰及江表，微波尚传，孙绰、许询、桓、庾诸公诗，皆平典似《道德论》，建安风力尽矣！"他对建安诗风极为赞赏："曹公父子，笃好斯文；平原兄弟，郁为文栋；刘桢、王粲，为其羽翼；次有攀龙托凤、自致于属车者，盖将百计。彬彬之盛，大备于时矣！"

这跟他对诗歌所持的见解有关。他标举五言诗，因为："五言居文辞之要，是众作之有滋味者也。""滋味"是他的一个发明。什么叫"有滋味"？"（五言）指事造形，穷情写物，最为详切。"具体来讲：

> 故诗有三义焉：一曰兴，二曰比，三曰赋。文已尽而意有余，兴也；因物喻志，比也；直书其事，寓言写物，赋也。宏斯三义，酌而用之，干之以风力，润之以丹彩，使味之者无极，闻之者动心，是诗之至也。若专用比兴，患在意深，意深则词踬；若但用赋体，患在意浮，意浮则文散，嬉成流移，文无止泊，有芜漫之累矣。

可见"滋味"就是既要"寓言写物"，又要"因物喻志""文尽意余"，使得"味之者无极，闻之者动心"；这要靠"赋""比""兴"三种手法的综合运用。

归根到底，钟嵘服膺儒家诗学的"兴观群怨"：

> 若乃春风春鸟，秋月秋蝉，夏云暑雨，冬月祁寒，斯四候之感诸诗者也。嘉会，寄诗以亲；离群，托诗以怨。至于楚臣去境，汉妾辞宫；或骨横朔野，魂逐飞蓬；或负戈外戍，杀气雄边；塞客衣单，孀闺泪尽；或士有解佩出朝，一去忘反；女有扬蛾入宠，再盼倾国；凡斯种种，感荡心灵，非陈诗何以展其义？非长歌何以骋其情？故曰："诗可以群，可以怨。"

（四）萧统

萧统（501—531）字德施，兰陵（今江苏常州）人。他是梁武帝萧衍的长子，被立为皇太子。死后谥"昭明"，故又称"昭明太子"。他所编撰的中国历史上现存第一部诗文总集，则叫《昭明文选》。此书对后世文学发展的影响极大，以至于形成了一门专门的学问，叫作"选学"。后世还有"《文选》烂，秀才半"之说。

他所作的《文选序》，则是一篇重要的文学理论文章。此序最重要的内容，是把文学和一般的文章区别开来了，确立了文学的标准："事出于沉思，义归乎翰藻"，"综缉辞采"，"错比文华"。换句话说，一般文章、例如诸子之书是"以立意为宗"，而文学则是"以能文为本"。这就正如阮元所说：

> 昭明所选，名之曰"文"，盖必"文"而后"选"也，非文则不选也。经也，史也，子也，皆不可专名之为"文"也。故昭明《文选序》后三段特明其不选之故：必沉思翰藻，始名之为"文"，始以入选也。[1]

然而此说从积极的方面讲，代表着一种"文学的自觉"；而从消极的方面看，却带有把"文"与"意"割裂开来的形式主义的倾向。应该说，这已经偏离了儒家的文学立场。

不过，萧统基本上还是以儒学为宗的。例如在谈到他为什么不收诸子之作时，把周公、孔子、儒家跟后来各家加以严格区分：

> 若夫姬公之籍、孔父之书，与日月俱悬、鬼神争奥，孝敬之准式，人伦之师友，岂可重以芟夷、加以剪截！老庄之作、管孟之流，盖以立意为宗，不以能文为本，今之所撰，又以略诸。

又如他对诗歌的看法，基本上也还是汉儒的观点：

---

[1]　阮元：《揅经室三集》卷二。

> 诗者，盖志之所之也。情动于中，而形于言：《关雎》《麟趾》，正
> 始之道著；桑间濮上，亡国之音表。故风雅之道，粲然可观。

（五）颜之推

颜之推（531—约590以后），琅邪临沂（今属山东）人。他是北齐著名
的文学家和语言学家。所著《颜氏家训》以儒家道德观念和古今事例，劝勉子
弟志学修业、守道崇德，指出"农商工贾、厮役奴隶……皆有先达，可为师表"[1]；
同时崇信佛学，涉及一些佛教观念，例如认为"善恶之行，祸福所归，九流百
氏皆同此论，岂独释典为虚妄乎？"[2]

书中也涉及了一些文学理论问题，尤其是《文章》篇，值得我们注意。首先，
他把一切文章都归结为儒家经典的流变：

> 夫文章者，原出五经：诏命策檄，生于《书》者也；序述论议，生于《易》
> 者也；歌咏赋颂，生于《诗》者也；祭祀哀诔，生于《礼》者也；书奏箴铭，
> 生于《春秋》者也。

由此出发，他就把文章的功能概括为："敷显仁义，发明功德，牧民建国，
施用多途。"但他同时也注意到了文学的某种特有的功能："至于陶冶性灵，
从容讽谏，入其滋味，亦乐事也。""从容讽谏"当然仅属汉儒的"美刺"之
论；然而"陶冶性灵"则是在更深的层面上揭示了儒家哲学观念在文学上的体
现：这是孟子所谓"存心养性"的一种途径，以及荀子"乐论"在文学上的表
现。文学与"乐"一致，"入人深"，"感人深"，所以特别适合"陶冶性灵"。
说到底，这还是儒家的教化观念。因此，他对那种"纯文学"的观念是不以为
然的：仅仅"标举兴会，发引性灵"，结果是"使人矜伐，故忽于持操"。他
的正面主张是："文章当以理致为心肾，气调为筋骨，事义为皮肤，华丽为冠冕。"

---

[1] 《颜氏家训·勉学》。
[2] 《颜氏家训·归心》。

这也正是孔子主张的先"质"后"文"、"文质彬彬"的意思。

三、南北文学创作

（一）辞赋

鲍照（约414—466）字明远，东海（郡治今山东郯城北）人。做过临海王刘子顼的前军参军，故世称"鲍参军"。他出身贫寒，受到豪门贵族的压制，一生不得志，故其作品往往充满不平之气。而他的《芜城赋》作为骈体抒情小赋的名篇，则抒发了今昔兴亡的感慨：

> 㳅迆（mǐ yǐ）平原，南驰苍梧涨海，北走紫塞雁门。柂（tuó）以漕渠，轴以崐岗。重关复江之奥，四会五达之庄。……观基扃（jiōng）之固护，将万祀而一君。出入三代，五百余载，竟瓜剖而豆分！泽葵依井，荒葛罥（juàn）途。坛罗虺（huǐ）蜮，阶斗麇（jūn）鼯。木魅山鬼，野鼠城狐，风嗥雨啸，昏见晨趋。……直视千里外，唯见起黄埃。凝思寂听，心伤已摧！……天道如何？吞恨者多！抽琴命操，为芜城之歌。歌曰：边风急兮城上寒，井径灭兮丘陇残。千龄兮万代，共尽兮何言！

江淹（444—505）字文通，济阳考城（今河南民权）人。此人长于诗赋，尤擅抒情小赋，其中最著名的是《恨赋》《别赋》。例如其《别赋》云：

> 黯然销魂者，唯别而已矣！况秦吴兮绝国，复燕宋兮千里。或春苔兮始生，乍秋风兮暂起。是以行子断肠，百感凄恻。风萧萧而异响，云漫漫而奇色。……居人愁卧，怳若有亡。日下壁而沈彩，月上轩而飞光。见红兰之受露，望青楸之离霜。……知离梦之踯躅，意别魂之飞扬。……是以别方不定，别理千名，有别必怨，有怨必盈。使人意夺神骇，心折骨惊。……谁能摩暂离之状，写永诀之情者乎！

　　庾信（513—581）字子山，南阳新野（今属河南）人。他早年作品风格华丽，后来他被强留北方，虽然身居高位，内心却也充满矛盾，所以此时作品颇有家国之思，身世之叹。例如他的名篇《哀江南赋》，就颇有屈原的风格；"哀江南"一语，本身就出自《楚辞·招魂》中的"魂兮归来哀江南"。赋中表现了儒家的情感，如其序说：

　　　　傅燮之但悲身世，无处求生；袁安之每念王室，自然流涕。昔桓君山之志士，杜元凯之平生，并有著书，咸能自序。潘岳之文采，始述家风；陆机之词赋，先陈世德。……穷者欲达其言，劳者须歌其事。

其《小园赋》：

　　　　若夫一枝之上，巢父得安巢之所；一壶之中，壶公有容身之地。……余有数亩弊庐，寂寞人外，聊以拟伏腊，聊以避风霜。虽复晏婴近市，不求朝夕之利；潘岳面城，且适闲居之乐。……尔乃窟室徘徊，聊同凿坏。桐间露落，柳下风来。……心则历陵枯木，发则睢阳乱丝。非夏日而可畏，异秋天而可悲。……草无忘忧之意，花无长乐之心。鸟何事而逐酒？鱼何情而听琴？加以寒暑异令，乖违德性。崔骃以不乐损年，吴质以长愁养病。……风骚骚而树急，天惨惨而云低。……荆轲有寒水之悲，苏武有秋风之别。关山则风月悽怆，陇水则肝肠断绝。……

　　（二）诗歌

　　鲍照是南北朝时期最杰出的诗人之一，其诗感情深沉，风格雄健，多有儒家情怀。例如《代出自蓟北门行》：

　　　　时危见臣节，世乱识忠良。
　　　　投躯报明主，身死为国殇。

鲍照最擅长的是七言歌行，七言诗经他之手而得到了长足的发展。例如他的《拟行路难》其四：

> 写水置平地，各自东西南北流。人生亦有命，安能行叹复坐愁！
> 酌酒以自宽，举杯断绝歌路难。心非木石岂无感？吞声踯躅不敢言！

其五：

> 对案不能食，拔剑击柱长叹息！丈夫生世会几时？安能蹀躞垂羽翼！
> 弃置罢官去，还家自休息。朝出与亲辞，暮还在亲侧。
> 弄儿床前戏，看妇机中织。自古圣贤尽贫贱，何况我辈孤且直！

沈约不仅有突出的诗歌理论建树，而且有在这种理论指导下的创作实践，这就是讲求"四声八病"的所谓"永明体"。这种理论本身虽有一定的形式主义倾向，但在沈约的创作实践中并没有完全彻底地"贯彻执行"。他还是不乏形式与内容俱佳的好诗，例如《别范安成》表现了他与朋友离别之际的深厚感情：

> 生平少年日，分手易前期。及尔同衰暮，非复别离时。
> 勿言一樽酒，明日难重持。梦中不识路，何以慰相思！

谢朓（464—499）字玄晖，陈郡阳夏（今河南太康）人。其诗以写景见长，而风格清新秀丽。李白曾赞叹道："解道澄江静如练，令人长忆谢玄晖。"所说的即是他的作品《晚登三山还望京邑》，这首登山思乡之作：

> 灞涘望长安，河阳视京县。白日丽飞甍，参差皆可见。
> 余霞散成绮，澄江静如练。喧鸟覆春洲，杂英满芳甸。
> 去矣方滞淫，怀哉罢欢宴。佳期怅何许？泪下如流霰！

有情知望乡，谁能鬓不变？

何逊和阴铿也都跟谢朓一样，善于写景抒情。

何逊（？—约518）字仲言，东海郯（今山东郯城）人。他的《相送》是一首留别的小诗，颇有特色：

客心已百念，孤游重千里。
江暗雨欲来，浪白风初起。

阴铿（约511—约563）字子坚，武威姑臧（今甘肃武威）人。这里看他的一首《和傅郎岁莫（暮）还湘州》：

苍茫岁欲晚，辛苦客方行。大江静犹浪，扁舟独且征。
棠枯绛叶尽，芦冻白花轻。戍人寒不望，沙禽迥未惊。
湘波各深浅，空轸念归情。

王褒（约513—576）字子渊，琅邪临沂（今属山东）人。他原是南朝宫体诗人，到北方后诗风转变，由纤巧变质朴。如《渡河北》：

秋风吹木叶，还似洞庭波。常山临代郡，亭障绕黄河。
心悲异方乐，肠断陇头歌。薄暮临征马，失道北山阿。

庾信早年是作宫体诗的高手，晚年羁留北国，风格一变，变得苍劲沉郁。杜甫说"庾信文章老更成"就是这个意思。例如《寄王琳》：

玉关道路远，金陵信使疏。
独下千行泪，开君万里书！

又如《重别周尚书》其一：

> 阳关万里道，不见一人归。
> 唯有河边雁，秋来南向飞！

（三）散文

在南北朝的散文中，南朝的书信散文很突出，而北朝的地理游记散文很出色。书信是一种重要的散文体裁，南朝书信往往写得既富哲理，又有情采。其间最突出的是陶弘景、丘迟和吴均。

陶弘景（452—536）字通明，南朝齐、梁丹阳秣陵（今江苏南京）人。他是一个复杂的人物，大致主张三教合流。去官隐居于句曲山，自号"华阳隐居"，开创了道教的茅山宗，而成为南方道教的代表；又在其道观中建立佛道二堂，隔日礼拜，进行"佛道双修"。梁武帝虽然没能请他出山，但凡有事则派人去咨询，时称"山中宰相"，这又像是儒家的作为。其实在我看来，陶弘景乃是道教中内儒外道的典型。他的《真灵位业图》，就是将儒家等级制度引入道家教理中。

他的《答谢中书书》可谓书信散文中的佳作，信中描述江南山水之美，写得清新典雅，自然可爱：

> 山川之美，古来共谈。高峰入云，清流见底。两岸石壁，五色交辉。青林翠竹，四时俱备。晓雾将歇，猿鸟乱鸣；夕日欲颓，沈鳞竞跃。实是欲界之仙都，自康乐以来，未复有能与其奇者。

丘迟（464—508）字希范，南朝梁吴兴乌程（今浙江湖州）人。天监四年（505），梁武帝命萧宏率军北伐，作为记室的丘迟写信给敌帅陈伯之，使得对方率众归降，这就是著名的《与陈伯之书》：

> 迟顿首陈将军足下：无恙，幸甚幸甚！

　　将军勇冠三军，才为出世，弃燕雀之小志，慕鸿鹄以高翔。……寻君
去就之际，非有他故，直以不能内审诸己，外受流言，沈迷猖獗，以至于
此。……夫迷途知返，往哲是与；不远而复，先典攸高。主上屈法申恩，
吞舟是漏；将军松柏不剪，亲戚安居，高台未倾，爱妾尚在，悠悠尔心，
亦何可言！……故知霜露所均，不育异类；姬汉旧邦，无取杂种。北虏僭
盗中原，多历年所，恶积祸盈，理至燋烂。……而将军鱼游于沸鼎之中，
燕巢于飞幕之上，不亦惑乎！暮春三月，江南草长，杂花生树，群莺乱飞。
见故国之旗鼓，感平生于畴日，抚弦登陴，岂不怆悢！所以廉公之思赵将，
吴子之泣西河，人之情也，将军独无情哉！……聊布往怀，君其详之。

　　丘迟顿首。

　　信中动之以情，晓之以理，诉诸乡国之思，利害之际，确有强烈的感染力；
尤其申明北虏之害，这种属于儒家传统的夷夏之辨，对于古代士人是有极强的
说服力的。

　　吴均（469—520）字叔庠，南朝梁吴兴故鄣（今浙江安吉）人。他的文
风清峻，时人谓之"吴均体"。其《与朱元思书》描绘浙西风景，清丽如画：

　　风烟俱净，天山共色，从流飘荡，任意东西。……水皆缥碧，千丈见底；
游鱼细石，直视无碍。急湍甚箭，猛浪若奔。夹嶂高山，皆生寒树，负势
竞上，互相轩邈，争高直指，千百成峰。泉水激石，泠泠作响；好鸟相鸣，
嘤嘤成韵。……

　　北朝散文中，地理散文、游记很著名，尤其是郦道元的《水经注》和杨衒
之的《洛阳伽蓝记》。

　　郦道元（约470—527）字善长，北魏范阳涿县（今河北涿州）人。《水经》
本是汉代人所作的一部记载全国水道的地理书，写得非常简要。郦道元博览群
书，为之详注。《水经注》既是地理著作，也是写景散文的一部代表作，文笔
简洁精美，对后世游记文学有很大的影响。例如著名的《江水·三峡》：

自三峡七百里中，两岸连山，略无阙处。重岩叠嶂，隐天蔽日，自非停午夜分，不见曦月。至于夏水襄陵，沿溯阻绝，或王命急宣，有时朝发白帝，暮到江陵，其间千二百里，虽乘奔御风不以疾也。春冬之时，则素湍绿潭，回清倒影。绝巘多生怪柏，悬泉瀑布，飞漱其间，清荣峻茂，良多趣味。每至晴初霜旦，林寒涧肃，常有高猿长啸，属引凄异，空谷传响，哀转久绝。故渔者歌曰："巴东三峡巫峡长，猿鸣三声泪沾裳！"

杨衒之，北魏北平（今河北满城北）人。《洛阳伽蓝记》所记的是北魏京城洛阳的伽蓝（寺庙）的兴衰，涉及洛阳当时的社会政治、风俗习惯、人物风貌、地理沿革、传闻掌故等等，既有重要的佛学价值，也有很高的文学价值。其中对北魏统治者崇信佛教、大兴寺庙、损害百姓的做法有所讥刺，这是具有儒家思想的成分的。例如写永宁寺的豪华宏富，仅其佛塔一项：

中有九层浮图一所，架木为之，举高九十丈；上有金刹，复高十丈；合去地一千尺。去京师百里，已遥见之。初，掘基至黄泉下，得金像三十二躯，太后以为信法之征，是以营建过度也。刹上有金宝瓶，容二十五斛。宝瓶下有承露金盘一十一重，周匝皆垂金铎。复有铁锁四道，引刹向浮图四角，锁上亦有金铎。铎大小如一石瓮子。浮图有九级，角角皆悬金铎，合上下有一百三十铎。浮图有四面，面有三户六窗，户皆朱漆。扉上各有五十金铃，合有五千四百枚。复有金环铺首，殚土木之功，穷造形之巧。佛事精妙，不可思议。绣柱金铺，骇人心目。至于高风永夜，宝铎和鸣，铿锵之声，闻及十余里。

（四）小说

南北朝时，志怪小说继续发展。当时出现了志怪小说的一种专名，谓之"齐谐"，取自《庄子·逍遥游》："齐谐者，志怪者也。"刘宋时，东阳无疑著有《齐谐记》。可惜此书已佚。现在流传下来的，有吴均编的《续齐谐记》，所记的都是一些光怪陆离的事情，也有一些民间传说、时尚风俗，杂有各家思想倾向。

当时出现了另外一种新型的小说形式：笔记小说。刘义庆《世说新语》是其代表作。

刘义庆（403—444）彭城（今江苏徐州）人，刘宋宗室，袭封为临川王。《世说新语》作为笔记小说的滥觞，分为德行、言语、政事、文学等 36 门，记录了魏晋士人的放诞生活，反映了当时崇尚清谈、品评人物的风气。例如"任诞门"记刘伶的故事：

> 刘伶病酒，渴甚，从妇求酒。妇捐酒毁器，涕泣谏曰："君饮太过，非摄身之道，必宜断之！"伶曰："甚善！我不能自禁，唯当祝鬼神自誓断之耳。便可具酒肉。"妇曰："敬闻命。"供酒肉于神前，请伶祝誓。伶跪而祝曰："天生刘伶，以酒为名。一饮一斛，五斗解酲。妇人之言，慎不可听！"便引酒进肉，隗然已醉矣。

不过，刘义庆自己虽然也是以一个清谈家的笔触来写作此书的，但书中的思想倾向很复杂，既有道家玄学的倾向，也有儒家道学的因素。南朝梁刘孝标（刘峻）（463—521）为之作注，影响很大，而注者的思想倾向也是兼有儒和道的，与作者刘义庆的思想倾向基本一致。例如"德行门"记华歆、王朗的故事：

> 华歆、王朗俱乘船避难，有一人欲依附，歆辄难之。朗曰："幸尚宽，何为不可？"后贼追至，王欲舍所携人。歆曰："本所以疑，正为此耳。既已纳其自托，宁可以急相弃耶？"遂携拯如初。世以此定华、王优劣。

这则故事实际上是肯定了儒家的"仁""诚"的思想观念。又如"自新门"所记载的有名的周处的故事：

> 周处年少时，凶强侠气，为乡里所患；又义兴水中有蛟；山中有邅迹

虎，并皆暴犯百姓。义兴人谓为"三横"，而处尤剧。或说处杀虎斩蛟，实冀三横唯余其一。处即刺杀虎。又入水击蛟，蛟或浮或没，行数十里，处与之俱，经三日三夜。乡人皆谓已死，更相庆。竟杀蛟而出，闻里人相庆，始知为人情所患，有自改意。乃入吴寻二陆，平原不在，正见清河，具以情告，并云欲自修改，而年已蹉跎，终无所成。清河曰："古人贵朝闻夕死，况君前途尚可。且人患志之不立，亦何忧令名不彰邪！"处遂改励，终为忠臣孝子。

这里所宣扬的儒家道德观念就更是毫无疑问的了。

第三节　隋唐文学

一、儒学与佛学

我们以上的讨论已经或多或少地表明，儒学跟佛学之间已发生了关联。中国佛学与儒学的关系是一个复杂的，但又是我们这里所不可回避的问题。简单说来，我认为，从魏晋时期开始，佛学就跟中国本土的儒家和道家牵连上了：一方面，它向玄学靠拢；另一方面，它向儒学靠拢。这是因为，如果不这样做，佛学作为外来宗教理论就无法在中国扎下根来。

就佛教跟道教的关系来看，佛教自东汉传入中国，就开始被视为一种类似术士一类的东西。进入魏晋时期，佛教般若学跟玄学可谓如影随形，互相影响、吸取、渗透，这是众所周知的。当时的所谓"六家七宗"，多少都是一种"玄佛"。

就佛学与儒学的关系来看，它们也是互相影响的。大致而言，是不是可以这样讲：从汉到南北朝，主要是佛教吸收儒学的东西，由此而把儒学挤到了学术的边缘，儒学多多少少算是衰落了；而至于宋明，则主要是儒学吸收佛学的东西，由此而把佛学挤到了学术的边缘，佛学也就从此衰落了。

不过应该承认，佛学并未因此而变成了儒学或道学。佛学还是佛学，但是发生了一些重要的变化。它不再是印度佛学，而是中国佛学了。而佛学之成为中国佛学，正在于它吸收了道家、儒家的东西。这一点，我们在禅宗那里看得尤其清楚。

就本书的主题上着眼，下面我们将会看到，在佛教的文学理论和文学创作中确实渗透着一些儒学的东西。

二、隋唐文学理论

隋唐时期的文学，多多少少都是既跟儒学有关，也跟佛学有关的。当时的文学，或者是崇佛的，或者是排佛的，或者就是吸收了佛学的。这是中国文学史上的一种重要的文学现象，是很值得研究的。这种现象，在当时的文学理论中有所反映。

佛教的文论，皎然的《诗式》可以作为代表。

皎然本名谢清昼，是谢灵运的十世孙，自幼出家，一生居住在吴兴东溪草堂里。他是当时著名的"诗僧"，人称"江东名僧"，与颜真卿、韦应物、李阳冰、顾况等互相唱和，过从甚密。除《诗式》外，他还著有《诗议》《评论》。《诗式》五卷，分别评论诗歌的"五格"——五种诗格，亦即诗歌创作的五种等级的准则。《诗式》之"式"，就是准则的意思。第一卷除评论第一格以外，前面还有关于诗歌原理的总论，这是该书最有理论价值的部分。

我们从他的诗歌理论中，不难看出儒家思想的影响。他开篇便指明：

> 夫诗者，众妙之华实，六经之菁英，虽非圣功，妙均于圣。……自西汉以来，文体四变，将恐风雅浸泯，辄欲商较以正其原。……若君子见知，庶有益于诗教矣。

这里俨然是以儒家诗学为其宗旨的。当然，他毕竟是佛教中人，自有崇佛之处。例如他评论其祖先谢灵运的诗："康乐公早岁能文，性颖神澈；及通内典（佛典），心地更精。故所作诗，发皆造极，得非空王（佛教）之道助邪？"但接下来又说："夫文章，天下之公器，安敢私焉？曩者尝与诸公论康乐为文，真于情性，尚于作用，不顾词彩，而风流自然。"他用十九个字总括诗体，我们也可见出其中儒家的影响：高、逸、贞、忠、节、志、气、情、思、德、诫、闲、达、悲、怨、意、力、静、远。大约说来，他是兼儒、道、释的思想倾向的，所以认为：

> 若遇高手如康乐公，览而察之，但见情性，不睹文字，盖诣道之极也。向使此道尊之于儒，则冠六经之首；贵之于道，则居众妙之门；精之于释，则彻空王之奥。

隋唐文论主要是由儒家学者加以发展的，但我们也可以从中看出佛学的若干影响。

史称"隋末大儒"的王通所作的《中说》，就是典型的主张"三教合一"的。王通（584—617）字仲淹，私谥"文中子"，绛州龙门（今山西河津）人。他以儒学为宗，特别想学孔子，据说曾经仿《春秋》作《元经》；《中说》一书，也是模仿《论语》的。但他也说："三教于是乎可一矣。"[1] 不过，在文学上，他却捍卫纯粹的儒家正统思想，主张"上明三纲，下达五常"，"征存亡，辨得失"[2]，开后来"文以载道"之先声。

他的孙子、著名文学家、史称"初唐四杰"之一的王勃（650或649—676），也持正统的儒家立场，认为：

> 夫文章之道，……圣人以开物成务，君子以立言见志。……苟非可以甄明大义，矫正末流，俗化资以兴衰，家国繄其轻重，古人未尝留心也。[3]

---

[1]　《中说·问易》。
[2]　《中说·天地》。
[3]　王勃：《上吏部裴侍郎启》。

大致说来，隋唐儒家文论中最重要的论题，是"文"与"道"的关系问题。一般说来，他们主张文道合一、文以载道。唐代令狐德棻（fēn）的《王褒庚信传论》，就是这方面的一篇代表作。

令狐德棻（583—666）乃是唐初重臣，所著《周书》也是史学名著。《王褒庚信传论》在文学理论上主要是阐述了"文"为"道"服务的主张，而归宗于孔子的"文质彬彬"之说。《传论》提出："曲阜多才多艺，鉴二代以正其本；阙里性与天道，修六经以维其末。故能范围天地，纲纪人伦；穷神知化，称首于千古；经邦纬俗，藏用于百代。至矣哉，斯固圣人之述作也！""虽时运推移，质文屡变，譬犹六代并凑，易俗之用无爽；九流竞逐，一致之理同归。"

在"文"与"质"的关系上，儒家认为，如果不能"文质彬彬"，那就宁肯"质胜文"。这方面，刘知幾是很典型的代表。

刘知幾（661—721）字子玄，彭城（今江苏徐州）人。他既是伟大的历史学家，也是杰出的文学家。他虽然有"疑古""惑经"的倾向，但毕竟是儒家，只是反对神秘怪异之说，认为："怪力乱神，宣尼不语；事鬼求福，墨生所信。"[1]

自古文史相通，他的《史通》既是史学名著，也是文论名著。他说：

> 寻夫战国已前，其言皆可讽咏，非但笔削所致，良由体质素美。何以核诸？至如"鹑贲""鹨鸲"（qú yù），童竖之谣也；"山木""辅车"，时俗之谚也；"皤腹弃甲"，城者之讴也；"原田是谋"，舆人之诵也。斯皆刍词鄙句，犹能温润若此，况乎束带立朝之士，加以多闻博古之识者哉？则知时人出言，史官入记，虽有讨论润色，终不失其梗概者也。……
>
> 夫天地长久，风俗无恒，后之视今，亦犹今之视昔。而作者皆怯书今语，勇效昔言，不亦惑乎？……盖善为政者，不择人而理，故俗无精粗，咸被其化；工为史者，不选事而书，故言无美恶，尽传于后。若事皆不谬，言必近真，庶几可与古人同居，何止得其糟粕而已！

---

[1]　《史通·书事》。

这些议论，主要是针对六朝以来的轻靡艳丽的文风而发。

唐初，文学家们逐渐地意识到了这种文风之弊端，于是起而批评这种形式主义倾向，提倡关注现实、注重内容的文风。

陈子昂（659—700）在这方面是最初的旗手，他说：

> 文章道弊，五百年矣！汉魏风骨，晋宋莫传，然而文献有可征者。仆尝暇时观齐梁间诗，彩丽竞繁，而兴寄都绝，每以永叹。思古人常恐逶迤颓靡，风雅不作，以耿耿也。[1]

为扭转风气，当时有人通过选编诗歌来进行这项工作，其中最著名的就是殷璠（fán）的《河岳英灵集》和元结的《箧中集》。

殷璠的《河岳英灵集》选录了 24 人的诗歌共 228 首，加以评语。他在《序》中指出：

> 自萧氏以还，尤增矫饰；武德初，微波尚在。贞观末，标格渐高；景云中，颇通远调。开元十五年后，声律风骨始备矣。实由主上恶华好朴，去伪从真，使海内词人，翕然尊古，有周风雅，再阐今日。

元结（约 719—约 772）的《箧中集》集结了 7 人的诗歌共 27 首，《序》说："风雅不兴，几及千岁，……近世作者，更相沿袭，拘限声病，喜尚形似，且以流易为辞，不知丧于雅正。"为此，元结还提倡乐府诗。

当时兴起了一股乐府诗歌创作的热潮，谓之"新乐府"。这方面最著名的，是白居易、元稹。

白居易（772—846）在他的《与元九书》中提出了自己的诗歌理论纲领：

> 夫文，尚矣。三才各有文：天之文，三光首之；地之文，五材首之；

---

[1] 陈子昂：《与东方左史虬修竹篇序》。

人之文，"六经"首之。就六经言，《诗》又首之。何者？"圣人感人心
而天下和平"。感人心者，莫先乎情，莫始乎言，莫切乎声，莫深乎义。
诗者，根情、苗言、华声、实义。……至于梁陈间，率不过嘲风雪、弄花
草而已。……仆常痛诗道崩坏，忽忽愤发，或食辍哺、夜辍寝，不量才力，
欲扶起之。……每读书史，多求理道，始知文章合为时而著，歌诗合为事
而作。……自拾遗来，凡所适所感，关于美刺兴比者，又自武德迄元和，
因事立题，题为《新乐府》者，共一百五十首，谓之"讽喻诗"。……仆
志在兼济，行在独善，奉而始终之则为道，言而发明之则为诗。谓之讽喻诗，
兼济之志也；谓之闲适诗，独善之义也。……

当时文学界影响最大的是李、杜、元、白，而思想界影响最大的则是韩、李。
韩愈、李翱作为宋代理学的思想先驱，当时也是排佛拒道的干将。

韩愈（768—824）字退之，河南河阳（今河南孟州西）人。他曾因为谏阻
宪宗迎佛骨，被贬为潮州刺史。他自视甚高，以重建儒家"道统"自居，自谓
"抵排异端，攘斥佛老，补苴罅漏，张皇幽眇，寻坠绪之茫茫，独旁搜而远绍，
障百川而东之，回狂澜于既倒，先生之于儒，可谓有劳矣"[1]。在文学上他也
是很先锋的，反对骈体，提倡散体，与柳宗元共同发起著名的"古文运动"，
后来被列为"唐宋八大家"之首。他最大的文学成就是在散文创作上，但他的
文学理论也是影响深远的；这两者在他身上是密不可分的，是他的文学理论核
心"文以明道"的体现。《答李翊书》是他这方面的代表作，信中指出：

将蕲至于古之立言者，则无望其速成，无诱于势利，养其根而俟其实，
加其膏而希其光。根之茂者其实遂，膏之沃者其光晔，仁义之人，其言蔼
如也。……非三代两汉之书不敢观，非圣人之志不敢存。……行之乎仁
义之途，游之乎诗书之源，无迷其途，无绝其源，终吾身而已矣。

气，水也；言，浮物也。水大，而物之浮者大小毕浮。气之与言，犹

---

[1]　韩愈：《进学解》。

是也；气盛，则言之短长与声之高下者皆宜。……处心有道，行己有方，用则施诸人，舍则传诸其徒，垂诸文而为后世法。

他还说过：

夫所谓"文"者，必有诸其中，是故君子慎其实。实之美恶，其发也不揜（掩）。本深而末茂，形大而声宏，行峻而言厉，心醇而气和，昭晰者无疑，优游者有余。[1]

或问："为文宜何师？"必谨对曰："宜师古圣贤人。"曰："古圣贤人所为书俱存，辞皆不同，宜何师？"必谨对曰："师其意，不师其辞。"……若圣人之道，不用文则已；用，则必尚其能者。能者非他，能自树立、不因循者是也。[2]

韩愈一方面重"道"；另一方面也重"文"，强调"陈言务去"，"词必己出"。但实际上在"文"这个方面，他的文学创作有两种倾向：有时古朴笃实，有时却不免陷于险怪。他的两大弟子李翱和皇甫湜，各自发展了他的这样两个倾向。

李翱（772—841）字习之，陇西成纪（今甘肃静宁）人。他与其师韩愈同为理学先驱，思想倾向基本一致。不过，众所周知，他在哲学上所受佛教的影响很深，其代表作《复性书》就是儒佛糅合的产物。他也从事古文创作，"致辞浑厚，见推当时"[3]。在文论方面，强调文以明道和语言平易。他在《答朱载言书》中：

义深则意远，意远则理辩，理辩则气直，气直则辞盛，辞盛则文工。……古之人，能极于工而已，不知其词之对与否、易与难也。……文、理、义三者兼并，乃能独立于一时，而不泯灭于后代，能必传也。……吾所以不

---

[1] 韩愈：《答尉迟生书》。
[2] 韩愈：《答刘正夫书》。
[3] 《新唐书·李翱传》。

协于时而学古文者，悦古人之行也；悦古人之行者，爱古人之道也。故学其言，不可以不行其行；行其行，不可以不重其道；重其道，不可以不循其礼。

与韩愈并称"韩柳"的柳宗元，也是主张文道合一的。

柳宗元（773—819）字子厚，河东解县（今山西运城）人。他属于儒学中接近荀子一派的人物，主张天人相分。但是他又主张三教调和："浮屠诚有不可斥者，往往与《易》《论语》合"，"不与孔子异道"[1]；"余观老子，亦孔氏之异流也，不得以相抗"[2]。在文学上，他跟韩愈共同倡导古文运动，并称为"八大家"之一。在"文""道"关系上，与韩愈相比较，他更注重现实内容。他在《答韦中立论师道书》中说：

始吾幼且少，为文章以辞为工；及长，乃知文者以明道。是故不苟为炳炳烺烺，务采色、夸声音而以为能也。…… 故吾每为文章，…… 抑之欲其奥，扬之欲其明，疏之欲其通，廉之欲其节，激而发之欲其清，固而存之欲其重，此吾所以羽翼夫道也。本之《书》以求其质，本之《诗》以求其恒，本之《礼》以求其宜，本之《春秋》以求其断，本之《易》以求其动，此吾所以取道之原也。参之《穀梁氏》以厉其气，参之《孟》《荀》以畅其支，参之《庄》《老》以肆其端，参之《国语》以博其趣，参之《离骚》以致其幽，参之《太史公》以著其洁，此吾所以旁推交通而以为之文也。

又在《答吴武陵论非国语书》中指出：

仆之为文久矣，然心少之，不务也，以为是特博弈之雄耳。故在长安时，不以是取名誉，意欲施之事实，以辅时及物为道。…… 然而辅时及物之道，不可陈于今，则宜垂于后，言而不文则泥，然则文者固不可少耶？…… 夫

[1]　《送僧浩初序》。
[2]　《送元十八山人南游序》。

为一书，务富文采，不顾事实，而益之以诬怪，张之以阔诞，以炳然诱后生，而终之以僻，是犹用文锦覆陷阱也。

如果说韩愈强调文以明"道"，那么后来杜牧则强调文以表"意"。这是因为韩愈之所谓"道"乃指孔孟圣贤之道，这对于文学来说毕竟是比较狭隘的。而杜牧所谓"意"，就要宽敞得多了。

杜牧（803—约852）在《答庄充书》中指出：

凡为文，以意为主，以气为辅，以辞彩章句为之兵卫。……是以意全胜者，辞愈朴而文愈高；意不胜者，辞愈华而文愈鄙。是意能遣辞，辞不能成意。

但他并不反对文章应载孔孟之道，所以夸赞庄充的文章："实先意气而后辞句，慕古而尚仁义者。"

而李商隐（约813—约858）的思想却比杜牧的更为解放，他说：

始闻长老言"学道必求古，为文必有师法"，常悒悒不快，退自思曰：夫所谓"道"，岂古所谓周公、孔子者独能邪？盖愚与周、孔俱身之耳！以是有行道不系今古，直挥笔为文，不能攘取经史，讳忌时世。

此后儒家的文论，大约都是既注重道统也注重现实的。

三、隋唐文学创作

（一）诗歌

前人有言："文必秦汉，诗必盛唐。"在文学上，唐代是以"唐诗"著称的。然而唐诗的繁荣，乃是继承前代诗歌创作的成就而来的。唐代大诗人都非常欣赏、认真学习魏晋六朝的杰出诗篇，而这里有一个中间环节，就是隋朝的诗歌。

隋朝诗人中，成就最高的是杨素和薛道衡。

杨素（？—606）字处道，弘农华阴（今属陕西）人。他是北周的安县公，隋的楚国公、太师。其诗写得"词气宏拔，风韵秀上"[1]，乃是当时的上品。例如《赠薛播州》第十：

> 北风吹故林，秋声不可听。雁飞穷海寒，鹤唳霜皋净。
> 含豪心未传，闻音路犹夐。惟有孤城月，裴徊独临映。
> 吊影余自怜，安知我疲病！

薛道衡（540—609）字玄卿，河东汾阴（今山西万荣）人。他的诗属于清新的风格，例如《人日思归》：

> 入春才七日，离家已二年。
> 人归落雁后，思发在花前。

进入唐代，诗歌创作出现了空前繁荣的局面。唐诗的体裁大致可以分为两类，即格律诗（近体）和古体诗（包括歌行）。王绩的《野望》，便是现存最早的律诗之一。

王绩（约585—644）字无功，自号东皋子，绛州龙门（今山西河津）人。他是隋末大儒王通的弟弟，但跟他的哥哥有所不同，后来他归隐田园了。虽然如此，但他实质上仍然是一个儒者。所以，《野望》写道：

> 东皋薄暮望，徙倚欲何依？树树皆秋色，山山唯落晖。
> 牧人驱犊返，猎马带禽归。相顾无相识，长歌怀采薇！

最后一句使用了伯夷、叔齐的典故，实际上是表现了对于亡隋的感情。

---

[1]　《隋书·杨素传》。

唐初诗坛的翘楚，便是所谓"初唐四杰"：王勃、杨炯、卢照邻、骆宾王。杜甫曾作诗咏叹道："王杨卢骆当时体，轻薄为文哂未休。尔曹身与名俱灭，不废江河万古流。"他们的风格，代表着从六朝藻绘向唐代雄浑的过渡。

王勃，字子安，是隋末大儒王通的孙子。他是四杰中最富于才情的，不幸早夭。他的《送杜少府之任蜀川》是非常著名的，表现了四海一家的朋友之道：

> 城阙辅三秦，风烟望五津。与君离别意，同是宦游人。
>
> 海内存知己，天涯若比邻。无为在歧路，儿女共沾巾。

杨炯（650—？　），华阴（今属陕西）人。他是当时的神童，五言律诗的高手。其《从军行》颇负盛名，表现了从军报国的豪情壮志：

> 烽火照西京，心中自不平。牙璋辞凤阙，铁骑绕龙城。
>
> 雪暗凋旗画，风多杂鼓声。宁为百夫长，胜作一书生！

卢照邻（约636—约680）字昇之，幽州范阳（今河北涿州）人。其诗"领韵疏拔，时有一往任笔，不拘整对之意"[1]。例如托古讽今、揭露现实的《长安古意》：

> 长安大道连狭斜，青牛白马七香车。
>
> 玉辇纵横过主第，金鞭络绎向侯家。
>
> 龙衔宝盖承朝日，凤吐流苏带晚霞。……
>
> 汉代金吾千骑来，翡翠屠苏鹦鹉杯。
>
> 罗襦宝带为君解，燕歌赵舞为君开。
>
> 别有豪华称将相，转日回天不相让。
>
> 意气由来排灌夫，专权判不容萧相。……

---

[1]　胡震亨：《唐音癸签》卷五。

> 节物风光不相待，桑田碧海须臾改。
>
> 昔时金阶白玉堂，即今唯见青松在。……

骆宾王（约638—？），婺州义乌（今属浙江）人。他最擅长七言歌行。五言律诗也有佳作，例如《在狱咏蝉》，是他上书激怒武则天、被下狱之后所作：

> 西陆蝉声唱，南冠客思深。那堪玄鬓影，来对白头吟！
>
> 露重飞难进，风多响易沉。无人信高洁，谁为表予心？

武则天时有两个齐名的诗人，就是宋之问和沈佺期。律诗到了他们手里才成熟，故元稹说："沈、宋之流，研练精切，稳顺声势，谓之为'律诗'。"[1]

宋之问（约656—约712）字延清，汾州（今山西汾阳）人。《度大庾岭》是他流贬泷州途中所作：

> 度岭方辞国，停轺一望家。魂随南翥鸟，泪尽北枝花。
>
> 山雨初含霁，江云欲变霞。但令归有日，不敢恨长沙。

沈佺期（约656—713）字云卿，相州内黄（今河南内黄）人。他擅长七言律，如《独不见》：

> 卢家少妇郁金堂，海燕双栖玳瑁梁。
>
> 九月寒砧催木叶，十年征戍忆辽阳。
>
> 白狼河北音书断，丹凤城南秋夜长。
>
> 谁为含愁独不见？更教明月照流黄！

在这个时期的诗人里，陈子昂最杰出，韩愈所谓"国朝盛文章，子昂始高

---

[1]　《唐故工部员外郎杜君墓系铭并序》。

蹈"[1]。

陈子昂（661—702）字伯玉，梓州射洪（今四川省射洪县）人。其诗风格高标，意气激昂。《登幽州台歌》虽然只有短短四句，却非常著名：

> 前不见古人，后不见来者。
> 念天地之悠悠，独怆然而涕下！

他的代表作是《感遇》三十八首，如其第二首：

> 兰若生春夏，芊蔚何青青。幽独空林色，朱蕤冒紫茎。
> 迟迟白日晚，嫋嫋秋风生。岁华尽摇落，芳意竟何成！

"感遇"是当时诗人们常用的题目，例如张九龄也有《感遇》十二首。

张九龄（673 或 678—740）字子寿，韶州曲江（今广东韶关）人。他是开元时期的贤相之一，其诗"轻缣素练，实济时用"[2]。《感遇》第七就是脍炙人口的：

> 江南有丹橘，经冬犹绿林。岂伊地气暖，自有岁寒心。
> 可以荐嘉客，奈何阻重深。运命惟所遇，循环不可寻。
> 徒言树桃李，此木岂无阴？

此时又有两个齐名的诗人，谓之"王孟"，就是王维和孟浩然。

孟浩然（689—740）以字行，襄州襄阳（今湖北襄樊）人。他的《春晓》是非常著名的：

> 春眠不觉晓，处处闻啼鸟。

---

[1] 韩愈：《荐士》。
[2] 刘肃《大唐新语》载张说语。

夜来风雨声，花落知多少！

一般来说，他的诗艺术性很强，现实性较差。但是也有积极入世的作品，例如《临洞庭湖赠张丞相》：

八月湖水平，涵虚混太清。气蒸云梦泽，波撼岳阳城。

欲济无舟楫，端居耻圣明。坐观垂钓者，徒有羡鱼情。

王维（701？—761）字摩诘，籍贯太原祁州（今山西祁县）。他是一个笃信佛学禅理的人，也是一个多才多艺的人。这些都在他的诗歌里反映出来，正如苏东坡所评论的："味摩诘之画，画中有诗；味摩诘之诗，诗中有画。"[1]例如《鹿柴》就很有代表性：

空山不见人，但闻人语响。

返景入深林，复照青苔上。

他的《送元二使安西》成了当时众口传唱的流行歌曲：

渭城朝雨浥轻尘，客舍青青柳色新。

劝君更尽一杯酒，西出阳关无故人！

但他也有充满英雄气概的作品，例如《观猎》：

风劲角弓鸣，将军猎渭城。草枯鹰眼疾，雪尽马蹄轻。

忽过新丰市，还归细柳营。回看射雕处，千里暮云平。

---

[1] 苏轼：《题蓝田烟雨图》。

而《老将行》则是一首颇带儒家思想感情的诗篇：

> ……
> 一身转战三千里，一剑曾当百万师。
> 汉兵奋迅如霹雳，虏骑崩腾畏蒺藜。……
> 自从弃置便衰朽，世事蹉跎成白首。
> 昔时飞箭无全目，今日垂杨生左肘。
> 路旁时卖故侯瓜，门前学种先生柳。……
> 贺兰山下阵如云，羽檄交驰日夕闻。
> 节使三河募年少，诏书五道出将军。
> 试拂铁衣如雪色，聊持宝剑动星文。
> 愿得燕弓射大将，耻令越甲鸣吾君。
> 莫嫌旧日云中守，犹堪一战立功勋。

唐代的王之涣、王昌龄，尤其是高适和岑参，称为"边塞诗人"。

王之涣（688—742）字季凌，原籍晋阳（今山西太原）。他曾长期漫游，足迹遍及黄河南北，"歌从军，吟出塞，传乎乐章，布在人口"[1]。他的《登鹳雀楼》是非常有名的：

> 白日依山尽，黄河入海流。
> 欲穷千里目，更上一层楼。

而《凉州词》第一首更有代表性，被评论为唐人绝句的压卷之作：

> 黄河远上白云间，一片孤城万仞山。
> 羌笛何须怨杨柳？春风不度玉门关！

---

[1]　勒能：《墓志铭》。

王昌龄（？—约 756）字少伯，京兆长安（今陕西西安）人。他最擅长的是绝句，多叙写边关军旅生活，奇峻雄浑。例如《从军行》第四首：

> 青海长云暗雪山，孤城遥望玉门关。
> 黄沙百战穿金甲，不破楼兰终不还！

《出塞》第一：

> 秦时明月汉时关，万里长征人未还。
> 但使龙城飞将在，不教胡马度阴山！

这种保家卫国的英雄气概，更侧重于儒家的思想感情。

高适（约 700—765）字达夫，沧州渤海（今河北景县）人。他与岑参并称"高岑"，是边塞诗的代表人物。《燕歌行》是他的代表作：

> 汉家烟尘在东北，汉将辞家破残贼。
> 男儿本自重横行，天子非常赐颜色。
> 摐金伐鼓下榆关，旌旗逶迤碣石间。
> 校尉羽书飞瀚海，单于猎火照狼山。
> 山川萧条极边土，胡骑凭陵杂风雨。
> 战士军前半死生，美人帐下犹歌舞。
> 大漠穷秋塞草腓，孤城落日斗兵稀。
> 身当恩遇常轻敌，力尽关山未解围。
> 铁衣远戍辛勤久，玉箸应啼别离后。
> 少妇城南欲断肠，征人蓟北空回首。
> 边庭飘飖那可度，绝域苍茫无所有。
> 杀气三时作阵云，寒声一夜传刁斗。

相看白刃血纷纷，死节从来岂顾勋？

君不见沙场征战苦，至今犹忆李将军！

岑参（约715—770），江陵（今湖北荆州市荆州区）人。他有更为浓厚的儒家思想色彩，其诗"语奇体峻，意亦造奇"[1]，"迥拔孤秀，出于常情"[2]，积极乐观。《白雪歌送武判官归京》是他的代表作之一：

北风卷地白草折，胡天八月即飞雪。

忽如一夜春风来，千树万树梨花开。

散入珠帘湿罗幕，狐裘不暖锦衾薄。

将军角弓不得控，都护铁衣冷难着。

瀚海阑干百尺冰，愁云惨淡万里凝。

中军置酒饮归客，胡琴琵琶与羌笛。

纷纷暮雪下辕门，风掣红旗冻不翻。

轮台东门送君去，去时雪满天山路。

山回路转不见君，雪上空留马行处！

唐朝以诗歌著名，唐诗以"李杜"称雄，韩愈所谓"李杜文章在，光焰万丈长"[3]。李白、杜甫的作品，是世所公认的唐代诗歌的最高峰。这两个人既是朋友，却又双峰并峙，二水分流：人们常说李白是浪漫主义的，杜甫是现实主义的。他们正好非常典型地体现了"儒道互补"的关系：李白有更多的道家倾向，其风格飘逸；杜甫有更多的儒家倾向，其风格沉郁。正如严羽所说："子美不能为太白之飘逸，太白不能为子美之沉郁。"[4] 而他们各自身上，也是一种儒道互补的关系，只不过各自的主导倾向不同而已。

李白（701—762）字太白，祖籍陇西成纪（今甘肃静宁）。为人性格豪放，

---

[1] 殷璠：《河岳英灵集》。
[2] 杜确：《岑嘉州集序》。
[3] 韩愈：《调张籍》。
[4] 《沧浪诗话·诗评》。

作诗风格奔放。杜甫曾赞叹他："笔落惊风雨，诗成泣鬼神。"[1] 杜甫对他这位朋友可谓知己：

> 不见李生久，佯狂真可哀。世人皆欲杀，吾意独怜才。
> 敏捷诗千首，飘零酒一杯。匡山读书处，头白好归来。[2]

李白本来很有儒家的建功立业思想的，例如《塞下曲》第一首：

> 五月天山雪，无花只有寒。笛中闻折柳，春色未曾看。
> 晓战随金鼓，宵眠抱玉鞍。愿将腰下剑，直为斩楼兰！

他的理想，是功成身退，例如《古风》第十表现了对鲁仲连的功成不居的向往：

> 齐有倜傥生，鲁连特高妙。明月出海底，一朝开光耀。
> 却秦振英声，后世仰末照。意轻千金赠，顾向平原笑。
> 吾亦澹荡人，拂衣可同调。

然而现实情况并非他所理想的，往往令他悲愤不已，例如《宣州谢朓楼饯别校书叔云》：

> 弃我去者，昨日之日不可留；
> 乱我心者，今日之日多烦忧。
> 长风万里送秋雁，对此可以酣高楼。……
> 抽刀断水水更流，举杯消愁愁复愁。
> 人生在世不称意，明朝散发弄扁舟！

---

[1] 杜甫：《寄李十二白二十韵》。
[2] 杜甫：《不见》。

但即使在颇不得意的时候，他也没有忘却自己的宏大抱负，例如《行路难》第一首：

金樽清酒斗十千，玉盘珍羞值万钱。

停杯投箸不能食，拔剑击柱心茫然！

欲渡黄河冰塞川，将登太行雪满山。

闲来垂钓碧溪上，忽复乘舟梦日边。

行路难，行路难！多歧路，今安在？

长风破浪会有时，直挂云帆济沧海！

不过，现实到底还是令他失望的，所以就有了批判现实的作品，《蜀道难》就是这方面的一篇代表作品，表现了他对蜀地可能割据动乱的深刻担忧：

噫吁嚱，危乎高哉！蜀道之难，难于上青天！

蚕丛及鱼凫，开国何茫然！

尔来四万八千岁，不与秦塞通人烟。

西当太白有鸟道，可以横绝峨眉巅。

地崩山摧壮士死，然后天梯石栈相钩连。

上有六龙回日之高标，下有冲波逆折之回川。

黄鹤之飞尚不得过，猿猱欲度愁攀援。

青泥何盘盘，百步九折萦岩峦。

扪参历井仰胁息，以手抚膺坐长叹。

问君西游何时还？畏途巉岩不可攀。

但见悲鸟号古木，雄飞雌从绕林间。

又闻子规啼夜月，愁空山。

蜀道之难，难于上青天，使人听此凋朱颜！

连峰去天不盈尺，枯松倒挂倚绝壁。

飞湍瀑流争喧豗，砯崖转石万壑雷。

其险也如此，嗟尔远道之人胡为乎来哉？

剑阁峥嵘而崔嵬，一夫当关，万夫莫开。

所守或匪亲，化为狼与豺。

朝避猛虎，夕避长蛇，磨牙吮血，杀人如麻。

锦城虽云乐，不如早还家。

蜀道之难，难于上青天，侧身西望长咨嗟！

正是令他绝望的现实，使他产生了出世求仙的思想。这其实是一种自我麻醉、逃避现实的办法，是不得已的。于是，我们便读到了大量的诸如《将进酒》之类的诗篇：

君不见黄河之水天上来，奔流到海不复回。

君不见高堂明镜悲白发，朝如青丝暮成雪。

人生得意须尽欢，莫使金樽空对月。

天生我材必有用，千金散尽还复来。

烹羊宰牛且为乐，会须一饮三百杯。

岑夫子，丹丘生，将进酒，杯莫停！

与君歌一曲，请君为我侧耳听。

钟鼓馔玉不足贵，但愿长醉不愿醒。

古来圣贤皆寂寞，惟有饮者留其名。

陈王昔时宴平乐，斗酒十千恣欢谑。

主人何为言少钱？径须沽取对君酌。

五花马，千金裘，呼儿将出换美酒，与尔同销万古愁！

在李白的所谓"飘逸"诗篇中，《梦游天姥吟留别》极为典型：

海客谈瀛洲，烟涛微茫信难求。

越人语天姥，云霓明灭或可睹。

天姥连天向天横，势拔五岳掩赤城。

天台四万八千丈，对此欲倒东南倾。

我欲因之梦吴越，一夜飞渡镜湖月。

湖月照我影，送我至剡溪。

谢公宿处今尚在，渌水荡漾清猿啼。

脚著谢公屐，身登青云梯。

半壁见海日，空中闻天鸡。……

但他最后还是回到了现实当中：

忽魂悸以魄动，恍惊起而长嗟。

惟觉时之枕席，失向来之烟霞。

世间行乐亦如此，古来万事东流水。

别君去兮何时还，且放白鹿青崖间，须行即骑访名山。

安能摧眉折腰事权贵，使我不得开心颜！

杜甫（712—770）字子美，原籍襄阳（今湖北襄樊市）。他的诗歌被誉为"诗史"，就是因为他把个人的遭遇跟国家的治乱、帝国的安危和人民的疾苦彻底打成一片了，透过个人的切身感受，用富于情感的诗歌笔触，忠实地记录下了他所经历的那个多事的时代。历代对他的诗歌成就的评价是非常高的，例如，元稹指出，杜诗"上薄风、骚，下该沈、宋，古傍苏、李，气夺曹、刘，掩颜、谢之孤高，杂徐、庾之流丽，尽得古今之体势，而兼人人之所独专，则诗人以来，未有如子美者"[1]。应该说，这番话绝非虚夸。由于他对现实的儒家式的深切关怀，他的诗风总体上是所谓"沉郁顿挫"的风格；然而同时，他又兼有其他多种多样的风格。

[1]　元稹：《唐故工部员外郎杜君墓系铭并序》。

　　杜甫的主要思想倾向属于儒家，这跟李白形成一种鲜明的对照。他在《进雕赋表》中说："自先君恕、预以降，奉儒守官，未坠素业。"他的个人理想是："自谓颇挺出，立登要路津，致君尧舜上，再使风俗淳。"五律《春望》，可以说概括了他的基本情感：

　　　　国破山河在，城春草木深。感时花溅泪，恨别鸟惊心！
　　　　烽火连三月，家书抵万金。白头搔更短，浑欲不胜簪！

　　而五古长诗《自京赴奉先县咏怀五百字》和《北征》，比较全面地反映出了他的儒家情怀：

　　　　杜陵有布衣，老大意转拙。许身一何愚，窃比稷与契。
　　　　居然成濩落，白首甘契阔。盖棺事则已，此志常觊豁。
　　　　穷年忧黎元，叹息肠内热。……
　　　　非无江海志，潇洒送日月。
　　　　生逢尧舜君，不忍便永诀。……
　　　　君臣留欢娱，乐动殷胶葛。赐浴皆长缨，与宴非短褐。
　　　　彤庭所分帛，本自寒女出。
　　　　鞭挞其夫家，聚敛贡城阙。……
　　　　朱门酒肉臭，路有冻死骨。
　　　　荣枯咫尺异，惆怅难再述。……
　　　　老妻寄异县，十口隔风雪。谁能久不顾。庶往共饥渴。
　　　　入门闻号咷，幼子饿已卒。吾宁舍一哀，里巷犹呜咽。
　　　　所愧为人父，无食致夭折。……
　　　　默思失业徒，因念远戍卒。忧端齐终南，澒洞不可掇。[1]

---

[1]　杜甫：《自京赴奉先县咏怀五百字》。

皇帝二载秋，闰八月初吉，杜子将北征，苍茫问家室。

维时遭艰虞，朝野少暇日。

顾惭恩私被，诏许归蓬荜。……

东胡反未已，臣甫愤所切。挥涕恋行在，道途犹恍惚。

乾坤含疮痍，忧虞何时毕？靡靡逾阡陌，人烟眇萧瑟。

所遇多被伤，呻吟更流血。……

夜深经战场，寒月照白骨。潼关百万师，往者散何卒？

遂令半秦民，残害为异物。况我堕胡尘，及归尽华发。

经年至茅屋，妻子衣百结。

恸哭松声回，悲泉共幽咽。……

至尊尚蒙尘，几日休练卒？

仰观天色改，坐觉妖氛豁。……

胡命其能久？皇纲未宜绝。……[1]

　　这样的诗歌在杜甫的作品中占据了绝大部分。我们从中不难看出，杜甫完全把自己的命运跟君国人民的命运融为一体了。这是一种极为典型的儒家胸襟。尤其是他著名的"三吏""三别"，表现出了对人民的深切的同情。不过，前面说过，杜甫也跟李白一样，本身就是一种"儒道互补"的人格。所以我们也能读到《江畔独步寻花》这样的作品：

黄四娘家花满蹊，千朵万朵压枝低。

留连戏蝶时时舞，自在娇莺恰恰啼。

　　安史之乱以后的诗人当中，韦应物是比较突出的。

　　韦应物（约737—791），京兆万年（今陕西西安）人。白居易曾经评论说："近岁韦苏州歌行，清丽之外，颇近兴讽；其五言诗，又高雅闲淡，自成一家

---

[1]　杜甫：《北征》。

之体。"[1] 白居易最欣赏的一首，就是《郡斋雨中与诸文士燕集》：

> 兵卫森画戟，燕寝凝清香。海上风雨至，逍遥池阁凉。
> 烦疴近消散，嘉宾复满堂。自惭居处崇，未睹斯民康。
> 理会是非遣，性达形迹忘。鲜肥属时禁，蔬果幸见尝。
> 俯饮一杯酒，仰聆金玉章。神欢体自轻，意欲凌风翔。
> 吴中盛文史，群彦今汪洋。方知大藩地，岂曰财赋疆。

中唐时期的诗人，一代大儒韩愈的诗歌，笔力既雄健又壮阔，语言或新奇或平易，独具特色，自成一家。例如《山石》：

> 山石荦确行径微，黄昏到寺蝙蝠飞。
> 升堂坐阶新雨足，芭蕉叶大栀子肥。
> 僧言古壁佛画好，以火来照所见稀。
> 铺床拂席置羹饭，疏粝亦足饱我饥。
> 夜深静卧百虫绝，清月出岭光入扉。
> 天明独去无道路，出入高下穷烟霏。
> 山红涧碧纷烂漫，时见松枥皆十围。
> 当流赤足踏涧石，水声激激风生衣。
> 人生如此自可乐，岂必局束为人靰？
> 嗟哉吾党二三子，安得至老不更归！

正如在散文方面的成就一样，韩愈在诗歌方面也可以说"韩柳"并称。柳宗元的诗，苏东坡评论为："发纤秾于简古，寄至味于淡泊。"[2] 例如他在做柳州刺史时所作的《登柳州城楼寄漳汀封连四州刺史》，表现了愤激不平之情：

---

[1] 白居易：《与元九书》。
[2] 苏轼：《书黄子思诗集后》。

> 城上高楼接大荒，海天愁思正茫茫。
> 惊风乱飐芙蓉水，密雨斜侵薜荔墙。
> 岭树重遮千里目，江流曲似九回肠。
> 共来百越文身地，犹自音书滞一乡！

白居易的诗友刘禹锡（772—842）字梦得，洛阳（今属河南）人。他的《酬乐天扬州初逢席上见赠》是脍炙人口的：

> 巴山楚水凄凉地，二十三年弃置身。
> 怀旧空吟闻笛赋，到乡翻似烂柯人。
> 沉舟侧畔千帆过，病树前头万木春。
> 今日听君歌一曲，暂凭杯酒长精神。

但刘禹锡最著称的乃是模仿巴渝民歌而作的《竹枝词》，可谓别开生面。其诗前有引，说：

> 岁正月，余来建平（夔州），里中儿联歌竹枝，吹短笛、击鼓以赴节。歌者扬袂睢舞，以曲多为贤。聆其音，中黄钟之羽。其卒章激讦如吴声。虽伦侒不可分，而含思宛转，有淇濮之艳。昔屈原居沅湘间，其民迎神，词多鄙陋，乃为作《九歌》，到于今，荆楚鼓舞之。故余亦作《竹枝》九篇，俾善歌者飏之，附于末。后之聆巴歈，知变风之自焉。

由此可见，他是把"竹枝词"提到《诗经》"变风"的高度上来认识的。例如九首第二：

> 山桃红花满上头，蜀江春水拍山流。
> 花红易衰似郎意，水流无限似侬愁！

二首第一：

> 杨柳青青江水平，闻郎江上唱歌声。
> 东边日出西边雨，道是无晴还有晴。

此时重要的诗歌创作，还有"张王乐府"。所谓"张王"指的是张籍、王建。尤其是张籍（约768—约830），白居易誉为"张君何为者？业文三十春。尤工乐府诗，举代少其伦。……风雅比兴外，未尝著空文"[1]，王安石誉之为"看似寻常最奇崛，成如容易却艰辛"[2]。例如他的《野老歌》：

> 老翁家贫在山住，耕种山田三四亩。
> 苗疏税多不得食，输入官仓化为土。
> 岁暮锄犁倚空室，呼儿登山收橡实。
> 西江贾客珠百斛，船中养犬长食肉。

但乐府诗歌方面最著名的乃是"元白"，即元稹、白居易。"当时言诗者，称'元白'焉，自衣冠士子至间阎下俚，悉传讽之，号为'元和体'。"[3]

元稹（779—831）字微之，洛阳（今属河南）人。陈绎说："白诗祖乐府，务欲为风俗之用；元与白同志。"[4] 实际上他的乐府诗歌远不及白居易。元稹的《连昌宫词》是极为有名的，诗中揭露了安史之乱的根由，表达了对于圣君贤相的向往：

> 连昌宫中满宫竹，岁久无人森似来。
> 又有墙头千叶桃，风动落花红蔌蔌。
> 宫边老人为予泣："小年进食曾因入。

---

[1]　白居易：《读张籍古乐府》。
[2]　王安石：《题张司业诗》。
[3]　《旧唐书·元稹传》。
[4]　《唐音癸签》卷七引。

上皇正在望仙楼，太真同凭栏干立。

楼上楼前尽珠翠，炫转荧煌照天地。……

力士传呼觅念奴，念奴潜伴诸郎宿。……

春娇满眼睡红绡，掠削云鬟旋装束。……

平明大驾发行宫，万人鼓舞途路中。

百官队仗避岐薛，杨氏诸姨车斗风。

明年十月东都破，御路犹存禄山过。

驱令供顿不敢藏，万姓无声泪潜堕。……

尔后相传六皇帝，不到离宫门久闭。

往来年少说长安，玄武楼成花萼废。……

上皇偏爱临砌花，依然御榻临阶斜。……

寝殿相连端正楼，太真梳洗楼上头。

晨光未出帘影动，至今反挂珊瑚钩。

指似傍人因恸哭，却出宫门泪相续。

自从此后还闭门，夜夜狐狸上门屋。”

我闻此语心骨悲："太平谁致乱者谁？"……

"开元之末姚宋死，朝廷渐渐由妃子。

禄山宫里养作儿，虢国门前闹如市。……"

老翁此意深望幸，努力庙谟休用兵。

在唐代诗人中，白居易可谓仅次于"李杜"的诗人。王若虚曾经评论说："乐天之诗，情致曲尽，入人肝脾；随物赋形，所在充满，殆与元气相侔。至长韵大篇，动数百千言，而顺适惬当，句句如一，无争张牵强之态。"[1] 而他为诗的根基，正是儒者的情怀。此所谓"长韵大篇"，如著名的《长恨歌》《琵琶行》。但他自己最看重的，却是"新乐府"，其基调可以说就是儒家的民本思想，而化为对于老百姓的同情，再化为诗的语言。例如人们所熟悉的《卖

---

[1]　《滹南诗话》卷一。

炭翁》：

> 卖炭翁，伐薪烧炭南山中。
>
> 满面尘灰烟火色，两鬓苍苍十指黑。
>
> 卖炭得钱何所营？身上衣裳口中食。
>
> 可怜身上衣正单，心忧炭贱愿天寒。
>
> 夜来城外一尺雪，晓驾炭车碾冰辙。
>
> 牛困人饥日已高，市南门外泥中歇。
>
> 翩翩两骑来是谁？黄衣使者白衫儿。
>
> 手把文书口称敕，回车叱牛牵向北。
>
> 一车炭，千余斤，宫使驱将惜不得。
>
> 半匹红纱一丈绫，系向牛头充炭值！

其实，这种内容也在他的其他体裁作品中表现出来，例如《轻肥》：

> 意气骄满路，鞍马光照尘。借问何为者？人称是内臣。
>
> 朱绂皆大夫，紫绶或将军。夸赴军中宴，走马去如云。
>
> 罇罍溢九酝，水陆罗八珍。果擘洞庭橘，脍切天池鳞。
>
> 食饱心自若，酒酣气益振。是岁江南旱，衢州人食人！

李贺（790—816）字长吉，福昌（今河南宜阳）人。他可谓唐代诗人中最为奇特的人物，为人性情孤僻，为诗恢奇谲怪。但他的名篇《雁门太守行》也表现了儒者的祈愿：

> 黑云压城城欲摧，甲光向日金鳞开。
>
> 角声满天秋色里，塞上燕脂凝夜紫。
>
> 半卷红旗临易水，霜重鼓寒声不起。
>
> 报君黄金台上意，提携玉龙为君死。

　　盛唐时有"大李杜"，晚唐又有"小李杜"，后者即杜牧和李商隐。刘熙载评论道："杜樊川诗雄姿英发，李樊南诗深情绵邈。"[1]

　　杜牧（803—853），字牧之，京兆万年（今陕西西安）人。李商隐曾经赠诗说："刻意伤春复伤别，人间惟有杜司勋。"[2] 其实杜牧写得最好的乃是关于历史题材的绝句。例如《赤壁》：

　　　　折戟沉沙铁未销，自将磨洗认前朝。
　　　　东风不与周郎便，铜雀春深锁二乔。

再如《过华清宫》第一首：

　　　　长安回望绣成堆，山顶千门次第开。
　　　　一骑红尘妃子笑，无人知是荔枝来。

又如《泊秦淮》：

　　　　烟笼寒水月笼沙，夜泊秦淮近酒家。
　　　　商女不知亡国恨，隔江犹唱《后庭花》。

　　李商隐（约812—约858）字义山，怀州河内（今河南沁阳）人。他最擅长的乃是爱情诗和咏史诗。前者如著名的《夜雨寄北》，是写给他的妻子的：

　　　　君问归期未有期，巴山夜雨涨秋池。
　　　　何当共剪西窗烛，却话巴山夜雨时。

---

[1]　刘熙载：《艺概》卷二。
[2]　李商隐：《杜司勋》

后者如《贾生》：

> 宣室求贤访逐臣，贾生才调更无伦。
> 可怜夜半虚前席，不问苍生问鬼神！

他有许多涉及爱情的诗歌，题为《无题》。例如：

> 锦瑟无端五十弦，一弦一柱思华年。
> 庄生晓梦迷蝴蝶，望帝春心托杜鹃。
> 沧海月明珠有泪，蓝田日暖玉生烟。
> 此情可待成追忆，只是当时已惘然。

细检全部唐诗，我们不难看出，它们的思想感情跟唐代的文化意识基本上是一致的，大约是儒、道、释三教交织，或者儒、道互补，而骨子里却依然是以儒家文化为根底的，类似孟子所谓"达则兼济天下，穷则独善其身"。这就是唐代诗人的人格构成。

（二）散文

唐初，有两位散文家是很突出的，那就是王勃和骆宾王。

王勃的代表作是著名的骈文《滕王阁序》[1]，记录了当时在洪州（今江西省南昌市）滕王阁举行的一次盛大宴会。文章基于仕人之意，儒者之情，羁旅之怀，不遇之慨，对仗工稳而流畅，辞采绚丽而自然，意境开阔，气势雄浑。序中写道：

> 豫章故郡，洪都新府；星分翼轸，地接衡庐。襟三江而带五湖，控蛮荆而引瓯越。物华天宝，龙光射牛斗之墟；人杰地灵，徐孺下陈蕃之榻。……

---

[1]　此处所谓"散文"是广义的，即包括了骈文在内。而在古人，"骈"与"散"是对立的。

十旬休假，胜友如云；千里逢迎，高朋满座。……

时维九月，序属三秋；潦水尽而寒潭清，烟光凝而暮山紫。……层台
耸翠，上出重霄；飞阁翔丹，下临无地。……山原旷其盈视，川泽纡其骇瞩。
闾阎扑地，钟鸣鼎食之家；舸舰迷津，青雀黄龙之轴。云销雨霁，彩彻区明。
落霞与孤鹜齐飞，秋水共长天一色。渔舟唱晚，响穷彭蠡之滨；雁阵惊寒，
声断衡阳之浦。

遥襟甫畅，逸兴遄飞。爽籁发而清风生，纤歌凝而白云过。……天高
地迥，觉宇宙之无穷；兴尽悲来，识盈虚之有数。望长安于日下，目吴会
于云间。……关山难越，谁悲失路之人；萍水相逢，尽是他乡之客。怀帝
阍而不见，奉宣室以何年。嗟乎！时运不齐，命途多舛；冯唐易老，李广
难封。屈贾谊于长沙，非无圣主；窜梁鸿于海曲，岂乏明时。所赖君子见
机，达人知命。老当益壮，宁移白首之心；穷且益坚，不坠青云之志。……
孟尝高洁，空余报国之情；阮籍猖狂，岂效穷途之哭。

勃，三尺微命，一介书生。无路请缨，等终军之弱冠；有怀投笔，爱
宗悫之长风。……杨意不逢，抚凌云而自惜；钟期相遇，奏流水以何惭。
呜呼！胜地不常，盛筵难再；兰亭已矣，梓泽丘墟。临别赠言，幸承恩于
伟饯；登高作赋，是所望于群公。……

骆宾王的《代李敬业传檄天下文》乃是初唐散文的名篇。当时李敬业起兵
反对武则天，骆宾王作为艺文令，为之撰此檄文。据说武则天初读时"但嘻笑。
至'一抔之土未干，六尺之孤安在？'蹙然曰：'谁为之？'或以宾王对。后曰：'宰
相安得失此人！'"[1]可见此文之震撼力。文中基本上是以儒家君臣之义为根据，
斥责武则天罪行，呼吁各方响应，由于作者文才高、笔力健，"事昭而理辨，
气盛而词断"[2]，一时广为传诵。檄文写道：

伪临朝武氏者，人非温顺，地实寒微。昔充太宗下陈，尝以更衣入侍。

---

[1] 《新唐书·骆宾王传》。
[2] 《文心雕龙·檄移》。

泊乎晚节,秽乱春宫。密隐先帝之私,阴图后庭之嬖。入门见嫉,蛾眉不
肯让人;掩袖工谗,狐媚偏能惑主。践元后于翚(huī)翟,陷吾君于聚
麀(yōu)。加以虺蜴为心,豺狼成性,近狎邪僻,残害忠良,杀姊屠兄,
弑君鸩母。神人之所共疾,天地之所不容!犹复包藏祸心,窥窃神器。君
之爱子,幽之于别宫;贼之宗盟,委之以重任。呜呼!霍子孟之不作,朱
虚侯之已亡。燕啄皇孙,知汉祚之将尽;龙漦(lí)帝后,识夏庭之遽衰。

敬业皇唐旧臣,公侯冢子。奉先君之成业,荷本朝之厚恩。宋微子之
兴悲,良有以也;桓君山之流涕,岂徒然哉!是用气愤风云,志安社稷。
因天下之失望,顺宇内之推心,爰举义旗,誓清妖孽。……

公等或家传汉爵,或地协周亲,或膺重寄于爪牙,或受顾命于宣室。
言犹在耳,忠岂忘心?一抔之土未干,六尺之孤安在!……请看今日之域
中,竟是谁家之天下。移檄州郡,咸使知闻。

在散文方面,我们首先想到的自然是所谓"唐宋八大家"。这八家里,唐
代占据了两家,就是韩愈和柳宗元。

韩愈作为古文运动的旗手,其散文是卓然名家的。我们这里且以《原道》
为例,这不仅是因为此文结构谨严,气势磅礴,最能体现韩文特色;而且因为
它同时是韩愈的儒家"道统"思想的集中表述:

博爱之谓仁,行而宜之之谓义,由是而之焉之谓道,足乎己,无待于
外之谓德。仁与义为定名,道与德为虚位。故道有君子小人,而德有凶有
吉。老子之小仁义,非毁之也,其见者小也。坐井而观天,曰天小者,非
天小也。……其所谓道,道其所道,非吾所谓道也;其所谓德,德其所德,
非吾所谓德也。凡吾所谓道德云者,合仁与义言之也,天下之公言也;老
子之所谓道德云者,去仁与义言之也,一人之私言也。

周道衰,孔子没,火于秦,黄老于汉,佛于晋、魏、梁、隋之间,其
言道德仁义者,不入于杨,则入于墨,不入于老,则入于佛。……噫!后
之人其欲闻仁义道德之说,孰从而听之!

　…………

　　夫所谓先王之教者，何也？……其文，《诗》《书》《易》《春秋》；
其法，礼、乐、刑、政；其民，士、农、工、贾；其位，君臣、父子、师友、
宾主、昆弟、夫妇；其服，丝、麻；其居，宫、室；其食，粟米、果蔬、
鱼肉。其为道易明，而其为教易行也。……曰："斯道也，何道也？"曰：
"斯吾所谓道也，非向所谓老与佛之道也。"尧以是传之舜，舜以是传之禹，
禹以是传之汤，汤以是传之文武周公，文武周公传之孔子，孔子传之孟轲，
轲之死，不得其传焉。……

　　然则如之何而可也？曰："不塞不流，不止不行。人其人，火其书，
庐其居；明先王之道以道之，鳏寡孤独废疾者有养也。其亦庶乎其可也！"

　　柳宗元与韩愈一起提倡"古文"，其散文创作取得了多方面的成就。刘禹
锡评论道：柳文"雄深雅健，似司马子长"[1]。韩愈评论：其史论政论，笔锋犀利，
"议论证据古今，出入经史百子，踔迈风发"；其山水游记，寄托深远，"务记览，
为词章，泛滥停蓄，为深博无涯矣"。[2]

　　其政论文的代表作《封建论》，论述了建立封建制[3]的历史依据、郡县制
的必然趋势，力图探索历史规律，视野开阔，立论新颖，见解卓越。

　　天地果无初乎？吾不得而知之也。生人果有初乎？吾不得而知之也。
然则孰为近？曰：有初为近。孰明之？由封建而明之也。彼封建者，更古
圣王尧、舜、禹、汤、文、武而莫能去之，盖非不欲去之也，势不可也。
势之来，其生人之初乎？不初，无以有封建。封建，非圣人意也。

　　彼其初，与万物皆生，草木榛榛，鹿豕狉狉，人不能搏噬，而且无毛羽，
莫克自奉自卫。荀卿有言：必将假物以为用者也。夫假物者必争，争而不已，
必就其能断曲直者而听命焉。其智而明者，所伏必众；告之以直而不改，

----

[1] 刘禹锡：《唐故尚书礼部员外郎柳君集纪》。
[2] 韩愈：《柳子厚墓志铭》。
[3] 此"封建"指先秦的封侯建国制度。

必痛之而后畏，由是君长刑政生焉。故近者聚而为群；群之分，其争必大，大而后有兵有德。又有大者，众群之长又就而听命焉，以安其属，于是有诸侯之列。则其争又有大者焉，德又大者，诸侯之列又就而听命焉，以安其封，于是有方伯连帅之类。则其争又有大者焉，德又大者，方伯连帅之类又就而听命焉，以安其人，然后天下会于一。……故封建非圣人意也，势也。……

从柳宗元的文章，我们可以看出他大约是属于儒家荀子一派的，这跟韩愈颇不相同。

最能跟韩愈志同道合者，莫过于李翱。

李翱是韩愈的学生，二人同为宋代理学的思想先驱。其文擅长说理，不事雕琢。苏洵评论说："惟李翱之文，其味黯然而长，其光油然而幽。"[1] 例如其短文《题燕太子丹传后》，说理精辟，行文从容，堪称精品：

荆轲感燕丹之义，函匕首入秦劫始皇，将以存燕、宽诸侯。事虽不成，然亦壮士也。惜其智谋不足以知变识机。始皇之道，异于齐桓：曹沫功成，荆轲杀身，其所遭者然也。及欲促槛车驾秦王以如燕，童子妇人且明其不能，而轲行之，其弗就也非不幸。燕丹之心，苟可以报秦，虽举燕国犹不能顾，况美人哉！轲不晓而当之，陋矣！

（三）传奇

在唐代文学中，传奇小说渐成大宗。这些作品在反映现实的同时，也表现了当时的以儒为本、三教并重的思想文化倾向。例如李朝威（约766—820）的《柳毅传》，通过柳毅解救龙女的侠义故事，表现了儒家的思想倾向；而最后写他们终于成仙，则表现出道教的思想意趣。一般来说，行侠仗义、济世救人，属于儒家思想在俗文化层面的一种表现。比如杜光庭（850—933）的《虬髯客

---

[1]　苏洵：《上欧阳内翰书》。

传》所记虬髯客的侠义行为，就属于这一类。又如白居易的弟弟白行简（776—826）的《李娃传》，写了郑生和妓女李娃悲欢离合的爱情故事，尤其最后夫荣子贵的大团圆结局，也基本上属于儒家思想的范畴。然而同时，它也表现了对封建伦理和门阀制度的反感。

（四）唐五代词

人们素有"唐诗宋词"之说，其实"词"这种体裁是在唐、五代时期形成的。有两首题名为李白所作的，可能属于最早的作品。一是《菩萨蛮》：

> 平林漠漠烟如织，寒山一带伤心碧。暝色入高楼，有人楼上愁。
> 玉梯空伫立，宿鸟归飞急。何处是归程？长亭更短亭！

二是《忆秦娥》：

> 箫声咽，秦娥梦断秦楼月。秦楼月，年年柳色，霸陵伤别。
> 乐游原上清秋节，咸阳古道音尘绝。音尘绝，西风残照，汉家陵阙。

后者怀古伤今，颇有寄寓，王国维评价："太白纯以气象胜，'西风残照，汉家陵阙'，寥寥八字，遂关千古登临之口。"[1]

现存可靠的词，也是出现于唐代的，例如张志和的五首《渔歌子》。

张志和（约730—约810）字子同，婺州金华（今浙江省金华县）人，唐肃宗时待诏翰林，又授左金吾卫录事参军。最后放浪江湖，自称"烟波钓徒"。他的《渔歌子》表现的正是这种道隐之情，例如：

> 西塞山前白鹭飞，桃花流水鳜鱼肥。青箬笠，绿蓑衣，斜风细雨不须归！

---

[1] 王国维：《人间词话》卷上。

著名诗人白居易也有词二十多首，最有名的是三首《忆江南》，如：

> 江南好，风景旧曾谙。日出江花红胜火，春来江水绿如蓝。能不忆江南！

晚唐词人中最著名的是"温韦"：温庭筠，韦庄。二人是所谓"花间派"的代表人物，多写妇女的感情。

温庭筠（？—866）字飞卿，太原（今山西太原）人。他善于细腻地表现妇女的感受，辞采绮艳。而其《梦江南》则是一首比较清丽的作品：

> 梳洗罢，独倚望江楼。过尽千帆皆不是，斜晖脉脉水悠悠。肠断白蘋洲！

韦庄（约836—910）字端己，长安杜陵（今陕西西安）人。他的词写得比较清新，如《菩萨蛮》：

> 人人尽说江南好，游人只合江南老。春水碧于天，画船听雨眠。
> 炉边人似月，皓腕凝霜雪。未老莫还乡，还乡须断肠！

在唐五代词人中，李煜的词是最杰出的。

李煜（937—978）字重光，南唐后主。作为一个君主，他是极为平庸的，然而却有很高的艺术才能。尤其他在失国为囚之后，词风为之一变，伤感沉痛之情，出以鲜明洗练之笔。如著名的《虞美人》：

> 春花秋月何时了？往事知多少！小楼昨夜又东风，故国不堪回首月明中。
> 雕阑玉砌应犹在，只是朱颜改。问君能有几多愁？恰似一江春水向东流！

但总的说来，唐五代词的精神境界是不够高的。

第四章　理学时代的儒家文学

第四章　理学时代的儒家文学

　　理学被看作是儒学的一次伟大复兴，此所谓"复兴"应该是从它的内在哲理的意义上来讲的，而不是从它的外在地位上来讲的，因为自从汉代独尊儒术以来，儒学的官方统治地位从来就没有受到过真正严峻的挑战，它在士大夫心目中的正统权威地位也并没有遭到过真正彻底的动摇。但儒学的思想创造力确实是日渐丧失了，它成了某种僵化的"经学"，在思想界确实丧失了某种权威。这种"思想的挑战"先是来自玄学的道家倾向，后又来自佛学。儒学陷入了"思想的危机"，这是不争的事实。但儒学本身是具有非凡的应变力的，并因此而具有强大的生命力，它能在一次次的危机中，通过自我批判而自我超越，从而获得新的生机。这主要是因为儒学具有一种超常的容受力，它能汲取"异端"的东西而为我所用：原典儒家汲取了诸子的东西；宋明儒家汲取了佛、道的东西；现代儒家汲取了西方的东西。由汲取佛、道而克服危机、重现生机，这就是宋明理学作为"新儒学"的工作。

　　所谓"理学"，可以在三个层次上理解：最狭义的理学是"程朱理学"；其次还应包括"陆王心学"；最广义的理学则涵盖所有的宋明儒学，包括荆公新学、蜀学，乃至所谓"功利主义"学派的儒学。它们的共通之点在于：都是儒学，都求由汲取而应变，也都讲"理"。有学者把理学概括为四阶段：其一，"奠基期，濂学、关学、新学（王安石）、蜀学（苏氏兄弟）以及邵雍的象数学等家并立，而以二程洛学为主体"；其二，"发展期，由二程洛学到朱熹闽学，洛闽合一，形成程朱理学，此为宋明理学的主体"；其三，"演化期，主要是陆王心学的形成及其发展，此为宋明理学的又一主要流派"；其四，"衰落期，由王阳明心学的衰落而导致理学的分化与终结。以顾、黄、王三大家为代表的实学，形成为学术思潮的主流"。[1] 我们这里所要讨论的，就是这样广义的"理学"。

第一节　宋元儒学与文学

一、宋元儒学与理学

理学是从唐代韩愈、李翱那里发轫的，到宋代形成了一股强大的思想文化潮流。这股潮流从宋初就涌起了，我们首先不应该忘记的就是：范仲淹、欧阳修、李觏、王安石、司马光、苏轼、苏辙，以及邢昺、孙奭、刘敞等人。他们本身在儒学的学理上并无多大的建树，但却在佛、道二家的夹击中造就了一种极有利于儒家话语的强大的舆论环境。儒学的复兴是有赖于这种话语氛围的。

真正为儒学的复兴开辟道路的，乃是所谓"宋初三先生"：胡瑗、孙复、石介。此三人是公认的宋代理学思想的直接先驱，黄震曾说：

> 宋兴八十年，安定胡先生、泰山孙先生、徂徕石先生始以师道明正学，继而濂、洛兴矣。故本朝理学虽至伊洛而精，实自三先生而始。故晦庵有"伊川不敢忘三先生"之语。[2]

不过，他们的主要工作只是"以师道明正学"，即通过授徒讲学，提倡"以仁义礼乐为学"；而在思想理论上，他们仍谈不上多少实质性的建树。

继之便是宋代理学的"正宗"：所谓"濂关洛闽"。其中濂（周敦颐）、关（张载）、洛（程颢、程颐）为北宋人，加上邵雍，称为"北宋五子"，乃是北宋理学的中坚台柱。

---

[1]　谢祥皓、刘宗贤：《中国儒学》，第488页，四川人民出版社，1998年。
[2]　《宋元学案·泰山学案》。

"濂学"乃是"濂溪学派"的省称，因其代表人物周敦颐居于道州营道（今湖南道县）濂溪而得名。该派的创始人周敦颐（1017—1073）字茂叔，道州营道人。他在庐山莲花峰下一小溪旁筑书堂而居，并以故乡"濂溪"命名该溪，故后世称之为"濂溪先生"。他把道士陈抟的《无极图》改造为《太极图》，由此提出了自己的一套宇宙论。他的哲学以儒家经典《周易》《中庸》《孟子》以及韩愈《原道》为本，汲取佛教、道家，尤其道教的一些思想因素，大致以"诚"为本，以"静"为根，代表作是《太极图说》《通书》。虽然程颢、程颐兄弟曾经就学于他，但是该派在当时的实际影响并不是太大，二程曾将它跟邵雍的象数派相提并论；但到了南宋的张栻、朱熹那里，该派便被奉为理学的开山。濂学对后来理学的最根本的影响，在于确立了儒家思孟学派的正宗地位，从而突出了《中庸》《大学》在儒家经典中的核心价值，这实际上已经埋下了后来理学、心学对立互补的伏笔。

与周敦颐同时、同样对理学有重大影响的还有邵雍。

邵雍（1011—1077）字尧夫，共城（今河南辉县）人。他根据《易传》八卦理论、孟子心性论以及道家宇宙论，创立了理学的"先天象数"学派。

"关学"是指以张载为代表的学派，因张载在关中（古函谷关以西）讲学得名；又称"横渠学派"，因张载号"横渠先生"。

张载（1020—1077）字子厚，凤翔郿县（今陕西眉县）横渠镇人。著有《易说》《正蒙》《经学理窟》。今人经常称其哲学为所谓"气本论"，因为他的存在论是讲"太虚无形，气之本体"[1]，其实这种说法对于张载的哲学来说，完全不得要领，无法解释其对理学的巨大影响。其实他的哲学是本于《周易》的，就此而言，他是跟周敦颐一致的。他真正的儒家哲学纲领是《西铭》，提出了一个"民胞物与"、亲善和谐的"宗法大家庭"宇宙观，这与二程所讲的"天地万物一体之仁"是吻合的，难怪二程对他欣赏有加。

"洛学"[2]指的是以程颢、程颐兄弟为代表的学派，因他二人是洛阳人，

---

[1]　《正蒙·太和》。
[2]　清代汤斌著《洛学编》，上至于汉代杜子春、郑兴、郑重、服虔等人，中经唐代韩愈、宋穆，下至于元代许衡等人，基本上以地域为界（"中州"河南），已是名不副实。

故名。他二人思想虽然大体上一致，但实际上还是有所不同的：

哥哥程颢（1032—1085）字伯醇，人称"明道先生"，其学派称"明道学派"，其实具有心学的色彩，认为"己便是尺度，尺度便是己"[1]。

弟弟程颐（1033—1107）字正叔，人称伊川先生，其学派称"伊川学派"，乃是"理学"的正宗，讲"天下只有一个理"[2]。

虽然理学各派也都讲"理"，但是"理学"之得名主要是因为二程，正如程颢所称："吾学虽有所受，'天理'二字却是自家体贴出来。"[3]整个理学所讲，简而言之就是讲一个"理"，说细一点，也不过是"天理良心"而已，由此可见二程思想之于理学，具有何等的意义。

"闽学"指以朱熹为代表的学派，因朱熹讲学于福建路（"闽"）建阳而得名；其讲学地址名为考亭，故又称"考亭学派"。

朱熹（1130—1200）字元晦，号晦庵，徽州婺源（今属江西）人。"博极群书，自经史著述而外，凡夫诸子、佛、老、天文、地理之学，无不涉猎而讲究也。"[4]著述宏富，诸如《四书章句集注》《周易本义》《诗集传》《楚辞集注》等。后人所编《朱子语类》最集中全面地体现了他的哲学思想。他是二程的四传弟子，却能融会贯通各家学说，成为宋代理学的集大成者。不过，他到底还是以二程"天理"之说为其根本的，所以成就了"程朱理学"，影响及于清代，乃至海外。

谈到宋代理学，还应说一说陆九渊的心学。抚州金溪（今属江西）的陆氏三兄弟（九韶、九龄、九渊）的学术号称"三陆子之学"。其中最杰出的是陆九渊。

陆九渊（1139—1193）字子静，是理学中的心学派的创始人。他最服膺孟子所说的"先立乎其大者"之说，亦即以"心"为本，认为"宇宙便是吾心，吾心即是宇宙"[5]。这跟以"理"为本的程朱理学是相对立的，所以他和朱熹展开了辩论。但实际上朱、陆之间的关键分歧不在这里，他们本质上是相通的；

[1]　《遗书》卷十五。
[2]　《遗书》卷二。
[3]　《外书》卷十二。
[4]　《宋元学案·晦庵学案》。
[5]　《象山先生全集·杂说》。

他们之间的根本区别，在于修养的途径不同：先"道问学"还是先"尊德性"，亦即先"格致"后"诚正"，还是先"诚正"后"格致"。他们之间的一次著名的辩论，史称"鹅湖之会"。陆九渊赋诗云：

> 墟墓兴哀宗庙钦，斯人千古不磨心。
> 涓流积至沧溟水，拳石崇成泰华岑。
> 易简工夫终久大，支离事业竟浮沉。
> 欲知自下升高处，真伪先须辨只今。[1]

此诗的文学价值不大，但却极富思想意义：他认为朱熹以"格物穷理"为先乃是"支离"，而他自己主张的"心即是理"才是"易简"的。

宋代理学在元代通过姚枢、赵复、许衡等人传播到北方，基本上是程朱理学的天下。这种局面直到明代王阳明心学崛起，才得以改观。尤其是赵复、许衡、刘因、吴澄等人，他们的努力确立了程朱理学作为官方学术的统治地位。但是在理学的哲理上，他们的独创思想是很有限的。

宋元两代儒学的复兴，在文学上得到了充分的反映。

二、宋元儒学与文学理论

宋代文论是与理学相表里的，主流是以文载道的思想倾向。换句话说，随着儒学的复兴，儒家文论也再度活跃起来。唐代，韩、柳领导的古文运动并未得到广泛的响应，直到五代，依然是骈文丽藻为主流。这种状况到宋初才开始改观，古文运动再次兴起，其前驱便是柳开。范仲淹说过："五代文体薄弱，皇朝柳仲涂（途）起而麾之。"[2]

柳开（947—1000）字仲涂，大名（今属河北）人。他原名"绍元"，意思是要继承柳宗元；后改名为"开"，字"涂"，自称"将开古圣贤之道于时也，

---

[1]　陆九渊：《鹅湖和教授兄韵》。
[2]　范仲淹：《尹师鲁集序》。

将开今人之耳目，使聪且明也，必欲开之，为其途矣"[1]。《应责》是他在文论方面的代表作，其中心是："吾之道，孔子、孟轲、扬雄、韩愈之道；吾之文，孔子、孟轲、扬雄、韩愈之文也。"这就是文以载道之文，亦即"古文"。他解释说："古文者，非在辞涩言苦，使人按捺不住读诵之；在于古其理，高其意，随言短长，应变作制，同古人行事，是谓古文也。"

宋初古文运动的另一位先驱则是王禹偁。

王禹偁（954—1001）字元之，济州巨野（今属山东）人。他能继承韩柳的精神，又能避免韩愈、柳开的艰涩奇怪之病，在理论和实践上都较为成功。《答张扶书》是他的文论代表作，说：

> 夫文，传道而明心也。古圣人不得已而为之也。且人能一乎心至乎道，修身则无咎，事君则有立。及其无位也，惧乎心之所有不得明乎外，道之所蓄不得传乎后，于是乎有言焉；又惧乎言之易泯也，于是乎有文焉。……今子年少志专，雅识古道，又其文不背经旨，甚可嘉也。如能远师六经，近师吏部（韩愈），使句之易道，义之易晓，又辅之以学，助之以气，吾将见子以文显于时也。

但是柳、王二人的呼吁并未直接见到太大的实际效果，相反，文坛以杨亿（974—1020）等人的"西昆体"占据了上风。如欧阳修所说："是时天下学者，杨、刘之作，号为时文，能者取科第，擅名声，以夸荣当世，未尝有道韩文者。"[2]直到石介等人出来，才逐渐把局面改变过来。

石介（1005—1045）字守道，兖州奉符（今山东泰安）人。他是儒学"宋初三先生"之一，人称徂徕先生。针对杨亿等人，石介作《怪说》三篇进行了批评：

> 昔杨翰林欲以文章为宗于天下，忧天下未尽信己之道，于是盲天下人

---

[1] 柳开：《补亡先生传》，见《河东集》卷二。
[2] 欧阳修：《记旧本韩文后》。

目，聋天下人耳。使天下人目盲，不见有周公、孔子、孟轲、扬雄、文中子、吏部之道；使天下人耳聋，不闻有周公、孔子、孟轲、扬雄、文中子、韩吏部之道。…… 使天下不为《书》之《典》《谟》《禹贡》《洪范》，《诗》之雅、颂，《春秋》之经，《易》之繇、爻、十翼，而为杨亿之穷妍极态，缀风月，弄花草，淫巧侈丽，浮华纂组。其为怪大矣！

真正在理论和实践两方面都做出了较大成绩的是欧阳修。

欧阳修（1007—1072）字永叔，号六一居士，吉州吉水（今属江西）人。在理论上，他继承和发展了韩愈的文论。在《答吴充秀才书》里，他说：

> 盖文之为言，难工而可喜，易悦而自足。世之学者，往往溺之。一有工焉，则曰："吾学足矣！"甚者，至弃百事不关于心，曰："吾文士也，职于文而已。"…… 圣人之文，虽不可及，然大抵道胜者，文不难而自至也。……后之惑者，徒见前世之文传，以为学者文而已，故愈力愈勤而愈不至。……若道之充焉，虽行乎天地，入于渊泉，无不之也。

不过真正算得上是"理学文论"的，应从邵雍的诗论。理学家通常不大在意于作诗，如程颐说："某素不作诗，亦非是禁止不作，但不欲为此闲言语。"[1]

邵雍的诗歌理论和创作就是直接同一的：《伊川击壤集》就是用诗的语言来表现他的"先天象数学"哲学思想。但这种做法往往思想性有余、艺术性不足，如刘克庄所谓"是语录讲义之押韵者"[2] 而已。不过这并不是邵雍的主观愿望，他说："何故谓之诗？诗者言其志。既用言成章，遂道心中事"[3]；"诗者人之志，非诗志莫传。人和心尽见，天与意相连。论物生新句，评文起雅言"[4]。关键的问题在于他如何理解"志"，特别是如何理解"志"与"情"的关系。如果根据儒家诗学的传统，"志"与"情"是一致的，志就是情；而在理学家

[1] 《二程遗书》卷十八。
[2] 刘克庄：《后村大全集》卷一《吴恕斋诗稿跋》。
[3] 邵雍：《伊川击壤集》卷十一。
[4] 邵雍：《伊川击壤集》卷十八。

看来，"志"与"情"则是分离乃至对立的：志与情的对立，亦即性与情的对立。于是就成了"诗缘性"，而非"诗缘情"了。虽然邵雍在《伊川击壤集序》里也是从"情"讲起的，但却说向了对"情"的否定："近世诗人……殊不以天下大义而为言者，故其诗大率溺于情好也。噫！情之溺人也，甚于水！"他所注重的不是"情"而是"性"：情是"伤性害命"的，"性者，道之形体也；性伤则道亦从之矣。"而实际上却流露出某种道家的倾向："不若以道观道，以性观性，以心观心，以身观身，以物观物，则虽欲相伤，其可得乎？""虽曰吟咏情性，曾何累于性情哉！"但他毕竟还是儒者，到底承认"怀其时则谓之志，感其物则谓之情，发其志则谓之言，扬其情则谓之声，言成章则谓之诗，声成文则谓之音"；"且情有七，其要在二。二，谓身也，时也。"

在儒家文论历史上，理学祖师周敦颐第一次明确提出了"文以载道"的命题。《通书·文辞》指出：

> 文，所以载道也。……文辞，艺也；道德，实也。笃其实，而艺者书之。美则爱，爱则传焉，贤者得以学而至之，是为教。故曰："言之无文，行之不远。"然……不知务道德，而第以文辞为能者，艺焉而已！

以文载道的思想本身是好的，就是强调形式要为内容服务；但其偏颇的理解，却导致了对文学的否定。例如程颐就是一个典型，他说：

> 凡为文，不专意则不工；若专意，则志局于此，又安能与天地同其大也？《书》云："玩物丧志。"为文亦玩物也。……既学诗，须是用功方合诗人格；既用功，甚妨事。……且如今言能诗，无如杜甫，如云："穿花蛱蝶深深见，点水蜻蜓款款飞。"如此闲言语，道出做甚？[1]

理学集大成者朱熹却是喜欢论文尤其论诗的。当然，他所持的也是理学家

---

[1] 《二程语录》卷十一。

的立场，即有重"道"而轻"文"、重"志"而轻"情"之嫌。例如他在《答杨宋卿》中说：

> 熹闻诗者，志之所之，在心为志，发言为诗。然则诗者，岂复有工拙哉？亦视其志之所向者高下如何耳。是以古之君子，德足以求其志，必出于高明纯一之地，其于诗固不学而能之。至于格律之精粗，用韵属对比事遣辞之善否，今以魏晋以前诸贤之作考之，盖未有用意于其间者，而况于古诗之流乎？近世作者，乃始留情于此，故诗有工拙之论，而葩藻之词胜，言志之功隐矣。

朱熹论诗，秉承原儒之说而有发展。关于诗歌的性质，他说：

> 或有问于余曰："诗何为而作也？"余应之曰："人生而静，天之性也；感于物而动，性之欲也。夫既有欲矣，则不能无思；既有思矣，则不能无言；既有言矣，则言之所不能尽而发于咨嗟咏叹之余者，必有自然之音响节奏，而不能已焉。此诗之所以作也。"[1]

这里的"性—欲—思—言"序列之中，"欲"即是所谓"情"（情欲）。天性感物而为情欲，情欲成思而有言语，言语发为咨嗟咏叹、音响节奏，便是诗歌。

关于诗歌的教化作用，朱熹认为：

> 诗者，人心之感物而形于言之余也。心之所感有邪正，故言之所形有是非。惟圣人在上，则其所感者无不正，而其言皆足以为教。其或感之之杂而所发不能无可择者，则上之人必思所以自反，而因有以劝惩之，是亦所以为教也。

---

[1] 朱熹：《诗集传·序》。

　　昔周盛时，上自郊庙朝廷，而下达于乡党闾巷，其言粹然无不出于正者。圣人固已协之声律，而用之乡人，用之邦国，以化天下。至于列国之诗，则天子巡守，亦必陈而观之，以行黜陟之典。降自昭、穆而后，寖以陵夷，至于东迁，而遂废不讲矣。

　　孔子生于其时，既不得位，无以行帝王劝惩黜陟之政，于是特举其籍而讨论之，去其重复，正其纷乱；而其善之不足以为法，恶之不足以为戒者，则亦刊而去之，以从简约、示久远，使夫学者即是而有以考其得失，善者师之，而恶者改焉。是以其政虽不足行于一时，而其教实被于万世。是则诗之所以为教者然也。[1]

　　显然，朱熹的诗歌理论还是一种道德教化理论，即是对汉儒"诗教"说的继承发展。一般说来，宋代理学文论具有重道轻文、扬性抑情的倾向；而事实上，宋代儒家的文学创作实践却是突破了这种局限的。

　　在广义"宋代理学"中，还有"蜀学"。蜀学文论，指苏氏三父子的文学理论主张。他们最感兴趣的，乃是文学创作的规律问题。

　　苏洵（1009—1066）字明允，眉州眉山人（今属四川）。他在《仲兄字文甫说》里谈"天人兴会"问题，亦即创作灵感问题：

　　兄尝见夫水之与风乎？油然而行，渊然而留，淳洄汪洋，满而上浮者，是水也，而风实起之；蓬蓬然而发乎太空，不终日而行乎四方，荡乎其无形，飘乎其远来，既往而不知其迹之所存者，是风也，而水实形之。……故曰："风行水上，涣。"此亦天下之至文也。然而此二物者，岂有求乎文哉？无意乎相求，不期而相遭，而文生焉。……二物者非能为文，而不能不为文也，物之相使而文出于其间也。……故夫天下之无营而文生之者，惟水与风而已。

[1]　朱熹：《诗集传·序》。

苏轼（1037—1101）字子瞻，号东坡居士。他在《答谢民师书》中说：

> 所示书教及诗赋杂文，观之熟矣，大略如行云流水，初无定质，但常行于所当行，常止于所不可不止，文理自然，姿态横生。孔子曰："言之不文，行而不远。"又曰："辞达而已矣。"夫言止于达意，即疑若不文，是大不然。求物之妙，如系风捕影，能使是物了然于心者，盖千万人而不一遇也，而况能使了然于口与手者乎？是之谓"辞达"。辞至于能达，则文不可胜用矣。

这里既论及行文之自然，也涉及"辞"与"意"，实即"文"与"道"的关系，其观点是可取的。

苏轼的弟弟苏辙（1039—1112）字子由，号颍滨遗老。他在《上枢密韩太尉书》中继承并发展了孟子的"知言养气"理论、曹丕的"文以气为主"说：

> 辙……以为文者，气之所形。然文不可以学而能，气可以养而致。孟子曰："我善养吾浩然之气。"今观其文章，宽厚宏博，充乎天地之间，称其气之小大。太史公行天下，周览四海名山大川，与燕赵间豪俊交游，故其文疏荡，颇有奇气。此二子者，岂尝执笔学为如此之文哉？其气充乎其中，而溢乎其貌，动乎其言而见乎其文，而不自知也。

联系到孟子讲的气是"集义而生"，可见苏辙的文论观点其实是与韩愈及周敦颐一致的。

大致说来，宋代文论是以儒学为本，参以道、禅。比较典型的，比如严羽的《沧浪诗话》。

严羽（约1192—约1245）字仪卿，自号沧浪逋客。在当时的"以禅喻诗"潮流中，《沧浪诗话》是个代表。如《诗辨》说：

> 论诗如论禅：汉魏晋等作与盛唐之诗，则第一义也；大历以还之诗，

则已落第二义矣；晚唐之诗，则声闻、辟支果也；学汉魏晋与盛唐诗者，临济下也；学大历以还者，曹洞下也。大抵禅道惟在妙悟，诗道亦在妙悟。……夫诗有别裁，非关书也；诗有别趣，非关理也。而古人未尝不读书、不穷理。所谓不涉理路、不落言筌者，上也。诗者，吟咏情性者也。盛唐诗人惟在兴趣，羚羊挂角，无迹可求。故其妙处，莹彻玲珑，不可凑泊，如空中之音，相中之色，水中之月，镜中之象，言有尽而意无穷。

三、宋元儒学与文学创作

（一）诗词

宋代文学虽然是以"宋词"著称的，但实际上宋诗也是非常突出的。这里，我们把它们放到一起讲。

宋诗一开始就出现了反对五代浮靡文风的势头，如王禹偁的作品。例如《对雪》，伤时感事，推己及人，情真意切：

> 帝乡岁云暮，衡门昼长闭。……
>
> 披衣出户看，飘飘满天地。……
>
> 因思河朔民，输挽供边鄙。车重数十斛，路遥几百里。
>
> 羸蹄冻不行，死辙冰难曳。……
>
> 又思边塞兵，荷戈御胡骑。城上卓旌旗，楼中望烽燧。
>
> 弓劲添气力，甲寒侵骨髓。……
>
> 自念亦何人，偷安得如是！
>
> 深为苍生蠹，仍尸谏官位。……

当时属于这类思想感情、风骨格调的，还有"苏梅"。

梅尧臣（1002—1060）字圣俞，宣州宣城（今属安徽）人。他被刘克庄

推崇为宋诗的开山；[1] 龚啸也说："去浮靡之习于昆体极弊之际，存古淡之
道于诸大家未起之先，此其所以为梅都官诗也。"[2] 如他的《田家语》和《汝
坟贫女》，都表现了对人民苦难的深切同情。后一诗云：

> 汝坟贫家女，行哭音凄怆。自言有父老，孤独无丁壮。
> 郡吏来何暴，县官不敢抗。……
> 生女不如男，虽存何所当？拊膺呼苍天，生死将奈向！

苏舜钦（1008—1049）字子美，绵州盐泉（今四川绵阳）人。刘克庄评论他：
"苏子美歌行，雄放于圣俞，轩昂不羁，如其为人。"[3] 例如他的《庆州败》，
无情地揭露了宋军的腐败：

> 无战王者师，有备军之志。
> 天下承平数十年，此语虽存人所弃。
> 今岁西戎背世盟，直随秋风寇边城。……
> 国家防塞今有谁？官为承制乳臭儿！
> 酣觞大嚼乃事业，何尝识会兵之机？……
> 守者沮气陷者苦，尽由主将之所为。
> 地机不见欲幸胜，羞辱中国堪伤悲！

但是，就词而言，宋词起初直接继承了唐五代词的风格，晏殊便是代表。
晏殊（991—1055）字同叔，抚州临川（今江西抚州）人。他主要承袭了
五代词风，正如刘攽所说："晏元献尤喜江南冯延巳歌词，其所自作亦不减延
巳。"[4] 例如其有名的《浣溪沙》：

---

[1]　刘克庄：《后村诗话·前集》。
[2]　龚啸：《宛陵先生集附录》。
[3]　《宋诗钞·宛陵诗钞》引。
[4]　刘攽：《中山诗话》。

> 一曲新词酒一杯，去年天气旧亭台。夕阳西下几时回？
>
> 无可奈何花落去，似曾相识燕归来。小园香径独徘徊。

但是这种情况很快就有了变化，晏殊的几个著名的门人，如范仲淹、欧阳修、张先等，词风都有不同。

宋初文坛，范仲淹、欧阳修占有突出地位。

范仲淹（989—1052）字希文，吴县（今江苏苏州）人。他是当时杰出的政治家、改革家，也是宋初儒家的代表人物之一，同时诗词文章也都取得了相当的成就。他曾镇守西北边陲，写下了《渔家傲》这首著名的词：

> 塞下秋来风景异，衡阳雁去无留意。四面边声连角起。千嶂里，长烟落日孤城闭。
>
> 浊酒一杯家万里，燕然未勒归无计。羌管悠悠霜满地。人不寐，将军白发征夫泪！

欧阳修是北宋文学革新运动的领袖人物，词也颇具情韵。例如写闺怨的《蝶恋花》：

> 庭院深深深几许？杨柳堆烟，帘幕无重数。玉勒雕鞍游冶处，楼高不见章台路。
>
> 雨横风狂三月暮，门掩黄昏，无计留春住。泪眼问花花不语，乱红飞过秋千去。

此词据说别有寄托，众说纷纭。他的诗也一反西昆体的绮丽，写得疏朗平易。例如《戏答元珍》：

> 春风疑不到天涯，二月山城未见花。
>
> 残雪压枝犹有橘，冻雷惊笋欲抽芽。

夜闻归雁生乡思，病入新年感物华。

曾是洛阳花下客，野芳虽晚不须嗟。

张先更多地继承了晏殊的词风。

张先（990—1078）字子野，乌程（今浙江湖州）人。他是与柳永齐名的词人，虽然才力不如后者，但也含蓄隽永。他有三句名句："云破月来花弄影"；"娇柔懒起，帘压卷花影"；"柳径无人，堕轻絮无影"。故时人称他"张三影"。第一句出自《天仙子》：

水调数声持酒听，午醉醒来愁未醒。送春春去几时回？临晚镜，伤流景，往事后期空记省。

沙上并禽池上暝，云破月来花弄影。重重帘幕密遮灯。风不定，人初静，明日落红应满径。

此时，柳永和王安石的词风形成鲜明的对照。

柳永（约984—约1053）原名三变，字耆卿，崇安（今福建武夷山市）人。他可谓"专业词人"，当时"凡有井水饮处，即能歌柳词"[1]，可见其影响之一斑。他喜欢写"慢词"长调，"其词格固不高，而音律谐婉，语意妥贴，承平气象，形容曲尽，尤工于羁旅行役。"[2] 如其《八声甘州》：

对潇潇暮雨洒江天，一番洗清秋。渐霜风凄紧，关河冷落，残照当楼。是处红衰翠减，苒苒物华休。惟有长江水，无语东流。

不忍登高临远，望故乡渺邈，归思难收。叹年来踪迹，何事苦淹留？想佳人、妆楼颙望，误几回、天际识归舟。争知我、倚阑干处，正恁凝愁！

王安石（1021—1086）字介甫，临川（今江西抚州）人。他是当时著名的

---

[1] 叶梦得：《避暑录话》卷下。
[2] 陈振孙：《直斋书录解题》卷二十一。

政治改革家，也是杰出的文学家。他的词"一洗五代旧习"[1]，如著名的《桂枝香·金陵怀古》，乃是真正的儒者之词：

　　登临送目，正故国晚秋，天气初肃。千里澄江似练，翠峰如簇。征帆去棹残阳里，背西风、酒旗斜矗。彩舟云淡，星河鹭起，画图难足。

　　念往昔、繁华竞逐。叹门外楼头，悲恨相续。千古凭高，对此漫嗟荣辱。六朝旧事随流水，但寒烟衰草凝绿。至今商女，时时犹唱，后庭遗曲！

其诗的风格亦然，而又善于修辞，富于哲理，例如著名的《泊船瓜洲》：

　　京口瓜洲一水间，钟山只隔数重山。

　　春风又绿江南岸，明月何时照我还？

北宋词分两大派，婉约派和豪放派。婉约派的代表是女词人李清照，而豪放派的代表则是苏轼。

苏轼与辛弃疾齐名，号称"苏辛"，代表作《念奴娇·赤壁怀古》：

　　大江东去，浪淘尽、千古风流人物。故垒西边，人道是、三国周郎赤壁。乱石穿空，惊涛拍岸，卷起千堆雪。江山如画，一时多少豪杰！

　　遥想公瑾当年，小乔初嫁了，雄姿英发。羽扇纶巾，谈笑间、强虏灰飞烟灭。故国神游，多情应笑我，早生华发。人生如梦，一樽还酹江月！

其实他也有婉约的词，如悼念亡妻的《江城子》：

　　十年生死两茫茫，不思量，自难忘。千里孤坟，无处话凄凉。纵使相逢应不识，尘满面，鬓如霜。

---

[1]　刘熙载：《艺概》卷四。

夜来幽梦忽还乡，小轩窗，正梳妆。相顾无言，惟有泪千行！料得年年肠断处，明月夜，短松岗。

苏轼的诗与黄庭坚齐名，号称"苏黄"，开启一代诗风。例如西湖称"西子湖"，即是出自他的《饮湖上初晴后雨》：

水光潋滟晴方好，山色空濛雨亦奇。
欲把西湖比西子，淡妆浓抹总相宜。

又如写庐山的诗《题西林壁》：

横看成岭侧成峰，远近高低各不同。
不识庐山真面目，只缘身在此山中。

黄庭坚（1045—1105）字鲁直，号山谷道人，洪州分宁（今江西修水）人。是"苏门四学士"之一，在诗歌上开创了"江西诗派"。他的诗，刘克庄评论为："会萃百家句律之长，究极历代体制之变，搜猎奇书，穿穴异闻，作为古律，自成一家。"[1] 这就难免带有某种脱离现实的倾向。不过也有风格清新的作品，如《登快阁》：

痴儿了却公家事，快阁东西倚晚晴。
落木千山天远大，澄江一道月分明。
朱弦已为佳人绝，青眼聊因美酒横。
万里归船弄长笛，此心吾与白鸥盟。

婉约派女词人李清照（1084—约1151），号易安居士，齐州章丘（今山东

---

[1] 刘克庄：《江西诗派》。

章丘）人。她的婉约作品可以《声声慢》为其代表：

> 寻寻觅觅，冷冷清清，凄凄惨惨戚戚。乍暖还寒时候，最难将息。三杯两盏淡酒，怎敌他、晚来风急。雁过也，正伤心，却是旧时相识。
>
> 满地黄花堆积，憔悴损，如今有谁堪摘？守着窗儿，独自怎生得黑！梧桐更兼细雨，到黄昏、点点滴滴。这次第，怎一个愁字了得！

但她偶尔也有豪放的词，例如《渔家傲》：

> 天接云涛连晓雾，星河欲转千帆舞。仿佛梦魂归帝所。闻天语，殷勤问我归何处。
>
> 我报路长嗟日暮，学诗谩有惊人句。九万里风鹏正举。风休住，蓬舟吹取三山去！

两派词人还有一些重要的人物，如婉约的秦观、豪放的陈与义等人。

秦观（1049—1100）字少游，扬州高邮（今属江苏）人。他是所谓"苏门四学士"之一，却没有苏轼那种豪迈精神。他的词中最著名的是《鹊桥仙》：

> 纤云弄巧，飞星传恨，云汉迢迢暗度。金风玉露一相逢，便胜却人间无数。
>
> 柔情似水，佳期如梦，忍顾鹊桥归路！两情若是久长时，又岂在朝朝暮暮？

陈与义（1090—1139）字去非，号简斋，洛阳（今属河南）人。他的《临江仙》是颇有英雄末路的意味的：

> 忆昔午桥桥上饮，坐中多是豪英。长沟流月去无声。杏花疏影里，吹笛到天明。

二十余年如一梦，此身虽在堪惊！闲登小阁看新晴。古今多少事，渔唱起三更！

进入南宋，出现了一些风格豪迈悲愤的爱国词人，如张元幹和张孝祥。

张元幹（1091—约1170）字仲宗，长乐（今属福建）人。他的词《贺新郎》"慷慨悲凉，数百年后尚想其抑塞磊落之气"[1]，词云：

梦绕神州路。怅秋风，连营画角，故宫离黍。底事昆仑倾砥柱，九地黄流乱注，聚万落千村狐兔！天意从来高难问，况人情易老悲难诉！更南浦，送君去。

凉生岸柳催残暑。耿斜河，疏星淡月，断云微度。万里江山知何处？回首对床夜语。雁不到，书成谁与？目尽青天怀今古，肯儿曹恩怨相尔汝！举大白，听金缕。

张孝祥（1132—1170）字安国，乌江（今安徽和县）人。他的词更为悲壮，尤其是他的《六州歌头》，"淋漓痛快，笔饱墨酣，读之令人起舞"[2]。词云：

长淮望断，关塞莽然平。征尘暗，霜风劲，悄边声。黯销凝！追想当年事，殆天数，非人力。洙泗上，弦歌地，亦膻腥。隔水毡乡，落日牛羊下，区脱纵横。看名王宵猎，骑火一川明，笳鼓悲鸣，遣人惊。

念腰间箭，匣中剑，空埃蠹，竟何成！时易失，心徒壮，岁将零。渺神京！干羽方怀远，静烽燧，且休兵。冠盖使，纷驰骛，若为情？闻道中原遗老，常南望，翠葆霓旌。使行人到此，忠愤气填膺，有泪如倾！

宋室南渡以后的诗人词人，以辛弃疾、陆游最为著名。

辛弃疾（1140—1207）字幼安，号稼轩，历城（今山东济南）人。他是一

---

[1]　《四库提要·集部·词曲类》。

[2]　陈廷焯：《白雨斋词话》卷六。

个文武双全的人物，意图抗金、收复失地的满腔热情不得施展，化为一腔忠愤，寄托于词。他的词题材广阔，意气纵横。正如他的《鹧鸪天》所诉：

壮岁旌旗拥万夫，锦襜突骑渡江初。燕兵夜娖银胡𬬸，汉箭朝飞金仆姑。
追往事，叹今吾，春风不染白髭须。却将万字平戎策，换得东家种树书！

《菩萨蛮·书江西造口壁》表现了他这种苦闷心情：

郁孤台下清江水，中间多少行人泪。西北望长安，可怜无数山。
青山遮不住，毕竟东流去。江晚正愁余，山深闻鹧鸪。

他也有另外一种风格的词，如《青玉案·元夕》：

东风夜放花千树，更吹落，星如雨。宝马雕车香满路。凤箫声动，玉壶光转，一夜鱼龙舞。
蛾儿雪柳黄金缕，笑语盈盈暗香去。众里寻他千百度，蓦然回首，那人却在，灯火阑珊处。

但他更多的还是表达那种功名未就的抑郁心情的词，如《水龙吟·登建康赏心亭》：

楚天千里清秋，水随天去秋无际。遥岑远目，献愁供恨，玉簪螺髻。落日楼头，断鸿声里，江南游子，把吴钩看了，栏杆拍遍，无人会，登临意。
休说鲈鱼堪脍，尽西风，季鹰归未？求田问舍，怕应羞见，刘郎才气。可惜流年，忧愁风雨，树犹如此！倩何人，唤取红巾翠袖，揾英雄泪！

陆游（1125—1210）字务观，号放翁，越州山阴（今浙江绍兴）人。他的思想感情和文学风格，与辛弃疾极为类似，但辛的主要文学成就在词，而陆的主要文学成就在诗。不过，他的词也是当时一流的。如《诉衷情》：

> 当年万里觅封侯，匹马戍梁州。关河梦断何处？尘暗旧貂裘。
>
> 胡未灭，鬓先秋，泪空流。此生谁料，心在天山，身老沧洲！

陆游的诗是极负盛名的，数量多，质量高，"激发忠愤，横极才力，上法子美，下揽子瞻，裁制既富，变境亦多"[1]。他在《剑门道中遇微雨》中自问："此身合是诗人未？细雨骑驴入剑门！"结果是他的诗歌精华《剑南诗稿》。《书愤》可谓是他的一篇自我总结：

> 早岁那知世事艰？中原北望气如山！
>
> 楼船夜雪瓜洲渡，铁马秋风大散关。
>
> 塞上长城空自许，镜中衰鬓已先斑！
>
> 出师一表真名世，千载谁堪伯仲间？

《十一月四日风雨大作》抒写了他一生最大的心事：

> 僵卧荒村不自哀，尚思为国戍轮台。
>
> 夜阑卧听风吹雨，铁马冰河入梦来。

《示儿》也是脍炙人口的：

> 死去元知万事空，但悲不见九州同。
>
> 王师北定中原日，家祭无忘告乃翁！

宋诗有"南宋四大家"之说，这四大家是：范成大、尤袤、杨万里、陆游。

---

[1]　姚鼐：《今体诗钞序目》。

范成大（1126—1193）字致能，号石湖居士，吴县（今江苏苏州）人。他的爱国忧民诗成就较高，而田园诗最负盛名。例如《四时田园杂兴》其四：

采菱辛苦废犁锄，血指流丹鬼质枯。
无力买田聊种水，近来湖面亦收租！

杨万里（1127—1206）字廷秀，号诚斋，吉水（今属江西）人。其诗清新活泼，平易自然，自成一家，时人称之为"诚斋体"。如《闲居初夏午睡起》：

梅子留酸软齿牙，芭蕉分绿与窗纱。
日长睡起无情思，闲看儿童捉柳花。

又如《初入淮河》其三：

中原父老莫空谈，逢着王人诉不堪。
却是归鸿不能语，一年一度到江南。

当时还有一个爱国词人，那就是陈亮。

陈亮（1143—1194）字同甫，婺州永康（今属浙江）人。我们从他的作品中更强烈地感受到儒家的积极态度，例如《水调歌头》：

不见南师久，谩说北群空。当场只手，毕竟还我万夫雄。自笑堂堂汉使，得似洋洋河水，依旧只流东。且复穹庐拜，会向藁街逢。

尧之都，舜之壤，禹之封，于中应有，一个半个耻臣戎。万里腥膻如许，千古英灵安在，磅礴几时通？胡运何须问，赫日自当中！

宋末，文天祥的诗词以义正词严著称。

文天祥（1236—1283）字履善，号文山，庐陵（今江西吉安）人。他最后被元人俘虏，宁死不屈，从容就义。有人评论其诗："自《指南录》以后，与初集格力相去殊远，志益愤而气益壮，诗不琢而日工，此风雅正教也。"[1]

他的词如《酹江月》：

水天空阔，恨东风、不借世间英物。蜀鸟吴花残照里，忍见荒城颓壁！铜雀春情，金人秋泪，此恨凭谁雪？堂堂剑气，斗牛空认奇杰。

那信江海余生，南行万里，属扁舟齐发。正为鸥盟留醉眼，细看涛生云灭。睨柱吞嬴，回旗走懿，千古冲冠发。伴人无寐，秦淮应是孤月。

他的主要成就则是诗，如人们所熟悉的《过零丁洋》：

辛苦遭逢起一经，干戈寥落四周星。
山河破碎风飘絮，身世浮沉雨打萍。
惶恐滩头说惶恐，零丁洋里叹零丁。
人生自古谁无死？留取丹心照汗青！

他的诗歌代表作是著名的《正气歌》：

天地有正气，杂然赋流形。下则为河岳，上则为日星。
于人曰浩然，沛乎塞苍冥。皇路当清夷，含和吐明庭。
时穷节乃见，一一垂丹青。……
是气所旁薄，凛烈万古存。
当其贯日月，生死安足论！……
三纲实系命，道义为之根。……
顾此耿耿存，仰视浮云白。悠悠我心悲，苍天曷有极！

---

[1] 吴之振：《文山诗钞序》。

这里展示的纯为儒家思想感情，正如他在序中所说："孟子曰：'我善养吾浩然之气。'彼气有七，吾气有一，以一敌七，吾何患焉！况浩然者，乃天地之正气也。"

（二）散文

谈到宋文，我们首先应该提到的是范仲淹的《岳阳楼记》。此文的杰出之处不仅在写景抒情上，而尤其表现在它的精神境界上：

> 嗟夫！予尝求古仁人之心，……不以物喜，不以己悲。居庙堂之高，则忧其民；处江湖之远，则忧其君。是进亦忧，退亦忧。然则何时而乐耶？其必曰"先天下之忧而忧，后天下之乐而乐"欤！噫！微斯人，吾谁与归！

"宋文"是与"宋学"互为表里的。伴随着儒学的复兴、理学（宋学）的崛起，为之服务的"古文运动"蓬勃开展起来。古文运动的领袖，即所谓"唐宋八大家"。这八家里，宋人就有六家：欧阳修、三苏、曾巩、王安石。

欧阳修在世时，主要是以散文著称的，苏轼曾评论他："论大道似韩愈，论事似陆贽，记事似司马迁。"[1] 这个评价是非常高的，也说明了欧阳修的散文特长在于即事论理。例如他在《新五代史》的《伶官传序》里说：

> 呜呼！盛衰之理，虽曰"天命"，岂非人事哉！原庄宗之所以得天下，与其所以失之者，可以知之矣。……岂得之难而失之易欤？抑本其成败之迹而皆自于人欤？《书》曰："满招损，谦受益。"忧劳可以兴国，逸豫可以亡身，自然之理也。

他最著名的文章或许是《醉翁亭记》，但那纯粹是就其艺术成就而言的。若就其思想性而言，他的《朋党论》可谓突出。文中论述了"君子与君子以同

---

[1] 苏轼：《六一居士集序》。

道为朋，小人与小人以同利为朋"的观点，论证了"小人无朋，其暂为朋者，伪也"，而"所守者道义，所行者忠信，所惜者名节。以之修身，则同道而相益；以之事国，则同心而共济；始终如一，此君子之朋也"的道理，提出了"退小人之伪朋，用君子之真朋"的主张。

唐宋散文"八大家"宋人有六家，而苏氏父子就占了三家，这实在令人惊叹。

苏洵，字明允，眉山（今四川省眉山县）人。他精通六经百家之文，尤其是《孟子》《战国策》，因而其文"烦能不乱，肆能不流；其雄壮俊伟，若决江河而下也；其辉光明白，若引星辰而上也"[1]。他的《六国论》是很有名的，文笔纵恣，语言简劲，借古讽今，极具现实意义。文章开宗明义："六国破灭，非兵不利、战不善，弊在赂秦。"然后逐层分析，委婉道来，最后暗示当局："夫六国与秦皆诸侯，其势弱于秦，而犹有可以不赂秦而胜之之势；苟以天下之大，而从六国破亡之故事，是又在六国下矣！"

苏轼的文章，前、后《赤壁赋》最有名，但是从思想倾向上来看，二赋流露了道家虚无之旨："浩浩乎如冯（凭）虚御风，而不知其所止；飘飘乎如遗世独立，羽化而登仙"；"盖将自其变者而观之，则天地曾不能以一瞬；自其不变者而观之，则物与我皆无尽也"。在苏轼的散文中，既独出心裁，又不失儒家正旨的，当首推《留侯论》。文章提出并分析论证了一个新颖的观点："观夫高祖之所以胜，而项籍之所以败者，在能忍与不能忍之间而已矣。项籍唯不能忍，是以百战百胜，而轻用其锋；高祖忍之，养其全锋而待其弊。此子房教之也"；而立论的前提，是"大勇"与"匹夫之勇"的分别："古之所谓豪杰之士者，必有过人之节。人情有所不能忍者，匹夫见辱，拔剑而起，挺身而斗，此不足为勇也。天下有大勇者，卒然临之而不惊，无故加之而不怒，此其所挟持者甚大，而其志甚远也。"这确实是一种别出心裁的见地，但也不过是孔子"小不忍则乱大谋"的引申发挥而已。

众所周知，苏轼是出入儒、道、释三教之间的；但就其思想之本质而言，还是儒家的，所以他在《潮州韩文公庙碑》里盛赞韩愈道：

---

[1]　曾巩：《苏明允哀词》。

自东汉以来，道丧文弊，异端并起，历唐贞观、开元之盛，辅以房、杜、姚、宋而不能救。独韩文公，起布衣，谈笑而麾之，天下靡然从公，复归于正，盖三百年于此矣。文起八代之衰而道济天下之溺，忠犯人主之怒而勇夺三军之帅：此岂非参天地、关盛衰、浩然而独存者乎！

苏辙的散文也是卓然成家的。例如他的《黄州快哉亭记》，表现了独善其身、自得其乐的境界："士生于世，使其中不自得，将何往而非病？使其中坦然不以物伤性，将何适而非快！"

曾巩（1019—1083）字子固，建昌南丰（今属江西）人。他是欧阳修的门人，尤深于儒学，深得欧阳修赏识；其文"本原六经，斟酌于司马迁、韩愈，一时工作文词者，鲜能过也"[1]。例如《〈战国策〉目录序》，针对刘向为战国谋士所进行的辩解，指出"战国之游士……不知道之可信，而乐于说之易合，其设心注意，偷为一切之计而已"，申明"惟先王之道，因时适变，为法不同，而考之无疵，用之无弊"。

王安石的《答司马谏议书》，是针对其政敌司马光一封反对改革的来信而作的回信，简明扼要，既委婉又坚决：

> 盖儒者所争，尤在于名实；名实已明，而天下之理得矣。今君实所以见教者，以为侵官、生事、征利、拒谏，以致天下怨谤也。某则以谓：受命于人主，议法度而修之于朝廷，以授之于有司，不为侵官；举先王之政，以兴利除弊，不为生事；为天下理财，不为征利；辟邪说，难壬人，不为拒谏。至于怨诽之多，则固前知其如此也。…… 如君实责我以在位久，未能助上大有为，以膏泽斯民，则某知罪矣；如日今日当一切不事事，守前所为而已，则非某之所敢知。……

王安石的政治对手司马光，也是一位文章高手；两人都是正统儒家，但他们具体的政治主张不同。

司马光（1019—1086）字君实，陕州夏县（今属山西）人。他坚决反对王安石变法；后退居洛阳，主编《资治通鉴》。他的散文成就主要是在历史散文上，题材广博，结构谨严，文笔练达。

第二节　明代儒学与文学

一、明代儒学

明代儒学大致可以分为三个阶段：前期程朱理学官方统治地位的确立，中期阳明心学的崛起，后期心学的演变。

明初继承宋元科举制度，八股取士，规定以程、朱注释为标准。永乐年间，由明成祖亲自主持、胡广等人具体负责的三部"大全"修成：《五经大全》《四书大全》《性理大全》。成祖又亲自作序，说：

> 六经之道不明，则人之心术不正，而邪说暴行侵寻蠹害，欲求善治，乌可得乎？朕为此惧。乃者命儒臣编修五经、四书，集诸家传注而为《大全》，凡有发明经义者取之，悖于经旨者去之；又辑先儒成书及其议论格言，辅翼四书五经，有裨于斯道者，类编为帙，名曰《性理大全》。……由是穷理以明道，立诚以达本，修之于身，行之于家，用之于国，而达之天下，使国不异政，家不殊俗。……

于是，程朱理学成为官方正统。当时的大儒，诸如宋濂、方孝孺、曹端、薛宣、吴与弼、胡居仁等，皆宗程朱。

但从陈献章起，明代儒学开始发生重大变化；经由湛若水、王守仁的努力，心学成为时代思想潮流。《明史·儒林传》说：

> 明初诸儒皆朱子门人之支流余裔，师承有自，矩矱秩然。曹端、胡居仁笃践履、谨绳墨，守儒先之正传，无敢改错。学术之分，则自陈献章、王守仁始。宗献章者，曰江门之学，孤行独诣，其传不远；宗守仁者，曰姚江之学，别立宗旨，显与朱子背驰，门徒遍天下，流传逾百年，其教大行，其弊滋甚。嘉、隆而后，笃信程朱、不迁异说者，无复几人矣。

这段叙述虽存偏见，但说的却是事实。

陈献章（1428—1500）字公甫，号石斋，新会（今属广东）白沙里人，世称"白沙先生"。他原学于吴与弼，后觉悟"学贵自得；自得之，然后博之以载籍"，于是转向"枢纽在方寸，操舍决存亡"的心学先验思路，上承陆九渊，下启王守仁。[1]他的学术大旨即"静坐"，如黄宗羲所说：

> 先生之学，以虚为基本，以静为门户，以四方上下往来古今穿纽凑合为匡郭，以日用常行分殊为功用，以勿忘勿助之间为体认之则，以未尝致力而应用不遗为实得。[2]

这种修养工夫，其形上依据就是"心即理"，"天地我立，万化我出，而宇宙在我矣。得此把柄入手，更有何事？往古来今，四方上下，都一齐穿纽，一齐收拾，随时随处，无不是这个充塞。"[3]

湛若水（1466—1560）字元明，广东增城县甘泉都（今属广州）人，世称"甘泉先生"。他是陈献章的得意弟子，而与王守仁同时。他将白沙的"自得"理解并发挥为"随处体认天理"："圣学工夫，至切至要、至简至易处，总而言之，不过只是随处体认天理。"[4]此说深得白沙赏识，认为："日用间随处体认天理，

[1]　《陈献章集·年谱》。
[2]　《明儒学案·白沙学案》。
[3]　《陈献章集》卷二《与林郡博七》。
[4]　《甘泉先生文集》卷二十一《四勿总箴附说》。

着此一鞭，何患不到古人佳处也？此学以自然为宗者也。…… 自然之乐，乃真乐也，宇宙间复有何事？"[1] 在湛若水看来，"心也者，包乎天地万物之外，而贯乎天地万物之中者也。中外非二也。天地无内外，心亦无内外，极言之耳。"[2] 所以，"盖道、心、事，合一者也。随时随事，何莫非心？心定，则何动非静？随处体认，则端倪随现，何必静养？"[3] 这与其师颇有不同。

　　湛若水和王守仁不仅同时各自讲学，而且二人之交往甚深，乃至"学于湛者，或卒业于王；学于王者，或卒业于湛"[4]。二人的思想同中有异，异中有同。但是，湛若水对于后来儒学历史的影响则远不及王守仁。

　　王守仁（1472—1529）字伯安，浙江余姚人。因其早年筑室阳明洞中，后又创办阳明书院，世称"阳明先生"。他是儒学史上罕见的文武全才。早年好勇喜兵，又宗朱子"格物穷理"之说，结果不得其门而入；转而求之佛、道，仍无所得。在京遇湛若水，一见定交，决定共倡圣学。35 岁在贵州龙场驿"龙场悟道"，明白了"圣人之道，吾性自足"，确立了心学立场；38 岁开始讲论"知行合一"之说；总之以"致良知"为宗。此后在政治军事上屡建奇功，同时又以讲学传道为务。

　　阳明心学当然是本之于儒学的。远而言之，他最推崇陆九渊，断定："陆氏之学，孟氏之学也。"[5] 可见他的心学是远绍孟子的心性之学的；他的"致良知"说，就是直接取自孟子"良知"论的。近而言之，他以湛若水为同志，说："吾与甘泉，有意之所在，不言而会，论之所及，不约而同。"[6] 并由此势必倾心陈献章，虽然他没有提到过后者。但也无可否认，他受到过佛、道的影响。他曾经一度深陷佛、道二氏之中，其实当时的儒者往往都受佛、道影响，这是时势使然。例如对于佛教，王阳明自己也认为："释氏之学亦自有同于吾儒，而不害其为异者，惟在于几微毫忽之间而已"[7]；"夫禅之学与圣人之学，皆求尽其心也，亦相去毫厘耳"，两者的区别仅仅在于："盖圣人之学无人己，

[1]　《陈献章集》卷二。
[2]　《甘泉先生文集》卷二十二。
[3]　《甘泉先生文集》卷七《答欧阳崇一》。
[4]　《明儒学案·甘泉学案》。
[5]　王守仁：《象山文集序》。
[6]　王守仁：《别湛甘泉序》。
[7]　王守仁：《答徐成之二》。

无内外，一天地万物以为心；而禅之学起于自私自利，而未免于内外之分。斯其所以为异也。今之为心性之学者，而果外人伦，遗事物，则诚所谓禅矣；使其未尝外人伦，遗事物，而专以存心养性为事，则固圣门精一之学也，而可谓之禅乎哉？"[1]

对于儒学来说，王阳明以及湛若水的心学本身具有双重的意义：一方面，它对业已陈腐的理学进行了清算，而为儒学开辟了一个新的方向，从而就为儒学注入了新的活力；但另一方面，它的进一步发展、它的理路的贯彻，却又必然走向自己的反面，亦即对作为既成秩序辩护者的儒学的否定，从而导致儒学的新的更为深刻的危机。这后一个方面的作用，是跟中国社会酝酿着的历史大转型相联系的。

王守仁去世后，隆庆、万历年间，后学分为七派（浙中、江右、南中、楚中、北方、粤闽、泰州）[2]，心学势力大增，几乎遍及全国。这当中有一派尤其具有思想解放的特征，就是从王艮到李贽一系的泰州学派。而湛若水的后学，从唐枢到黄宗羲一系，也走向了思想解放的方向。

泰州学派的传承，最重要的是这样一个系列：王艮—王襞、徐樾—李贽、颜钧—何心隐、罗汝芳。

王艮（1483—1541）字汝止，号心斋，泰州安丰场（今江苏东台东南安丰镇）人。他讲学的宗旨是"格物"，但是认为"物有本末"，"吾身"为本，"天下国家"为末；既强调"明哲保身"，又强调从自我出发去矫正天下国家；显然带有浓厚的道、禅色彩。王襞（1511—1587）是王艮的儿子，也是王艮的传人。

王艮的再传弟子李贽（1527—1602），号卓吾，公然以异端自居，以"夫妇"论本体，以"童心"论本心，开始走上反叛现存礼教的道路。

徐樾（？—1551）也是王艮的门人，其弟子颜钧（1504—1596）的门下出了两个偏离礼教的人物：何心隐、罗汝芳。

何心隐（1517—1579）为人欲辩护："性而味，性而色，性而声，性而安

[1] 王守仁：《重修山阴县学记》。
[2] 据黄宗羲《明儒学案》。

逸，性也。"[1] 罗汝芳（1515—1588）也对人欲加以肯定。黄宗羲评论说："泰州之后……传至颜山农、何心隐一派，遂复非名教之所能羁络矣。"[2]

但黄宗羲本人似乎更具叛逆精神。他是出自心学的另外一个重要系列的：湛若水—唐枢—许孚远—刘宗周—黄宗羲。

刘宗周（1578—1645）字起东，浙江山阴（今绍兴）人，世称蕺山先生。学宗"慎独"，本于"心"，主于"气"，已非纯粹心学；同时又对东林党人顾宪成、高攀龙颇为赞许。

黄宗羲（1610—1695）字太冲，号南雷，世称梨洲先生，浙江余姚人。他是"明清之际三大儒"之一，自幼受东林党影响，后来领导复社反对宦官集团，再后走上武装抗清的道路。著作有著名的《宋元学案》《明儒学案》和《明夷待访录》。众所周知，后一著作具有鲜明的反对君主专制、主张资本主义的倾向。

理学在明清之际受到了巨大的冲击，但这种冲击乃是来自儒学内部的一种自我批判机制，而非来自外部的致命攻击（这种攻击到"五四"时期才真正发生），所以理学很快在清代恢复其统治地位。当然，严格说来，这种重建权威的理学已非明代心学，而是程朱理学了。

二、明代儒家文学理论

明代儒学的演变在文学理论上也有充分的体现。大致说来，明初的文论主要是程朱理学的体现；而阳明心学崛起以后，很快在文学理论上表现出来；而到了晚明，随着心学的演变，文学理论也发生了很大的转变。

明初文论总体上倾向于保守。例如宋濂（1310—1381）在《文原》中主张：

> 丈夫七尺之躯，其所学者，独文乎哉！虽然，余之所谓"文"者，乃尧、舜、文王、孔子之文，非流俗之文也，学之固宜。……吾之所谓"文"者，天生之，地载之，圣人宣之；本建则其末治，体著则其用章。……世之论

---

[1] 何心隐：《爨桐集·寡欲》。
[2] 《明儒学案·泰州学案》。

文者有二：曰载道，曰纪事。纪事之文，当本之司马迁、班固；而载道之文，舍六籍吾将焉从？虽然，六籍者，本与根也；迁、固者，枝与叶也。……大抵为文者，欲其辞达而道明耳，吾道既明，何问其余哉？

即便是以李梦阳、何景明为代表的、倡导转变风气的"前七子"，其改变文风也不过复古而已，结果还是"似苍老而实疏卤"，"似秀峻而实浅俗"[1]。后来茅坤编辑《唐宋八大家文钞》，总序说："昌黎韩愈首出而振之，柳柳州又从而和之，于是始知非六经不以读，非先秦两汉之书不以观。……世之操觚者往往谓文章与时相高下，而唐以后且薄不足为，噫！抑不知文特以道相盛衰，时非所论也。""后七子"的领袖人物、视野相对最为开阔的王世贞，仍然认为"文必秦汉，诗必盛唐"，"开元而后，方足覆瓿"而已。

这种因循保守倾向，后来终于受到了批评。"归有光稍后出，……力排李何王李，而徐渭、汤显祖、袁宏道、钟惺之属亦各争鸣一时，于是宗李何王李者稍衰。"[2]

徐渭（1521—1593）字文长，山阴（今绍兴）人。他的《叶子肃诗序》批评了当时的复古倾向，主张"出于己之所自得，而不窃于人之所尝言"；他还在《答许北口》中说："果能如冷水浇背，陡然一惊，便是兴、观、群、怨之品"。此诚可谓得孔子诗学之精神。

抨击七子最激烈的力量之一，是"公安派"号称"三袁"的袁氏三兄弟袁宗道、袁宏道、袁中道。

袁宗道（1560—1600）在其《论文》中指出：

口舌代心者也；文章又代口舌者也。……故孔子论文曰："辞达而已。"……今人读古书，不即通晓，辄谓古文奇奥……安知非古之街谈巷语耶？……后之文人，遂视为定例，尊为令甲，凡有一语不肖古者，即大怒，骂为野路恶道。

[1]　何景明：《与李空同论诗书》。
[2]　《明史·文苑传》。

袁宏道（1568—1610）《雪涛阁集序》：

> 夫古有古之时，今有今之时，袭古人语言之迹而冒以为古，是处严冬
> 而袭夏之葛者也。……古之为诗者，有泛寄之情，无直书之事；而其为文也，
> 有直书之事，无泛寄之情。故诗虚而文实。……近代文人，始为复古之说
> 以胜之。夫复古是已，然至以剽袭为复古，句比字拟，务为牵合，弃目前
> 之景，搜腐滥之辞；有才者诎于法，因不敢自申其才，无之者，拾一二浮
> 泛之语，帮凑成诗；智者牵于习，而愚者乐其易，一倡亿和，优人驺从，
> 皆谈"雅道"。吁！诗至此，抑可羞哉！

随着阳明心学的风靡，文论也随之大变。在这方面，李贽是一位很突出的
代表。

作为心学一系的人物，他是公然以"异端"自居的思想家，同时也是极具
影响力的文学家。他的《童心说》既是儒家心学的名篇，也是明代文论的名篇：

> 夫童心者，真心也。……夫童心者，绝假纯真，最初一念之本心也。
> 若失却童心，便失却真心；失却真心，便失却真人。……童心既障，于是
> 发而为言语，则言语不由衷；见而为政事，则政事无根柢；著而为文辞，
> 则文辞不能达。……所以者何？以童心既障，而以从外入者闻见道理为之
> 心也。夫既以闻见道理为心矣，则所言者皆闻见道理之言，非童心自出之
> 言也，言虽工，于我何与？岂非以假人言假言而事假事、文假文乎？……
> 天下之至文，未有不出于童心焉者也。苟童心常存，则道理不行，闻见不
> 立；无时不文，无人不文，无一样创制体格文字而非文者。诗何必古选？
> 文何必先秦？降而为六朝，变而为近体，又变而为传奇，变而为院本，为
> 杂剧，为《西厢曲》，为《水浒传》……故吾因是而有感于童心者之自文
> 也，更说甚么六经？更说甚么《语》《孟》乎！……六经、《语》《孟》，
> 乃道学之口实、假人之渊薮也，断断乎其不可以语于童心之言，明矣。

这番议论实在痛快淋漓，一反"文以载道"的陈说；但是究其实质，这仍然是属于儒家思想范畴的，而且是得了儒家的真要领、真精神的。

明代文论最有价值的地方之一，那些对民间文学加以褒扬的主张，这些主张既争取通俗文学的正当地位，又不失儒学的宗旨。先是蒋大器（1455—1530）作《三国志通俗演义序》，盛赞《三国演义》"有义存焉"，"若读到古人忠处，便思自己忠与不忠？孝处，便思自己孝与不孝？"及至"嘉靖八才子"之一的李开先（1502—1568）作《市井艳词序》，指出："风出谣口，真诗只在民间。《三百篇》太半采风者归奏，予谓'今古同情'者此也。"及至李贽作《忠义水浒传序》，也始终抓住"忠义"来作文章："则谓水浒之众，皆大力大贤有忠有义之人可也"；"故有国者不可以不读，一读此传，则忠义不在水浒，而皆在于君侧矣；贤宰相不可以不读，一读此传，则忠义不在水浒，而皆在于朝廷矣；……否则不在朝廷，不在君侧，不在干城心腹。乌乎在？在水浒。此传之所谓发愤矣。"

戏曲方面，与李贽相应和，汤显祖（1550—1616）提出了以情为主，意（意旨）、趣（情趣）、神（神情）、色（声色）并举的戏曲观："凡文，以意趣神色为主，四者到时，或有丽词俊音可用，尔时能一一顾九宫四声否？如必按字摸声，即有窒滞迸拽之苦，恐不能成句矣！"[1] 传奇小说方面，著名的"三言"（《喻世明言》《警世通言》《醒世恒言》）各有一序，很可能是编定者冯梦龙自己所作。冯梦龙（1574—1646）是深受李贽的思想影响的，特别重视通俗文学。例如《醒世恒言序》说：

　　六经国史而外，凡著述皆小说也。……忠孝为醒而悖逆为醉，节俭为醒而淫荡为醉，耳和目章、口顺心贞为醒而即聋从昧、与顽用嚚为醉。……以二教为儒之辅，可也；以《明言》《通言》《恒言》为六经国史之辅，不亦可乎！

---

[1]　汤显祖：《答吕姜山》。

显然，他的宗旨是辅儒学、助教化的。

三、明代儒家文学创作

明朝的思想文化潮流及其演变，在文学创作中得到了充分的反映。一方面是中国传统社会结构及其思想意识的继续存在，这主要反映在诗歌和散文中；另一方面，新兴的市民社会开始出现，其思想意识也在文学中表现出来，主要反映在通俗文学中，如小说、戏曲等。这两个方面，也都跟儒学尤其是心学的演变有密切关系。

（一）小说

在文学上，明代是以小说著称的。明代小说创作相当繁荣，品类较多。这里，我们且以冯梦龙的"三言"为例来加以分析。

冯梦龙，字犹龙，号墨憨斋主人，长洲（今江苏苏州）人。他长期从事通俗文学作品的搜集整理出版工作，同时自己也从事创作。其代表作是他所编订的三部短篇白话小说集"三言"：《喻世明言》（初名《古今小说》）、《警世通言》、《醒世恒言》。

"三言"共有短篇白话小说120篇，其中有些是宋元话本，有些则是明代拟话本。这些作品既反映了新兴市民阶层的生活及其思想感情，同时也表现了儒家伦理意识，这两个方面往往是互相交融、难分难解的。例如《沈小霞相会出师表》记述了以沈炼、贾石为代表的忠臣义士跟以严嵩父子为代表的奸臣集团所进行的斗争，虽有佛教因果报应思想掺入其间，但通篇表现的主要是儒家思想则是无疑的；其中的人物描写，尤其是沈小霞之妾闻氏情义智勇性格的描写，给人留下深刻印象。最著名、最动人的故事之一《杜十娘怒沉百宝箱》，记述了妓女杜十娘对公子李甲以身相许，最终却遭忘弃，于是投江自尽的爱情悲剧。这篇小说的艺术成就很高，对人物性格尤其是杜十娘的性格描写极为生动逼真，感人至深。特别是故事高潮处，杜十娘开箱抛掷珠宝于江中，最后投江而死：

　　十娘取钥开锁，内皆抽替小箱。十娘叫公子抽第一层来看，只见翠羽明珰，瑶簪宝珥，充牣于中，约值数百金。十娘遽投之江中。李甲与孙富及两船之人，无不惊诧。又命公子再抽一箱，乃玉箫金管；又抽一箱，尽古玉紫金玩器，约值数千金。十娘尽投之于大江中。岸上之人，观者如堵，齐声道："可惜！可惜！"正不知什么缘故。最后又抽一箱，箱中复有一匣，开匣视之，夜明之珠，约有盈把，其他祖母绿、猫儿眼，诸般异宝，目所未睹，莫能定其价之多少。众人齐声喝彩，喧声如雷。十娘又欲投之于江，李甲不觉大悔，抱持十娘恸哭。那孙富也来劝解。十娘推开公子在一边，向孙富骂道："我与李郎备尝艰苦，不是容易到此。汝以奸淫之意，巧为谗说，一旦破人姻缘，断人恩爱，乃我之仇人，我死而有知，必当诉之神明，尚妄想枕席之欢乎！"又对李甲道："妾风尘数年，私有所积，本为终身之计。自遇郎君，山盟海誓，白首不渝。前出都之际，假托众姊妹相赠，箱中韫藏百宝，不下万金，将润色郎君之装，归见父母，或怜妾有心，收佐中馈，得终委托，生死无憾。谁知郎君相信不深，惑于浮议，中道见弃，负妾一片真心。今日当众目之前，开箱出视，使郎君知区区千金，未为难事。妾椟中有玉，恨郎眼内无珠！命之不辰，风尘困瘁，甫得脱离，又遭弃捐。今众人各有耳目，共作证明，妾不负郎君，郎君自负妾耳！"于是众人聚观者，无不流涕，都唾骂李公子负心薄幸。公子又羞又苦，且悔且泣。方欲向十娘谢罪，十娘抱持宝匣，向江心一跳。众人急呼捞救，但见云暗江心，波涛滚滚，杳无踪影。可惜一个如花似玉的名姬，一旦葬于江鱼之腹！

　　这个故事，过去通常认为是对儒家伦理的控诉，其实不然：它所叙写的十娘的人生理想，正是儒家所主张的家庭伦理；它所表现的十娘的情感，正是儒家所推重的忠贞不渝。

（二）戏曲

继元朝戏剧之后，明代戏曲也取得了巨大成就。这方面，汤显祖和李玉是杰出的代表。

汤显祖，字义仍，号若士，又号海若，别署"清远道人"，临川（今江西抚州）人。思想上，他是阳明心学的赞同者，尤其受到李贽的很大影响；政治上，他是东林党人的支持者；而文学上，反对前后"七子"的复古主义，主张抒写"性灵"。他的戏曲作品有"临川四梦"：《牡丹亭》《紫钗记》《邯郸记》《南柯记》。《牡丹亭》是其代表作，剧中记叙南安太守的女儿杜丽娘跟情人柳梦梅在梦中相会之后相思而死，托梦于柳，在后者的爱情呵护下死而复生，终成眷属。此剧实属关于爱情的一首浪漫主义颂歌，人物塑造性格鲜明，语言多姿多彩。例如《惊梦》一出写道：

【醉扶归】（旦）你道翠生生出落的裙衫儿茜，艳晶晶花簪八宝填，可知我常一生儿爱好是天然？恰三春好处无人见。不堤防沉鱼落雁鸟惊喧，则怕的羞花闭月花愁颤。

（贴）早茶时了，请行。（行介）你看：昼廊金粉半零星，池馆苍苔一片青。踏草怕泥新绣袜，惜花疼煞小金铃。（旦）不到园林，怎知春色如许？

【皂罗袍】原来姹紫嫣红开遍，似这般都付与断井残垣。良辰美景奈何天，赏心乐事谁家院！恁般景致，我老爷和奶奶，再不提起！（合）朝飞暮卷，云霞翠轩。雨丝风片，烟波画船。锦屏人忒看的这韶光贱。

（贴）是花都放了，那牡丹还早。

【好姐姐】（旦）遍青山啼红了杜鹃，荼蘼外烟丝醉软。春香阿，牡丹虽好，他春归怎占的先！（贴）成对儿莺燕阿！（合）闲凝眄，生生燕语明如剪，呖呖莺歌溜的圆。

（旦）去罢。（贴）这园子委是观之不足也。（旦）提他怎的！（行介）

【隔尾】观之不足由他缱，便赏遍了十二亭台是枉然！到不如兴尽回家闲过遣。

（作到介）（贴）开我西阁门，展我东阁床。瓶插映山紫，炉添沉水香。小姐，你歇息片时，俺瞧老夫人去也。（下）

这里写出了杜丽娘首次走出深闺、见一片新天地之后，内心的朦胧向往、无限怅惘。这部传奇最后写到杜丽娘死而复生的结局，正好印证了儒家之"诚"的哲学：爱情的精诚所在，虽死亦可复生。

李玉（1590—1670）字玄玉，吴县（今江苏苏州）人。他所写的剧本共有40多种，传世的也有20多种，最著名的是所谓"一人永占"（《一捧雪》《人兽关》《永团圆》《占花魁》）。最富于思想、政治意义的则是《清忠谱》，展现了明代熹宗年间东林党人周顺昌等人反抗阉党魏忠贤集团的正义斗争，而其所表现的则正是儒家理念。如第六出的唱词说：

【玉芙蓉】（合）勋名贯斗杓，功业凌苍昊。洵千秋间气，天挺人豪。今朝德望逾周召，他日经纶翊舜尧。神容肖，胜龙姿凤表。遍街衢，万人瞻仰拥如潮。

……

【脱布衫】（生）俺生平劲节清操，怎肯向貂珰屈膝低腰！（老）叩拜的也颇多，你怎地独自崛强？（生）一任那吠村庄趋承权要，俺只是守孤忠，心存廊庙。

显然，东林党人用以反抗阉党的思想武器，正是儒家的政治理念。

（三）散曲

明代的散曲取得了很高的艺术成就，其思想倾向却颇为复杂；但从总体上看，它们跟明代戏曲的思想倾向是一致的。

王磐（约1470—1530）字鸿渐，高邮（今江苏高邮）人。有散曲集《西楼乐府》。他的《古调蟾宫·元宵》用对比的手法反映了每况愈下的社会现实：

听元宵，往岁喧哗：歌也千家，舞也千家。听元宵，今岁嗟呀：愁也千家，怨也千家。那里有闹红尘香车宝马？只不过送黄昏古木寒鸦！诗也消乏，酒也消乏，冷落了春风，憔悴了梅花！

陈铎（约1454—1507）字大声，邳州（今江苏睢宁西北）人。有散曲集《滑稽余韵》《月香亭稿》《可雪斋稿》《秋碧轩稿》《梨云寄傲》。他的《醉太平·挑担》表现了一个挑夫的困苦生活：

麻绳是知己，匾担是相识。一年三百六十回，不曾闲一日。担头上讨了些儿利，酒房中买了一场醉，肩头上去了几层皮，常少柴没米！

读其作品，令人想起孟子的"民本""仁政"思想。

冯惟敏（1511—约1580）字汝行，临朐（今山东临朐）人。有散曲集《海浮山堂词稿》，另有杂剧《梁状元不伏老》，诗文集《石门集》。他也多有同情人民的作品，如《胡十八·刘麦有感》：

穿和吃不索愁，愁的是遭官棒。五月半间便开仓，里正哥过堂。花户每比粮，卖田宅无买的，典儿女赔不上！

薛论道（1531—1600）字谈德，定兴（今属河北）人。有散曲集《林石逸兴》。他的《黄莺儿·塞上重阳》表现了一种爱国主义的情怀：

荏苒又重阳，拥旌旄倚太行，登临疑是青霄上。天长地长，云茫水茫，胡尘静扫山河壮。望遐荒，王庭何处？万里尽秋霜！

朱载堉（1536—1611）字伯勤，明宗室。其父死后，他却不愿继承王位，潜心研究律、历之学，并发现了"十二平均律"，著成《乐律全书》《律吕融通》。他的散曲在民间多有流传，因其内容深沉，形式清新。如其《山坡羊·十不足》，讽刺了那种贪得无厌的心态：

> 逐日奔忙只为饥，才得有食又思衣。置下绫罗身上穿，抬头又嫌房屋低。盖下高楼并大厦，床前缺少美貌妻。娇妻美妾都娶下，又虑出门没马骑。将钱买下高头马，马前马后少跟随。家人招下十数个，有钱没势被人欺。一铨铨到知县位，又说官小势位卑。一攀攀到阁老位，每日思想要登基。一日南面坐天下，又想神仙下象棋。洞宾与他把棋下，又问那是上天梯？上天梯子未做下，阎王发牌鬼来催。若非此人大限到，上到天上还嫌低！

（四）诗歌

明初，高启颇有诗名。高启（1336—1374）字季迪，长洲（今江苏苏州）人。他的《登金陵雨花台望大江》，似颂实刺，可为其诗的代表：

> 大江来从万山中，山势尽与江流东。
> 钟山如龙独西上，欲破巨浪乘长风。
> 江山相雄不相让，形势争夸天下壮。
> 秦皇空此瘗黄金，佳气葱葱至今王。
> 我怀郁塞何由开？酒酣走上城南台。
> 坐觉苍茫万古意，远自荒烟落日之中来！
> 石头城下涛声怒，武骑千群谁敢渡？
> 黄旗入洛竟何祥？铁锁横江未为固。
> 前三国，后六朝，草生宫阙何萧萧！
> 英雄乘时务割据，几度战血流寒潮。
> 我今幸逢圣人起南国，祸乱初平事休息。
> 从今四海永为家，不用长江限南北。

于谦（1398—1457）字廷益，钱塘（今浙江杭州）人。其诗或忧国忧民，或自抒怀抱。《咏煤炭》是托物言志，表现自己为国尽忠的情怀：

> 凿开混沌得乌金，藏蓄阳和意最深。
> 爝火燃回春浩浩，洪炉照破夜沉沉。
> 鼎彝元赖生成力，铁石犹存死后心。
> 但愿苍生俱饱暖，不辞辛苦出山林。

当时颇有声势影响的，是所谓"七子"，他们是：李梦阳、何景明、徐祯卿、边贡、康海、王九思、王廷相。其中李梦阳、何景明最负盛名。

李梦阳（1473—1530）字献吉，号空同子，庆阳（今甘肃庆阳）人。他反对当时流行的平庸的"台阁体"，倡导"文必秦汉，诗必盛唐"，很具有号召力。他的诗，誉之者谓之杜甫以后一人，毁之者谓之"牵率模拟""如婴儿之学语"。他的《石将军战场歌》是传诵一时的，诗中写道：

> 内有于尚书，外有石将军。
> 石家官军若雷电，天清野旷来酣战。
> 朝廷既失紫荆关，吾民岂保清风店！
> 牵爷负子无处逃，哭声震天风怒号。
> 儿女床头伏鼓角，野人屋上看旌旄。
> 将军此时挺戈出，杀敌不异草与蒿。
> 追北归来血洗刀，白日不动苍天高。
> 万里烟尘一剑扫，父子英雄古来少。……
> 鸣呼战功今已无，安得再生此辈西备胡！

何景明（1483—1521）字仲默，信阳（今河南信阳）人。与李梦阳共倡复古，自称不读唐以后书。他的《岁晏行》是写人民赋税徭役之苦的，诗中写道：

> 旧岁已晏新岁逼，山城雪飞北风烈。
> 徭夫河边行且哭，沙寒水冰冻伤骨。……

一年征求不少蠲（juān），贫家卖男富卖田。……

近闻狐兔亦征及，列网持矰遍山城。

野人知田不知猎，蓬矢桑弓射不得。

嗟吁今昔岂异情？昔时新年歌满城。

明朝亦是新年到，北舍东邻闻哭声！

此后名重一时的，是以李攀龙、王世贞为代表的所谓"后七子"，其实拟古有余，创造不足，颇受后人讥评。

李攀龙（1514—1570）字于鳞，历城（今山东济南）人。《挽王中丞》是为王世贞之父王忬遭魏忠贤之害而冤死而作，其二：

幕府高临碣石开，蓟门丹旒重徘徊。

沙场入夜多风雨，人见亲提铁骑来。

王世贞（1526—1590）字元美，太仓（今属江苏）人。他虽也是提倡复古的七子中人，但是学识渊博，才力雄健，故能为诗坛领袖20年，实非他人可比。他的《登太白楼》是有名的诗篇：

昔闻李供奉，长啸独登楼。此地一垂顾，高名百代留。

白云海色曙，明月天门秋。欲觅重来者，潺湲济水流。

抗倭名将戚继光（1528—1587）字元敬，登州（今山东蓬莱）人。他是著名军事家，也是一位爱国诗人。其风格慷慨激昂，如《马上作》：

南北驱驰报主情，江花边月笑平生。

一年三百六十日，多是横戈马上行。

还有一位慷慨激昂的诗人，却是明亡之后的抗清少年英雄：夏完淳（1631—

1647）字存古，松江华亭（今属上海）人。他年仅 17 岁，即被清朝政府捕杀，所以诗作不多，但往往都写得苍劲悲凉。例如《即事》其一：

> 复楚情何极？亡秦气未平！雄风清角劲，落日大旗明。
> 缟素酬家国，戈船决死生。胡笳千古恨，一片月临城。

其二：

> 战苦难酬国，仇深敢忆家！一身存汉腊，满目尽胡沙。
> 落月翻旗影，清霜冷剑花。六军浑散尽，半夜起悲笳！

（五）散文

明初散文领域颇有名气的，是宋濂和刘基。

宋濂（1310—1381）字景濂，浦江（今浙江义乌）人。他学识渊博，曾主修《元史》。其散文也简洁生动，如《秦士录》写出了一向被人视为粗俗卤莽的邓弼其人的英勇、博学，而反衬出书生腐儒的无用、可笑。文中写道：

> 一日，（邓弼）独饮娼楼，萧、冯两书生过其下，急牵入共饮。两生素贱其人，力拒之。弼怒曰："君终不我从，必杀君，亡命走山泽耳！不能忍君苦也。"两生不得已，从之。弼自据中筵，指左右，揖两生坐，呼酒歌啸以为乐。酒酣，解衣箕踞，拔刀置案上，铿然鸣。两生雅闻其酒狂，欲起走，弼止之曰："勿走也！弼亦粗知书，君何至相视如涕唾？今日非速君饮，欲少吐胸中不平气耳。四库书，从君问，即不能答，当血是刃！"两生曰："有是哉？"遽摘七经数十义扣之，弼历举传、疏，不遗一言。复询历代史，上下三千年，缠缠（‖）如贯珠。弼笑曰："君等伏乎未也？"两生相顾惨沮，不敢再有问。弼索酒，被发跳叫曰："吾今日压倒老生矣！古者学在养气；今人一服儒衣，反奄奄欲绝。徒欲驰骋文墨，儿抚一世豪杰，此何可哉？北何可哉？君等休矣！"两生素负多才艺，闻弼言，大愧，

下楼，足不得成步。

宋濂的学生方孝孺（1357—1402）字希直，宁海（今属浙江）人。他也是当时的理学名儒，以明王道、致太平为己任，主张"古之治具五：政、教、礼、乐、刑罚也"[1]。他的散文《吴士》是讽刺那种夸夸其谈、实无一能之人的："吴士好夸言，自高其能，谓举世莫及。尤善谈兵，谈必推孙、吴。……李曹公破钱塘，士及麾下遁去，不敢少格。搜得，缚至辕门诛之。垂死，犹曰：'吾善孙、吴法！'"

刘基（1311—1375）字伯温，青田（今属浙江）人。他是元末大儒，后帮助朱元璋建立明朝。他的诗文反映人民疾苦、揭露现实问题。如其散文名篇《卖柑者言》，借卖柑者之口讽刺道：

> 世之为欺者不寡矣，而独我也乎？吾子未之思也。今夫佩虎符、坐皋比者，洸洸乎干城之具也，果能授孙吴之略耶？峨大冠、拖长绅者，昂昂乎庙堂之器也，果能建伊皋之业耶？盗起而不知御，民困而不知救，吏奸而不知禁，法斁而不知理，坐糜廪粟而不知耻。观其坐高堂、骑大马、醉醇醴而饫肥鲜者，孰不巍巍乎可畏，赫赫乎可象也？又何往而不金玉其外、败絮其中也哉！

在前七子倡导"文必秦汉"的复古主义之际，唐顺之等起而反对，主张效仿唐宋散文，时称为"唐宋派"。

唐顺之（1507—1560）字应德，武进（今江苏常州）人。他的《答茅鹿门知县二》既是一篇文论，本身也是一篇书信散文佳品，感情真挚，结构缜密，层次分明，语言条畅。信中指出：

> 其不语人以求工文字者，非谓一切抹杀，以文字绝不足为也；盖谓学

---

[1]　方孝孺：《杂诫》。

者先务，有源委本末之别耳。……今有两人，其一人心地超然，所谓具千古只眼人也，即使未尝操笔呻吟，学为文章，但直据胸臆，信手写出，如写家书，虽或疏卤，然绝无烟火酸馅习气，便是宇宙间一样绝好文字；其一人犹然尘中人也，虽其专专学为文章，其于所谓绳墨布置，则尽是矣，然番来覆去，不过是这几句婆子舌头语，索其所谓真精神与千古不可磨灭之见，绝无有也，则文虽工而不免为下格。此文章本色也。

归有光（1507—1571）字熙甫，昆山（今属江苏）人。他反对后七子的复古主义，其文简洁疏淡。例如《见村楼记》，开篇写其地理环境：

崑山治城之隍，或云即古娄江。然娄江已湮，以隍为江，未必然也。吴淞江自太湖西来，北向，若将趋入县城；未二十里，若抱若折，遂东南入于海。江之将南折也，背折而为新洋江。新洋江东数里，有地名罗巷村，亡友李中丞先世居于此，因自号为罗村云。

在明代散文中，李贽可谓高标独立，尤其是他的哲理政论，犀利非常。例如在《贾谊》一文中，对董仲舒既主张"正其谊（义）不谋其利，明其道不计其功"，又大讲灾异的自相矛盾加以揭露：

今观仲舒不计功谋利之云，似矣；而以明灾异下狱论死，何也？夫欲明灾异，是欲计利而避害也。今既不肯计功谋利矣，而欲明灾异者，何也？既欲明灾异，以求免于害，而又谓仁人不计利，谓越无一仁，又何也？所言自相矛盾矣！

但他认为董仲舒毕竟是真诚的迂腐，不像当世之士虚伪的欺诈：

虽然，董氏特腐耳，非诈也；直至今日，则为穿窬之盗矣。其未得富贵也，养吾之声名，以要朝廷之富贵，凡可以欺世盗名者，无所不至；其既得富贵也，复以朝廷之富贵，养吾之声名，凡所以临难苟免者，无所不为。

继而是"公安派"袁氏三兄弟，主张"独抒性灵，不拘格套"。

如袁宏道的散文，内容关注现实，语言简洁生动、清新明快。例如《徐文长传》很能代表这种风格，文章一开始就出手不凡：

> 余一夕坐陶太史楼，随意抽架上书，得《阙编》诗一帙，恶楮毛书，烟煤败黑，微有字形，稍就灯间读之。读未数首，不觉惊跃，急呼周望："《阙编》何人作者？今耶？古耶？"周望曰："此余乡徐文长先生书也。"两人跃起，灯影下，读复叫，叫复读。僮仆睡者皆惊起。盖不佞生三十年，而始知海内有文长先生！噫！是何相识之晚也！因以所闻于越人士者，略为次第，为《徐文长传》。

竟陵派创始人钟惺（1574—1624）字伯敬，竟陵（今属湖北）人。他跟公安派一样主张抒写性灵，但又试图克服后者之浮泛。《浣花溪记》是记他游成都杜甫草堂的，叙写了杜工部祠的周遭秀美环境，抒发了他对杜甫的心胸境界的赞叹之情：

> 杜老二居，浣花清远，东屯险奥，各不相袭。严公不死，浣溪可老，患难之于朋友大矣哉！然天遣此翁增夔门一段奇耳。穷愁奔走，犹能择胜，胸中暇整，可以应世，如孔子微服主司城贞子时也。

在明代游记作品中，徐弘祖的《徐霞客游记》是很著名的。

徐弘祖（1587—1641）号霞客，江阴（今属江苏）人。《徐霞客游记》既是地理名著，也是一部优美的游记散文，记载精确，文笔生动。

而在说明文方面，魏学洢（约1596—约1625）的《核舟记》是有名的，刻画事物，精细入微，已被选入中学课本；张岱（1597—1679）的《柳敬亭说书》也写得细腻生动，甚为可读。不过，这类作品在思想性方面并不高。但是，张岱的《西湖香市》却是颇有寓意的，它通过对西湖香市今昔盛衰的强烈对比，揭示了天灾人祸的危害：

> 此时春暖，桃柳明媚，鼓吹清和。岸无留船，寓无留客，肆无留酿。袁石公所谓"山色如娥，花光如颊，波纹如绫，温风如酒"，已画出西湖三月。而此以香客杂来，光景又别。士女闲都，不胜其村妆野妇之乔画；芳兰芗泽，不胜其合香芫荽之薰蒸；丝竹管弦，不胜其摇鼓欱笙之聒帐；鼎彝光怪，不胜其泥人竹马之行情；宋元明画，不胜其湖景佛图之纸贵。如逃如逐，如奔如追，撩扑不开，牵挽不住。数百十万男男女女，老老少少，日簇拥于寺之前后左右者，凡四阅月方罢，恐大江以东，断无此二地矣。
>
> 崇祯庚辰三月，昭庆寺火。是岁及辛巳壬午洊饥，民强半饿死。壬午，虏鲠山东，香客断绝，无有至者，市遂废。……有轻薄子改古诗诮之曰："山不青山楼不楼，西湖歌舞一时休。暖风吹得死人臭，还把杭州送汴州！"

明末著名的文学团体所取得的成就，莫过于"复社"。复社的发起人之一张溥（1602—1641）的《五人墓碑记》记叙了熹宗天启七年（1627年）苏州市民抗暴的事迹，讴歌了不畏强暴、不怕牺牲的精神：

> 五人者，盖当蓼洲周公之被逮，激于义而死焉者也。……然五人之当刑也，意气扬扬，呼中丞之名而詈之，谈笑而死。断头置城上，颜色不少变。……嗟乎！大阉之乱，缙绅而能不易其志者，四海之大，有几人欤？而五人生于编伍之间，素不闻诗书之训，激昂大义，蹈死不顾，亦曷故哉？……由是观之，则今之高爵显位，一旦抵罪，或脱身以逃，不能容于远近，而又有剪发杜门，佯狂不知所之者，其辱人贱行，视五人之死，轻重固何如哉！……故予与同社诸君子，哀斯墓之徒有其石也，而为之记，亦以明死生之大，匹夫之有重于社稷也！

文章最后落脚于孟子讲的"民为贵，社稷次之，君为轻"上面。

第三节　清代儒学与文学

一、清代理学与朴学

清代[1]儒学的总体情形，大致可以分为两端：一是程朱理学的重新执掌统治权，一是经学中"小学"的空前发达。这种情况的出现，主要是由两种力量的合力造成的：一方面是明清之际顾炎武等儒家学者对于明代空疏学风的激烈批判，提倡"经世致用""实事求是"的"实学""朴学"；一方面是清王朝对文人士子采取的威逼利诱的两手，使得他们只能在思想上保持沉默，而"钻进故纸堆里"致力于纯粹"学术"。结果就是我们看到的理学的霸权、"小学"或者"汉学"的繁荣。后者的典型，就是所谓"乾嘉学派"。

乾嘉学派作为中国历代考据之学的最高峰，其学术成就确实不可抹杀；但是另一方面我们也要看到，"思想"本身在这里几乎被窒息了。本来，顾炎武是把考据之学当作通达儒家经典所蕴含的思想内涵的工具的；此时，工具却被当作了目的本身：不是得意而忘言，而是因言而遗意。当然其中也有例外，例如戴震。

戴震（1724—1777）字慎修，又字东原，安徽休宁人。他的老师江永，朋友纪昀、钱大昕、王鸣盛、卢文弨、惠栋等人，都是一时的硕儒。他作为纂修官，亲自参与了《四库全书》的修纂；而且博闻强记，博学多才。作为经学大师，他的代表作有《声韵考》《声类表》《方言疏证》等；在哲学思想上，著有《原善》《原象》等。尤其是《孟子字义疏证》一书，既是小学宏著，同时也是哲学杰作，既对程朱理学有所批判，也不依傍陆王心学，这在当时实属难能可贵。总的来看，戴震的思想更接近于明清之际的几位大儒，

---

[1]　此所谓"清代"，按照惯例是指的晚清以前，亦即不包含"近代"。

他们很难被简单划归为"理学"或是"心学"；虽然批判了"以理杀人"的封建纲常名教，但到底还是属于那种我称之为"儒学自我批判"的范畴；而且从传统的学术分野的角度看，戴震还是属于"汉学"一派的。

然而清代中叶以后，中国学术界出现了一股新的力量。江苏常州相继出现了三个人物，那就是庄存与、刘逢禄、宋翔凤，他们发展成了与乾嘉学派相对的常州学派。这个学派一反"朴学"之风，转向今文经学，根据东汉何休的《春秋公羊解诂》，发挥儒家经典的"微言大义"。

首先是庄存与（1719—1788）著成《春秋正辞》，"刊落训诂名物之末，专求所谓'微言大义'者，与戴、段一派所取途径，全然不同。"[1] 继之则是他的外孙刘逢禄（1776—1829），著《春秋公羊经何氏释例》，以发挥"张三世"的改制思想，成为清代今文经学的奠基之作，对后来的维新派产生了深远影响。同时有宋翔凤（1779—1860）著《论语说义》，与刘逢禄相呼应。接下来就是人们耳熟能详的龚自珍、魏源；再接下来，便是大名鼎鼎的维新派人物康有为。但是，其间还有一位直接影响了康有为的今文经学家，就是廖平。不过，这些已经超出了本章的范围。

近代以前的清代春秋公羊学对于中国思想史的意义，并不在于提出了什么适应中国社会转型的具体思想主张，而在于为这种思想主张的出现扫清了障碍、开辟了思路，就是找到了一种便于发挥新思想、新主义的话语。

二、清代儒学与文学理论

明清之际三大儒的文论，通常被列入清初。他们的思想一方面已经具有某些朦胧的近代意识，一方面仍然属于儒家思想的自我反省。这在文论方面同样表现出来，一方面主张抒写自家性情，一方面强调关注现实问题。黄宗羲说："诗以道性情"[2]，"凡情之至者，其文未有不至者也"[3]；"情随事转，事因世变，

---

[1] 梁启超：《清代学术概论》
[2] 黄宗羲：《马雪航诗序》。
[3] 黄宗羲：《明文案序》。

干啼湿哭，总为肤受"[1]。王夫之讲："无论诗歌与长行文字，俱以意为主"；"若即景会心，则或推或敲，必居其一；因景因情，自然灵妙，何劳拟议哉？"[2]顾炎武称："文须有益于天下"，"文之不可绝于天地间者，曰明道也，纪政事也，察民隐也，乐道人之善也"[3]；"故凡文之不关于六经之指、当世之务者，一切不为"[4]；"能文不为文人，能讲不为讲师"[5]。

跟这种文学观相一致的，还有归庄。

归庄（1613—1673）字玄恭，昆山（今属江苏）人。他是明末爱国诗人归有光的曾孙，与同乡顾炎武互相推许，经历也颇为相似。他在《吴余常诗稿序》中指出：

> 太史公言："《诗》三百篇，大抵皆圣贤发愤之作。"韩昌黎言："愁思之声要妙，穷苦之言易好。"欧阳公亦云："诗穷而后工。"故自古诗人之传者，率多逐臣骚客、不遇于世之士。吾以为一身之遭逢，其小者也，盖亦视国家之运焉。诗家前称七子，后称杜陵，后世无其伦比。使七子不当建安之多难，杜陵不遭天宝以后之乱，盗贼群起，攘窃割据，宗社翴脆，民生涂炭，即有慨于中，未必其能寄托深远，感动人心，使读者流连不已如此也。然则士虽才，必小不幸而身处厄穷，大不幸而际危乱之世，然后其诗乃工也。

清初文学理论进一步发展，其中叶燮的《原诗》是颇为突出的。

叶燮（1627—1703）字星期，吴江（今属江苏）人。他在《原诗》中提出了诗歌本于"理、情"的理论："自开辟以来，天地之大，古今之变，万汇之赜，日星河岳，赋物象形，兵刑礼乐，饮食男女，于以发为文章，形为诗赋，其道万千，余得以三语蔽之，曰理，曰事，曰情"；"故法者，当乎理，确乎事，酌乎情，为三者之平准，而无所自为法也"；"然具是三者，又有总而持之，条而贯之者，曰气"；但从根本上说，"我谓作诗者，亦必先有诗之基焉。诗

---

[1] 黄宗羲：《周元亮赖古堂合刻序》。
[2] 王夫之：《夕堂永日绪论内编》。
[3] 顾炎武：《日知录》"文须有益于天下"条。
[4] 顾炎武：《与人书》十八。
[5] 顾炎武：《与人书》二十三。

之基，其人之胸襟是也。有胸襟，然后能载其性情智慧聪明才辨以出，随遇发生，随生即盛。……既有胸襟，必取材于古人，原本于《三百篇》、楚骚，浸淫于汉魏六朝唐宋诸大家，皆能会其指归，得其神理"。

但对清代前期诗坛影响最大的，乃是王士禎的"神韵"说。

王士禎（1634—1711）字贻上，别号渔洋山人，新城（今山东桓台）人。王渔洋的"神韵"说影响了清代前期诗坛将近百年。他说："'神韵'二字，予向论诗，首为学人拈出"[1]；"严沧浪以禅喻诗，予深契其说"[2]；"舍筏登岸，禅家以为悟境，诗家以为化境，诗禅一致，等无差别"[3]；"严沧浪论诗云：'盛唐诸人，唯在兴趣：羚羊挂角，无迹可求；透彻玲珑，不可凑泊；如空中之音，相中之色，水中之月，镜中之像，言有尽而意无穷。'"[4] 神韵的具体表现："表圣论诗，有二十四品，予最喜'不著一字，尽得风流'八字"[5]；"昔司空表圣作《诗品》凡二十四，有谓冲淡者曰：'遇之匪深，即之愈稀'；有谓自然者曰：'俯拾即是，不取诸邻'；有谓清奇者曰：'神出古异，淡不可收'。是三者，品之最上。"[6] 神韵的培养主要依靠两点："夫诗之道，有根柢焉，有兴会焉，二者率不可兼得。镜中之像，水中之月，相中之色，羚羊挂角，无迹可求，此兴会也；本之风雅以导其源，溯之楚骚、汉魏乐府诗以达其流，博之九经、三史、诸子以穷其变，此根柢也。根柢原于学问，兴会发于性情。"[7]

清代古文"桐城派"的代表方苞的文论，核心是"义法"。

方苞（1668—1749）字灵皋，桐城人。他的思想是程朱一派的，尤其重视《春秋》义法。在文论上，所谓"义法"就是："《春秋》之制义法，自太史公发之，而后之深于文者，亦具焉。'义'即《易》之所谓'言有物'也，'法'即《易》之所谓'言有序'也。义以为经而法纬之，然后为成体之文。"[8] 其实，义法就是儒家古文之内容与形式："盖古文所从来远矣，六经、《语》《孟》，

[1] 王士禎：《池北偶谈》。
[2] 王士禎：《蚕尾续文》。
[3] 王士禎：《香祖笔记》。
[4] 王士禎：《渔洋文》。
[5] 王士禎：《香祖笔记》。
[6] 王士禎：《嵩津草堂诗集序》。
[7] 王士禎：《渔洋文》。
[8] 方苞：《又书货殖传后》。

其根源也。"[1]

经桐城派的提倡，"古文"大行。此时，程廷祚却提出了批评。

程廷祚（1691—1767）字启生，上元（今江苏南京）人。在思想上，他是属于颜元、李塨一派的。颜李学派被称为"功利主义"，注重躬行实践，讲求礼乐兵农，既反对宋明理学的空疏，也鄙视乾嘉考据的烦琐。据此，程廷祚不仅批评桐城派所谓"古文"并非真正的古文，而且矛头指向唐宋八大家乃至于韩愈。他在《复家鱼门论古文书》中说："韩退之崛起数千载之后，属文章靡弊，凭陵辐辏，首唱古文，而能范围后来之作者，诚可谓文人之雄也已。然其自负太过，后之尊崇亦太过，……且退之以道自命，则当直接古圣贤之传，三代可四，而六经可七矣。乃志在于'沉浸酿郁，含英咀华，作为文章'，戛戛乎去陈言而造新语，以自标置，其所操抑末矣"；"今欲专力于古文，惟沉潜于六籍，以植其根本；阅历于古今，以达其事变；寝食于先汉，以取其气味；不患文之不日进于高古"；"抑愚窃有见夫天地雕刻众形，而咸出于无心；文之至者，体道而出，根心而生，不烦绳削而自合"。

乾嘉时期，袁枚的文论是很值得注意的。

袁枚（1716—1798）字子才，钱塘人。他是当时少见的能够超越时代风气的作家和文学理论家。传统认为文章学问包括三个方面：义理、考据、辞章。袁枚的文论就是从这三个方面着眼的：

> 古文……其弊，一误于南宋之理学，再误于前明之时文，再误于本朝之考据。三者之中，吾以考据为长；然以之涧古文，则大不可。何也？古文之道形而上，纯以神行，虽多读书，不得妄有摭拾……考据之学形而下，专引载籍，非博不详，非杂不备，辞达而已，无所为文，更无所为古也。……六经三传，古文之祖也，皆作者也；郑笺孔疏，考据之祖也，皆述者也。……《论语》曰："古之学者为己，今之学者为人。"著作家自抒所得，近乎为己；考据家代人辨析，近乎为人。[2]

[1]　方苞：《古文约选序》
[2]　袁枚：《与程蕺园书》。

袁枚文学理论的另外一个重要方面，则是诗论。继王渔洋的"神韵"说、沈德潜的"格调"说之后，袁枚提出了"性灵"说。他说：

> 人有满腔书卷，无处张皇，当为考据之学，自成一家；其次则骈体文，尽可铺排。何必借诗为卖弄？自《三百篇》至今日，凡诗之传者，都是性灵，不关堆垛。……"天涯有客号冷痴，误把抄书当作诗。抄到钟嵘诗品日，该他知道性灵时。"[1]

最后，我们谈谈章学诚在《文史通义》里所涉及的文学理论问题。

章学诚（1738—1801）字实斋，浙江会稽人。刘勰《文心雕龙》专论"文"，刘知幾《史通》专论"史"，而章学诚《文史通义》则通论"文史"，也就是说，论"文"是它的一个基本方面。在《文德》篇，他提出了自己的"文德"说：

> 夫子尝言"有德必有言"，又言"修辞立其诚"，……以古人所言，皆兼本末、包内外，犹合道德文章而一之……凡为古文辞者，必敬以恕。临文必敬，……论古必恕，……知临文之不可无敬恕，则知文德矣。

这就是说，对于文学作品来说，德为本，言为末；德为内，言为外；文学创作须敬，文学批评须恕。

在《文理》篇，他提出了自己的"文理"论：所谓"若者为全篇结构，若者为逐段精彩，若者为意度波澜，若者为精神气魄"，"特其皮毛"，"文章一道，初不由此"；"夫立言之要，在于有物。古人著为文章，皆本于中之所得，初非好为炳炳烺烺，如锦工绣女之矜夸采色已也。……学问为立言之主，犹之志也；文章为明道之具，犹之气也"；"故古人论文，多言读书养气之功，博古通经之要，亲师近友之益，取材求助之方，则其道矣。至于论及文辞工拙，

[1]　袁枚：《随园诗话》卷五。

则举隅反三，称情比类，如陆机《文赋》，刘勰《文心雕龙》，钟嵘《诗品》，或偶举精字善句，或品评全篇得失，令观之者得意文中，会心言外，其于文辞，思过半矣。"

三、清代儒学与文学创作

清代文学没有特别突出的某种文体，也可以说各种文体均衡发展。这里，我们讨论以下几种文体的大致情况：

（一）诗词

明末文学社团"复社"的诗人，入清以后也很活跃，如吴梅村、顾亭林等。

吴伟业（1609—1672）号梅村，太仓（今属江苏）人。他擅长七言歌行，其诗多有身世之感、生民之哀。如《织妇词》，表现了他对清初现实的某种不满：

> 黄茧缫丝不成匹，停梭倚柱空太息。
> 少时织绮贡尚方，官家曾给千金直。
> 孔雀蒲桃新样改，异缣奇文不遑识。
> 桑枝渐枯蚕已老，中使南来催作早。
> 齐纨鲁缟车班班，西出玉关贱如草。
> 黄龙袯子紫橐驼，千箱万叠奈尔何！

顾炎武主张"诗主性情，不贵奇巧"，他的诗多吊古伤今，兴亡感慨，而其风格或沉郁，或激昂。例如他的《又酬傅处士次韵》其二，寄托了反清复明的信心：

> 愁听关塞遍吹笳，不见中原有战车。
> 三户已亡熊绎国，一成犹启少康家。
> 苍龙日暮还行雨，老树春深更著花。

待得汉庭明诏近，五湖同觅钓鱼槎。

与复社诗人过从甚密的屈大均，为"岭南三大家"（屈大均和陈恭尹、梁佩兰）之一。

屈大均（1630—1696）字翁山，番禺（今广州）人。他擅长于五律，例如《读陈胜传》：

闾左称雄日，渔阳谪戍人。王侯宁有种？竿木足亡秦。
大义呼豪杰，先声仗鬼神。驱除功第一，汉将可谁论！

清初词人，陈维崧是最为杰出的。

陈维崧（1625—1682）字其年，宜兴（今属江苏）人。其词多有家国之感、生民之忧，风格接近于辛弃疾。例如《点绛唇·夜宿临洺驿》：

晴髻离离，太行山势如蝌蚪。稗花盈亩，一寸霜皮厚。
赵魏燕韩，历历堪回首！悲风吼，临洺驿口，黄叶中原走！

顺、康之间的诗坛领袖是王士禛，其诗推崇盛唐，倡导神韵，因而关心现实的作品不多。例如《真州绝句》其五：

江乡春事最堪怜，寒食清明欲禁烟。
残月晓风仙掌路，何人为吊柳屯田？

其《秦淮杂诗》十四首，倒是有所寄托。例如其一：

年来肠断秣陵舟，梦绕秦淮水上楼。
十日雨丝风片里，浓春烟景似残秋！

与王士祯并称为"南北两大诗人"的朱彝尊（1629—1709）字锡鬯，秀水（今浙江嘉兴）人。其词风格清新，《桂殿秋》是其代表作：

思往事，渡江干，青蛾低映越山看。
共眠一舸听秋雨，小簟轻衾各自寒。

查慎行（1650—1727）字夏重，海宁（今属浙江）人。《自湘东驿遵陆至芦溪》颇能代表其诗的风格：

黄花古渡接芦溪，行过萍乡路渐低。
吠犬鸣鸡村远近，乳鹅新鸭岸东西。
丝缫细雨沾衣润，刀剪良苗出水齐。
犹与湖南风土近，春深无处不耕犁。

纳兰性德（1655—1685）字容若，满洲正黄旗人。主张诗有才学，词须比兴。其词长于小令，如《长相思》：

山一程，水一程，身向榆关那畔行，夜深千帐灯。
风一更，雪一更，聒碎乡心梦不成，故园无此声！

郑燮（1693—1765）字板桥，兴化（今属江苏）人，是清代少有的诗、书、画都擅长的名家，风格独特，自成一家。其诗与画相融，例如《渔家》：

卖得鲜鱼百二钱，籴粮炊饭放归船。
拔来湿苇烧难着，晒在垂杨古岸边。

袁枚是清代乾嘉时期的大诗人，他反对复古、拟古，也试图超越王士祯的"神韵"说，而提出了他自己的"性灵"说，主张诗歌抒写性情。例如《马嵬》

独出心裁，对唐玄宗和杨贵妃的生离死别不以为然，认为较之人民的苦难，玄宗是不值得同情的：

> 莫唱当年长恨歌，人间亦自有银河。
>
> 石壕村里夫妻别，泪比长生殿上多！

与袁枚并称"江右三大家"的，还有蒋士铨和赵翼。

蒋士铨（1725—1785）字心余，江西铅山人。他的《南池杜少陵祠堂》表达了对诗人杜甫的悼念同情：

> 先生不仅是诗人，薄宦沉沦稷契身。
>
> 独向乱离忧社稷，直将歌哭老风尘。
>
> 诸侯宾客犹相忌，信史文章自有真。
>
> 一饭何曾忘君父？可怜儒士作忠臣！

赵翼（1727—1814）字云崧，阳湖（今属江苏）人。他的《后园居诗》是富于现实意义的，例如第三：

> 有客忽叩门，来送润笔需。乞我作墓志，要我工为谀。
>
> 言政必龚黄，言学必程朱。吾聊以为戏，如其意所须。
>
> 补缀成一篇，居然君子徒。核诸其素行，十钧无一铢。
>
> 此文倘传后，谁复知贤愚？或且引为据，竟入史册摹。
>
> 乃知青史上，大半亦属诬！

当时还有一位颇为卓越的人物：汪中（1745—1794）字容甫，江苏江都人。他是扬州学派的代表人物，自称私淑于顾炎武；在儒学思想上，他将孔墨并称，孔荀并提，这在当时实属难能可贵。在文学上，他最擅长骈文；但其诗也颇具独特风格。例如著名的《梅花》：

孤馆寒梅发，春风款款来。

故园花落尽，江上一枝开。

又如《白门感旧》：

秋来无处不销魂，箧里春衫半有痕。

到眼云山随处好，伤心耆旧几人存？

扁舟夜雨时闻笛，落叶西风独掩门。

十载江湖生白发，华年如水不堪论！

清代大儒阮元（1764—1849）字伯元，江苏仪征人。他学富五车，也能诗。例如《甬江夜泊》，推己及人，颇有现实寄托：

风雨暮潇潇，荒江正起潮。远帆连海气，短烛接寒宵。

人静怯闻角，衣轻欲试貂。遥怜荷戈者，孤岛夜萧寥！

（二）散文

明末清初的大儒黄宗羲、顾炎武、王船山等人的散文都是很有影响的，其影响力不仅在于其思想的魅力，同时在于其文风的魅力。如黄宗羲的《原君》，就是一篇思想深刻、文笔犀利的论文：

有生之初，人各自私也，人各自利也。……故古之人君，量而不欲入者，许由、务光是也；入而又去之者，尧、舜是也；初不欲入而不得去者，禹是也。岂古之人有所异哉？好逸恶劳，亦犹夫人之情也。后之为人君者不然，以为天下利害之权皆出于我；我以天下之利尽归于己，以天下之害尽归于人，亦无不可。使天下之人不敢自私，不敢自利，以我之大私为天下之大公。始而惭焉，久而安焉，视天下为莫大之产业，传之子孙，受享无穷……。此无他，古者以天下为主，君为客，凡君之所毕世而经营者，为天下也；今也以君为主，天下为客，凡天下之无地而得安宁者，为君也。是以其未得之也，屠毒天下之肝脑，离散天下之子女，以博我一人之产业，曾不惨然，曰："我固为子孙创业也。"其既得之也，敲剥天下之骨髓，离散天下之子女，以奉我一人之淫乐，视为当然，曰："此我产业之花息也。"然则天下之大害者，君而已矣！向使无君，人各得自私也，人各得自利也。

顾炎武《与友人论学书》是批判明末空疏学风、倡导朴学的代表作，信中说：

窃叹夫百余年以来之为学者，往往言心言性，而茫乎不得其解也。命与仁，夫子之所罕言也；性与天道，子贡之所未得闻也。性命之理，著之《易传》，未尝数以语人。其答问士也，则曰："行己有耻。"其为学，则曰："好古敏求。"其与门弟子言，举尧舜相传所谓"危微精一"之说，一切不道，而但曰："允执其中，四海困穷，天禄永终。"呜呼！圣人之所以为学者，何其平易而可循也！……今之君子则不然，……置四海之困穷不言，而终日讲"危微精一"之说。……是故性也，命也，天也，夫子之所罕言，而今之君子之所恒言也；出处去就、辞受取与之辨，孔子、孟子之所恒言，而今之君子所罕言也。……愚所谓圣人之道者，如之何？曰："博学于文。"曰："行己有耻。"自一身以至于天下国家，皆学之事也；自子臣弟友以至出入往来、辞受取与之间，皆有耻之事也。

王船山的《读通鉴论·桑维翰论》对五代时桑维翰叛唐的行径进行了无情的批判，表现了作者强烈的民族意识。文章开篇指出：

谋国而贻天下之大患，斯为天下之罪人，而有差等焉。祸在一时之天下，则一时之罪人，卢杞是也；祸及一代，则一代之罪人，李林甫是也；祸及万世，则万世之罪人，自生民以来，唯桑维翰当之。

清初儒家散文的代表，还有唐甄。

唐甄（1630—1704）字铸万，四川达州人。虽然推崇阳明良知之说，但能独出心裁。所著《潜书》，上篇论学术，反对只讲心性、不顾事功，与顾炎武一致；下篇论政治，关怀人民，抨击君主专制制度，与黄宗羲一致。如《室语》篇写道：

> 唐子居于内，夜饮酒。己西向坐，妻东向坐，女安北向坐，妾坐于西北隅。执壶以酌，相与笑语。唐子食鱼而甘，……于是饮酒乐甚。忽焉拊几而叹。……曰："……自秦以来，凡为帝王者，皆贼也。"妻笑曰："何以谓之贼也？"曰："今也有负数匹布，或担数斗粟而行于途者，或杀之，而有其布粟，是贼乎？非贼乎？"曰："是贼矣。"唐子曰："杀一人而取其匹布斗粟，犹谓之贼；杀天下之人而尽有其布粟之富，而反不谓之贼乎？三代以后，有天下之善者，莫如汉。然高帝屠城阳、屠颍阳，光武帝屠城三百。"……"杀一鱼而甘一鱼之味则不忍，杀天下之人而甘天下之味则忍之，是岂人之本心哉！尧舜之道，不失其本心而已矣。"

桐城派的开创者方苞，文章讲究"义法"。所谓"义"即是指儒家伦理，所谓"法"则是指由此决定的文章规范。我们以《左忠毅公逸事》一文为例，可以见其文章的"义法"一斑。此文意在赞颂左光斗的精神，却通过关于史可法的三件典型事例来加以侧面表现：

> 先君子尝言，乡先辈左忠毅公视学京畿，一日，风雪严寒，从数骑出微行，入古寺。庑下一生伏案卧，文方成草。公阅毕，即解貂覆生，为掩户。叩之寺僧，则史公可法也。及试，吏呼名至史公，公瞿然注视。呈卷，即面署第一。召入，使拜夫人，曰："吾诸儿碌碌，他日继吾志者，惟此生耳！"
>
> 及左公下厂狱，史朝夕狱门外。……久之，闻左公被炮烙，旦夕且死。……史更弊衣草屦，背筐，手长镵，为除不洁者，引入，微指左公处。则席地倚墙而坐，面额焦烂不可辨，左膝以下，筋骨尽脱矣。史前跪，抱

公膝而呜咽。公辨其声而目不可开，乃奋臂以指拨眦，目光如炬，怒曰："庸奴！此何地也？而汝来前！国家之事，糜烂至此，老夫已矣，汝复轻身而昧大义，天下事谁可支拄者！不速去，无俟奸人构陷，吾今即扑杀汝！"因摸地上刑械，作投击势。史噤不敢发声，趋而出。……

　　崇祯末，流贼张献忠出没蕲、黄、潜、桐间。史公以凤庐道奉檄守御，每有警，辄数月不就寝，使壮士更休，而自坐幄幕外。……每寒夜起立，振衣裳，甲上冰霜迸落，铿然有声。或劝以少休，公曰："吾上恐负朝廷，下恐愧吾师也。"

桐城派的另外一位代表人物为姚鼐。

姚鼐（1732—1815）字姬传，安徽桐城人。其文讲究神理气味，格律声色。《登泰山记》是他的散文名篇，全文仅数百字，内容丰富多彩，不仅写出了泰山的雄伟壮丽，而且交代清楚了若干背景。文中写道：

　　泰山之阳，汶水西流；其阴，济水东流。阳谷皆入汶，阴谷皆入济。当其南北分者，古长城也。……余始循以入，道少半，越中岭，复循西谷，遂至其巅。古时登山，循东谷入，道有天门。东谷者，古谓之天门谿水，余所不至也。今所经中岭及山巅崖限当道者，世皆谓之天门云。道中迷雾冰滑，磴几不可登。及既上，苍山负雪，明烛天南，望晚日照城郭、汶水、徂徕如画，而半山居雾若带然。……极天云一线异色，须臾成五采，日上正赤如丹，下有红光动摇承之。或曰：此东海也。……

（三）小说

清代小说，长篇以曹雪芹的《红楼梦》为代表，短篇以蒲松龄的《聊斋志异》为代表。作为长篇小说，《红楼梦》的思想倾向问题颇为复杂，这里限于篇幅，暂置不论。

蒲松龄（1640—1715）字留仙，淄川（今山东淄博）人。他以约 20 年时间著成的文言短篇小说集《聊斋志异》，共收入小说400多篇，其基本写作手法是谈鬼说狐，讽喻现实。就其思想倾向而论，主要的是儒家伦理，又夹有佛教思想；但也往往通过人鬼之情的叙写，表现一种叛逆的精神。例如《青凤》写耿生与狐女青凤之间的大胆真挚的爱情；《窦氏》写晋阳地主南三复引诱农家少女窦氏却始乱终弃，致使窦氏冤屈怨恨而死，后以鬼魂复仇，终令南三复罪有应得；《席方平》则是写的一桩冥间冤案的审理过程，席方平为其父席廉申冤，由二郎神为之昭雪。这些故事往往夹杂因果报应之类观念，但其主旨还是儒家仁义忠孝一类观念。作者虽然用的是文言，但其文笔简洁而细腻、形象而生动。例如《黄英》对菊花女黄英的性格描写：马子才娶黄英后，因她而致巨富，颇觉失了男人体面：

　　马不自安，曰："仆三十年清德，为卿所累。今视息人间，徒依裙带而食，真无一毫丈夫气矣！人皆祝富，我但祝穷耳！"黄英曰："妾非贪鄙；但不少致丰盈，遂令千载下人，谓渊明贫贱骨，百世不能发迹，故聊为我家彭泽解嘲耳。然贫者愿富，为难；富者求贫，固亦甚易。床头金任君挥去之，妾不靳也。"马曰："捐他人之金，抑亦良丑。"黄英曰："君不愿富，妾亦不能贫也。无已，析君居：清者自清，浊者自浊，何害？"乃于园中起筑茅茨，择美婢往侍马。马安之。然过数日，苦念黄英。招之，不肯至，不得已，反就之。隔宿辄至，以为常。黄英笑曰："东食西宿，廉者当不如是。"马亦自笑，无以对，遂复合居如初。

（四）戏曲

戏曲在清代进一步发展，产生了不少市井百姓喜闻乐见的优秀作品。这些作品通常表现了人民群众的喜怒哀乐，而其思想感情并未逾越儒家伦理的范畴。

一种比较典型的情况，就是那种批判贪赃枉法的贪官污吏而歌颂为民请命的清官的所谓清官戏。如朱𡸫的《十五贯》。

朱𡸫字素臣，吴县人，生卒年不详，大约生活于顺治前后，与李玉相友善。

他有传奇作品 20 来种，最有名的是《翡翠园》《十五贯》。后者是写熊友兰、熊友蕙兄弟蒙冤遭难，最后太守况钟为之昭雪的故事。况钟这个人物就是一个典型的清官形象，他心目中充满着的便是儒家的伦理政治理念。此剧也涉及传统戏曲中的另外一种常见的精神，就是侠义。剧中有一个人物陶复朱，就是富于侠义心肠的角色。第十八出"廉访"里就有一段陶复朱和娄阿鼠的对话：

　　【玉交海棠】伊休莽撞，怎出头撩锋拔芒？（末）我为人抱白明冤，也不算甚么撩拨。（丑）你还不晓得，我每地方上，为出这件事来，见上司，解六院，拖上拖下，不知吃了多少辛苦。况且况太爷有些兜搭，笑你负薪救火招无妄，岂不虑林木贻殃？（末怒）咳！此言差矣！当日指望救他的兄弟，不想反害了哥哥，我陶复朱的罪过也不小。若将他穷骨冤埋，枉却我侠肠雄壮！（欲下）（丑扯住介）住了住了！熊友兰又不是你的亲故，甚么要紧？无事讨事做。常言道，是非只为多开口，烦恼皆因强出头。倘然况大爷到来你个身上要起凶身，怎么处？依我说，不要去！（末）咳！我怎肯良心丧？拼做救人从井，同溺何妨！

　　洪昇的《长生殿》则涉及了另外一些思想感情。

　　洪昇（1645—1704）字昉思，钱塘（今浙江杭州）人。《长生殿》是根据白居易《长恨歌》、陈鸿《长恨歌传》、白朴杂剧《梧桐雨》等，经十余年苦心经营而成，脱稿之际，轰动一时。此剧是清代传奇的代表作之一，共五十出。前半部重在写实，透过唐玄宗、杨贵妃的爱情故事，记叙安史之乱的经过及其缘由，其思想倾向仍然是儒家政治伦理；下半部重在致虚，通过艺术想象，叙述李、杨爱情故事由悲转喜、二人终于重聚天上的经过，表现的还是属于儒家哲学范畴的"至诚感天"。此剧在艺术上极为成功，人物性格鲜明，唱腔音韵和谐。例如第二十四出"惊变"中的几段：

　　【北中吕粉蝶儿】天淡云闲，列长空数行新雁。御园中秋色斓斑：柳添黄，苹减绿，红莲脱瓣。一抹雕阑，喷清香桂花初绽。

……

【北斗鹌鹑】畅好是喜孜孜驻拍停歌，喜孜孜驻拍停歌，笑吟吟传杯送盏。妃子干一杯。（作照干介）不须他絮烦烦射覆藏钩，闹纷纷弹丝弄板。（又作照杯介）妃子再干一杯。（旦）妾不能饮了。（生）宫娥每跪劝。（老旦、贴）领旨。（跪旦介）娘娘请上这一杯。（旦勉饮介）（老旦、贴作连劝介）（生）我这里无语持觞仔细看，早子见花一朵上腮间。（旦作醉介）妾真醉矣！（生）一会价软哈哈柳軃花欹，软哈哈柳軃花欹，困腾腾莺娇燕懒。

……

【北上小楼】呀！你道失机的哥舒翰，称兵的安禄山，赤紧的离了渔阳，陷了东京，破了潼关。唬得人胆战心摇，唬得人胆战心摇，肠慌腹热，魂飞魄散，早惊破月明花粲！

在当时的传奇界，人称"南洪北孔"，后者即孔尚任。

孔尚任（1648—1718）字聘之，山东曲阜人，是孔子的六十四代孙。曾一度受康熙赏识，"特简为国子监博士"。后来派往淮阳治河，了解了民间疾苦，结识了一批明代遗民，民族意识增强。当其罢职之际，正是其《桃花扇》脱稿之时。此剧为清代传奇代表作，通过对明末复社人物侯方域与秦淮名妓李香君之间的爱情故事的叙述，批判了马士英等的祸国殃民，歌颂了史可法等的民族气节。例如"却奁"一出，权奸阮大铖试图收买侯方域，送妆奁给李香君，李深明大义，坚决拒绝。试看下面两段唱腔：

【川拨棹】不思想，把话儿轻易讲。要与他消释宿殃，要与他消释宿殃，也提防旁人短长。官人之意，不过因他助我妆奁，便要徇私废公。那知道这几件钗钏衣裙，原不放到我香君眼里。（拔簪脱衣介）脱裙衫，穷不妨。布荆人，名自香。

（末）阿呀！香君气性，忒也刚烈！（小旦）把好好东西，都丢一地，可惜！可惜！（拾介）（生）好，好，好！这等见识，我倒不如，真乃侯生畏友也。（向末介）老兄休怪，弟非不领教，但恐为女子所笑耳。

【前腔】（生）平康巷，他能将名节讲；偏是咱学校朝堂，偏是咱学校朝堂，混贤奸不问青黄。那些社友平日重俺侯生者，也只为这点义气，我若依附奸邪，那时群起来攻，自救不暇，焉能救人乎！节和名，非泛常；重和轻，须审详。

李香君、侯方域的这种"名节""义气"，实质上是儒家"安贫乐道""独善其身"精神的体现，即孟子所说的"富贵不能淫，贫贱不能移，威武不能屈"。

第五章 近代以来的儒家文学

第五章　近代以来的儒家文学

第一节　儒学与近代文学

中国近代文学跟儒学有密切的关系，这是非常明显的。近代范畴的洋务运动、维新运动、民主革命运动，无不伴随着充满儒学精神的文学运动。但过去人们对这个方面注意不够，这是应该予以校正的一种偏颇。这三派人物往往都是些儒者，而且其中不乏大儒、通儒，被誉为"国学大师"的不少，而他们的文学成就也往往是世所公认的。

一、洋务时期的儒学与文学

关于洋务运动，过去我们对它的评价颇成问题，这主要是出于政治上的原因，涉及太平天国和跟西方列强的交涉：洋务人士通常反感乃至镇压太平天国；他们在与洋人的交涉中也往往显得软弱无能。但实际上这是一种非常表面的观察，未能历史地理解他们的作为。事实上，属于"洋务"这个思潮范畴的不仅有曾国藩、李鸿章、张之洞这样的人，而且有龚自珍、魏源、冯桂芬、王韬、容闳、郑观应、马建忠这样的人。他们具有一些一致的基本倾向：在政治上主张变法强国，在思想上主张中体西用。他们欣赏、欢迎西方的科学技术、坚船利炮，但是他们的思想根基则是儒家哲学。其实，在我看来，洋务运动的思想实质，乃是儒学在危机中寻求复兴生机的最初的努力，也是儒学的"现代转换"的最初努力。没有这种努力，也就没有后来的维新思想、民主革命思想。

就思想形态而言，洋务思潮是从"龚魏"就开始了的。过去我们对作为早期启蒙思想家的"龚魏"谈得很多，但对于"龚魏"是儒家学者这个事实很少在意。

　　龚自珍（1792—1841）字璱人，号定盦，浙江仁和（今属杭州）人。他是著名汉学家段玉裁的外孙，自幼在汉学上训练有素；后来又跟常州学派今文经学家刘逢禄学习《公羊春秋》。所以，他的思想基本上是属于儒家今文经学派的；同时又有强烈的心学色彩，认为："天地，人所造，众人自造，非圣人所造"；"众人之宰，非道非极，自名曰'我'。"[1] 人性论上接近于黄宗羲，认为人人皆有私心是正常的，应该"自尊其心"，"各因其性情之近"。他虽未涉具体的"洋务"，但却主张变法，"自古及今，法无不改，势无不积，事例无不变迁，风气无不移易"[2]。龚自珍的性格特征是一个"逆"字，亦即叛逆精神；但是魏源指出："其道常主于逆：小者逆谣俗、逆风土，大者逆运会，所逆愈甚，则所复愈大，大则复于古，古则复于本。"[3] 其实这种"复古"就是"反本"，就是回到本心，这就是龚自珍特别推崇的李卓吾的"童心"说。如《午梦初觉，怅然诗成》：

　　　　不似怀人不似禅，梦回清泪一潸然。
　　　　瓶花帖妥炉香定，觅我童心廿六年。

　　童心在文学创作上的自然显露，使其文与其人天然同一，他称之为"完"，这是他提出的诗论标准："人以诗名，诗尤以人名。…… 诗与人为一，人外无诗，诗外无人，其面目也完。"这正如其《己亥杂诗》所说：

　　　　少年哀乐过于人，歌泣无端字字真。
　　　　既壮周旋杂痴黠，童心来复梦中身。

---

[1]　龚自珍：《壬癸之际胎观》第一。
[2]　龚自珍：《上大学士书》。
[3]　魏源：《定盦文录叙》。

其第 125 首是最著名的：

> 九州生气恃风雷，万马齐喑究可哀！
> 我劝天公重抖擞，不拘一格降人才。

龚自珍的《病梅馆记》是一篇以梅喻人，追求个性解放、精神自由的散文：

> 或曰："梅以曲为美，直则无姿；以欹为美，正则无景；梅以疏为美，
> 密则无态。"固也。此文人画士，心知其意，未可明诏大号以绳天下之梅
> 也，又不可以使天下之民，斫直、删密、锄正，以夭梅、病梅为业以求钱也。
> 梅之欹、之疏、之曲，又非蠢蠢求钱之民，能以其智力为也。有以文人画
> 士孤癖之隐，明告鬻梅者：斫其正，养其旁条；删其密，夭其稚枝；锄其直，
> 遏其生气，以求重价。而江浙之梅皆病。文人画士之祸之烈，至此哉！

魏源（1794—1857）字默深，湖南邵阳人。他也跟龚自珍一样随刘逢禄学习《公羊春秋》，二人友善，同为儒家今文经学"经世致用"的代表人物。但较之龚，他更关注"洋务"，故著《海国图志》，提出"师夷长技以制夷"[1]的著名口号。他的《定盦文录叙》通过谈龚自珍的文学创作，提出了自己的文学主张：

> 昔越女之论剑，曰："臣非有所受于人也，而忽然得之。"夫忽然得
> 之者，地不能囿，天不能壇，父兄师友不能佑。其道常主于逆：小者逆谣俗、
> 逆风土，大者逆运会，所逆愈甚，则所复愈大，大则复于古，古则复于本。
> 若君之学，谓能复于本乎？所不敢知；要其复于古也，决矣！

这里"复于古"是表面，"复于本"是实质。何为本？就是人的本心、本性。

---

[1] 魏源：《海国图志·叙》。

这就正如龚自珍《文体箴》所说：

> 予欲慕古人之能创分，予命弗丁其时；予欲因今人之所因分，予茇然
> 而耻之。……虽天地之久定位，亦心审而后许其然。苟心察而弗许，我安
> 能颔彼久定之云？

其实就精神实质看，魏源也是这个意思。不过其诗由于用典过多，反有损
于思想感情的表达。例如《寰海十章》第九，算是其诗中较优秀的：

> 城上旌旗城下盟，怒潮已作落潮声。
> 阴疑阳战玄黄血，电夹雷攻水火并。
> 鼓角岂真天上降？琛珠合向海王倾。
> 全凭宝气销兵气，此夕蛟宫万丈明。

冯桂芬（1809—1874）字林一，江苏吴县（今苏州）人。他是林则徐的学生，
又曾为李鸿章的幕僚。他所提出的"以中国之伦常名教为原本，辅以诸国富强
之术"[1]，对洋务派思想的影响很大。在文学上，他是当时的古文名家，首次
明确地反对桐城派的"义法"说，如其在《复庄卫生书》中说：

> 蒙读书为文三四十年……顾独不信义法之说。窃谓文者，所以载道也。
> 道非必"天命""率性"之谓，举凡典章制度、名物象数，无一非道之所
> 寄，即无不可著之于文。有能理而董之，阐而明之，探其奥赜，发其精英，
> 斯谓之佳文。……文之佳者，随其平奇浓淡，短长高下，而无不佳，自然
> 有节奏，有步骤，反正相得，左右咸宜，不烦绳削而自合，称心而言，不
> 必有义法也；文成法立，不必无义法也。

---

[1]　冯桂芬：《校邠庐抗议·采西学议》。

曾国藩（1811—1872）字伯涵，湖南湘乡白杨坪（今属双峰）人。他是近代以来最多争议的人物之一，因其镇压太平军、捻军，又在对外周旋中表现软弱，成为清代的所谓"中兴名臣"。而他又因为创办江南制造局等活动，积极引进西方先进技术、培养精通西学的人才，成为洋务派的首领。就其思想而言，他当然是正宗的儒家，但实际上也很复杂，曾经跟从倭仁、唐鉴学习程朱理学，又对陆王心学不无欣赏，但大体上还是程朱一脉的。这一点，在他的文学兴趣上也可见出："笃好司马迁、班固、杜甫、韩愈、王安石之文章，日夜以诵之不厌也。"[1]

在道、咸之际的文坛上，何绍基的文学主张是有代表性的。

何绍基（1799—1873）字子贞，湖南道州人。他在其《使黔草自序》中说：

> 诗文不成家，不如其已也。然家之所以成，非可于诗文求之也，先学为人而已矣。……立诚不欺，虽世故周旋，何非笃行？至于刚柔阴阳，禀赋各殊，或狂或狷，就吾性情，充以古籍，阅历事物，真我自立，绝去摹拟，大小偏正，不枉厥材，人可成矣。于是移其所以为人者，发见于语言文字；不能移之斯至也，曰去其与人共者，渐扩其己所独得者，又刊其词义之美而与吾之为人不相肖者，始则少移焉，继则半至焉，终则全赴焉，是则人与文一。人与文一，是为人成，是为诗文之家成。……顾其用力之要何在乎？曰：不俗二字尽之矣。…… 同流合污，胸无是非，或逐时好，或傍古人，是之谓俗。直起直落，独来独往，有感则通，见义则赴，是谓不俗。

此间诗人，朱琦、郑珍较为突出。

朱琦（1803—1861）字伯韩，临桂（今广西桂林）人。他的《吴淞老将歌》是歌颂抗英名将陈化成的：

---

[1]　曾国藩：《答刘孟容书》。

> 吴淞江口环列屯，吴淞老将勇绝伦。
> 连日鏖战几大捷，沙背忽走水上军。
> 援军隔江仅尺咫，眼见陈侯新战死。
> 大府拥兵救不得，金缯日夜输鬼国。

郑珍（1806—1864）字子尹，贵州遵义人。他是当时有名的考据学家，故其诗也好用古字典故。《江边老叟诗》是其比较好的作品，写道：

> 下马荒塍问田叟：此邦当年翁记否？
> 道光丙戌八月秋，我渡江陵趋鼎州。
> 公安南北二百里，平田若席人烟稠。……
> 一变萧条遂如此，羡翁稼好为翁喜。
> 太息言从辛卯来，长江无年不为灾。
> 前潦未收后已溢，天意不许人力回。……

近代著名词人，蒋春霖是一个杰出的代表。

蒋春霖（1818—1868）字鹿潭，江苏江阴人。他被称为"倚声家之老杜"，意为词坛杜甫。其词风格沉郁悲凉，如《卜算子》：

> 燕子不曾来，小院阴阴雨。一角阑干聚落花，此是春归处。
> 弹泪别东风，把酒浇飞絮。化了浮萍也是愁，莫向天涯去！

道、咸时期有一位人物值得一提，他就是俞樾。

俞樾（1821—1907）字荫甫，号曲园居士，浙江德清人。他是当时的儒家经学大师，著有《群经平议》《诸子平议》《古书疑义举例》，很有影响。在文学上，他给予通俗文学以很高的地位。例如《余莲村劝善杂剧序》提出：

> 天下之物最易动人耳目者，最易入人之心。是故老师巨儒坐皋比而讲

学，不如里巷歌谣之感人深也；官府教令张布于通衢，不如院本平话之移人速也。君子观于此，可以得化民成俗之道矣。

洋务派的思想，张之洞可谓集其大成。

张之洞（1837—1909）字孝达，号香涛，直隶南皮（今属河北）人。他是同、光时期洋务运动的代表人物，而其《劝学篇》则是洋务派思想的总结。《劝学篇》内篇九篇，外篇十五篇，总共二十四篇。书中指出：

> 方今西教日炽，二氏日微，其势不能久存。佛教已际末法中半之运，道家亦有其鬼不神之忧，若得儒风振起，中华乂安，则二氏固亦蒙其保护矣。[1]
>
> 其学堂之法，约有六要：一曰新旧兼学。四书五经、中国史事、政书、地图为旧学；西政、西艺、西史为新学。旧学为体，西学为用，不可偏废。[2]
>
> 五伦之要，百行之原，相传数千年，更无异议，圣人所以为圣人，中国所以为中国，实在于此。故知君臣之纲，则民权之说不可行也；知父子之纲则父子同罪，免丧废祀之说不可行也；知夫妇之纲，则男女平权之说不可行也。[3]
>
> 夫不可变者，伦纪也，非法制也；圣道也，非器械也；心术也，非工艺也。[4]

对于张之洞的《劝学篇》，过去的评价实在有欠允当。在他的诸多议论中，我们大可不必去注意那些细节，而应该抓住其精神实质：以我为主，以儒为本；"经国以自强为本，自强以储才为先"[5]。他把儒学看作民族精神的精华，而试图用西学来补充之，究其精神实质，这跟维新思想并无二致。

此时的一些人物，他们的思想乃是从洋务运动到维新运动的中间过渡。

---

[1]　张之洞：《劝学篇·设学》。
[2]　张之洞：《劝学篇·设学》。
[3]　张之洞：《劝学篇·明纲》。
[4]　张之洞：《劝学篇·变法》。
[5]　张之洞：《延访洋务人才启》。

王韬（1828—1897）字紫诠，号仲弢，苏州人。他于同治十三年（1874）在香港主编《循环日报》，宣传变法自强，其思想显然是从洋务到维新的过渡：一方面认为"器则取诸西国，道则备自当躬，盖万世不变者，孔子之道也"[1]；一方面主张君主立宪，"君民共治"[2]。

容闳（1828—1912）字达萌，广东香山南屏镇（今属珠海）人。这个人的经历颇为复杂：留学并入籍美国，后来写了著名的《西学东渐记》；回国后曾向洪仁玕提过施政建议，未被采纳；又入曾国藩幕，帮助其筹建江南制造局，为洋务派；后又参与戊戌变法，为维新派；最后支持孙中山革命，似为革命派。总的来讲，还是希望"以西方之学术灌输中国，使中国日趋于文明富强之境"[3]。

郑观应（1842—1922）字正翔，广东香山（今中山）人。他是李鸿章、盛宣怀开展洋务活动的得力助手，但其思想又与维新思潮颇为接近。所著《盛世危言》既强调"道为本，器为末；器可变，道不可变"[4]，跟洋务派一致；又主张"议政于议院，君民一体"[5]，"商战为主，兵战为末"[6]，跟维新派一致。

二、维新时期的儒学与文学

在某种意义上，维新运动乃是直接地继承着洋务运动的。我们往往过多地注意了它们之间的差异点，太少注意它们之间的共同点。它们之间在思想上的最大共性，在于都以儒学为其形而上的根基；只是在这个基础上，两派人士才尽可能地吸纳西方形而下的东西。

维新运动并非空穴来风，早在康、梁之前，已有若干人物为其先声，除早先的洋务人物外，还有如薛福成、严复等人。

薛福成（1838—1894）字叔耘，江苏无锡人。他本来是洋务中人，曾入曾国藩幕府，又助李鸿章外交。他于光绪五年（1879）所作《筹洋刍议》提出变

---

[1] 王韬：《杞忧生易言跋》。
[2] 王韬：《弢园文录外编·重民》。
[3] 容闳：《西学东渐记》。
[4] 郑观应：《盛世危言增订新编凡例》。
[5] 郑观应：《盛世危言·道器》。
[6] 郑观应：《盛世危言·技艺》。

法主张，为维新派先驱。在文学上，他和吴汝纶同为继承桐城派传统的散文作家。曾出使英、法、德、比诸国，其《观巴黎油画记》可为代表，描绘生动逼真，意味深长：

> 译者称西人绝技，尤莫逾油画，盍驰往油画院，一观《普法交战图》乎？
>
> 其法为一大圜室，以巨幅悬之四壁，由屋顶放光明入室。人在室中，极目四望，则见城堡冈峦，溪涧树林，森然布列。两军人马杂遝，驰者，伏者，追者，开枪者，燃炮者，搴大旗者，挽炮车者，络绎相属。每一巨弹堕地，则火光迸裂，烟焰迷漫。其被轰击者，则断壁危楼，或黔其庐，或赭其垣。而军士之折臂断足，血流殷地，偃仰僵仆者，令人目不忍睹。仰视天，则明月斜挂，云霞掩映；俯视地，则绿草如茵，川原无际。几自疑身外即战场，而忘其在一室中者。迨以手扪之，始知其为壁也，画也，皆幻也。
>
> 余闻法人好胜，何以自绘败状，令人气丧若此？译者曰："所以昭炯戒，激众愤，图报复也。"则其意深长矣！

吴汝纶（1840—1903）字挚甫，安徽桐城人。他是曾国藩的四大弟子之一，又与李鸿章交笃。任京师大学堂总教习，又曾赴日本考察学制。作为著名散文家，他是桐城派的末代宗师。他的文学主张，可从他给严复的《天演论》所作的序见出：

> 凡吾圣贤之教，上者道胜而文至；其次道稍卑矣，而文犹足以久；独文之不足，斯其道不能以徒存。……独近世所传西人书，率皆一干而众枝，有合于汉氏之撰著。……今西书虽多新学，顾吾之士以其时文、公牍、说部之词译而传之，有识者方鄙夷而不之顾，民智之渝何由？此无他，文不足焉故也。文如几道，可与言译书矣。

在他看来，文以明道，道不离文；翻译西书应该出以严复那样的典雅的古文。据此看，他是落后于维新思潮的，而与严复不可等量齐观。

严复（1854—1921）字又陵，又字几道，福建侯官（今福州）人。早年受派留学英国，回国后担任北洋水师学堂总教习、总办。甲午战争以后，连续发表《论世变之亟》《原强》《辟韩》《救亡决论》等文章，鼓吹变法维新。他是明确反对洋务哲学的，以"体用一元"论驳斥"中学为体，西学为用"，认为："中学有中学之体用，西学有西学之体用，分之则并立，合之则两亡。"[1]他所做的影响最大的一件事就是翻译赫胥黎的《天演论》，以"物竞天择""适者生存"来激发国人的救亡图存意识。就此而言，他的思想似乎纯粹是英国经验主义的哲学传统。其实这是非常表面的认识，无法解释他后来何以会彻底转向中国传统文化。事实上，严复的思想也正是他所批判的"中学为体，西学为用"，只不过中学、儒学之为体，在他那里掩藏得特别深而已。严复思想的精神实质，更近儒家的荀子一派。我们且以《原强》观之，这本身也是一篇说理透彻而笔力健拔的古文：

　　斯宾塞尔者……宗天演之术，以大阐人伦治化之事，号其学曰"群学"，犹荀卿言人之贵于禽兽者，以其能群也，故曰"群学"。凡民相生相养，易事通功，推以至于刑政礼乐之大，皆自能群之性以生。又用近今格致之理术，以发挥修齐治平之事，精深微妙，繁富奥殚。……

　　盖生民之大要三，而强弱存亡莫不视此：一曰血气体力之强，二曰聪明智虑之强，三曰德行仁义之强。是以西洋观化言治之家，莫不以民力、民智、民德三者断民种之高下。……是故西人之言教化政法也，以有生之物各保其生为第一大法，保种次之；而至生与种较，则又当舍生以存种，践是道者，谓之义士，谓之大人。……

　　若夫中国之民，则进夫化矣，而文胜之国也。耕凿蚕织，城郭邑居，于是有礼乐刑政之治，有庠序学校之教，通功易事，四民肇分，其法令文章之事，历变而愈繁，积久而益富，养生送死之资无不具也，君臣上下之

[1]　严复：《与外交报主人论教育书》。

分无不明也，冠婚丧祭之礼无不举也，故其民偷生而畏法，治之得其道则易以相安，治之失其道亦易以日窳，是以及其末流，每转为质胜者之所制。然而此中之安富尊荣，声明文物，固游牧射猎者所深慕而远不逮者也。

我们从《辟韩》一文也能看出他的取舍：一方面批判韩愈的理学道统思想，一方面赞同孟子的民贵君轻之说："孟子曰：'民为贵，社稷次之，君为轻。'此古今之通义也。而韩子不尔云者，知有一人而不知有亿兆也。"

当时与严复一样用古文翻译西方作品的大家，还有林纾。

林纾（1852—1924）字琴南，号畏庐、冷红生，福建闽县（今福州）人。今人皆知他反对新文化运动，以至臭名昭著，殊不知他也曾参加思想启蒙运动。而且就其实际效果而言，他所翻译的170多种西方小说，对于新文化运动、新文学运动的酝酿所起的潜移默化的作用，实在不能低估。所以，至少在维新时期，我们不能说他的思想是保守落后的。他翻译小说的意图是："余老矣，无智无勇，而又无学，不能肆力复我国仇，日苞其爱国之泪，……累累见之译笔，非好语野蛮也，须知白人可以并吞斐洲，即可以并吞中亚"；"严防行劫及灭种者之盗"。[1]

他的小说理论是尤其值得重视的。例如《译余剩语》中说："委巷子弟为腐窳学究所遏抑，恒颠顿终其身；而清俊者转不得力于学究，而得力于小说。"《孝女耐儿传序》中说："余虽不审西文……亦能区别其文章之流派……其间有高迈者，清虚者，绵婉者，雄伟者，悲梗者，淫冶者，要皆归本于性情之正，彰瘅之严，此万世之公理，中外不能僭越。"《撒克逊劫后英雄略序》说："纵谈英伦文家，则盛推司各德，以为可侪吾国之史迁。"

儒学发生过两次历史大转型，第二次转型首推康有为。

康有为（1858—1927）字广厦，号长素，广东南海人。就其学术渊源而言，既有儒学的理学、心学，又有佛学、西学；而众所周知，他的学术根底乃是儒家今文经学。在这个基础上融会众学，以求儒学的现代转换，这就是康有为在

----

[1]　林纾：《雾中人叙》。

思想学术上所做的工作。他虽然做得并不好，但毕竟有筚路蓝缕之功。尤其须指出的是，从时代本质上来看，康有为的儒学已不是古代宗法的或者专制的儒学，而是"现代儒学"。过去人们通常这样评价：从《新学伪经考》《孔子改制考》的"旧瓶装新酒"到《孔教会序》《辨革命书》的"保皇派"，这当中似乎是一种"倒退"。其实不然，他是既未前进，也未倒退，这两个时期之间也没有什么断裂，而是一以贯之的，还是洋务派式的"中体西用"。"中体西用"如今似乎成为一个贬义词，其实此乃是理解中国现代思想学术的一把钥匙。康有为的思想取向，简单说就是儒学自身的现代转换的努力。

维新时期最瞩目的文学现象是"诗界革命"，而康有为的诗歌理论对此是有指导作用的。例如他在《人境庐诗草序》中说：

> 苟有其人欤，虽生于穷乡，投于仕途，必能为才臣贤吏，而不能为庸宦；必能为文人通人，而不能为乡人。苟有其人欤，其为政风流，与其诗文之跌宕多姿，必卓荦绝俗，而有其可传者也。……
>
> 公度……以其自有中国之学，采欧美人之长，荟萃熔铸而自得之……。上感国变，中伤种族，下哀生民，博以环球之游历，浩渺肆恣，感激豪宕，情深而意远，益动于自然，而华严随现矣。公度岂诗人哉！

谭嗣同（1865—1898）字复生，号壮飞，湖南浏阳人。他的思想来源更庞杂，但基本思路是跟康有为一致的，既好今文经学，又尊王船山的道器论。但他的致思比康有为的更形而上，尤其是拈出了儒家的"仁"字来统率一切，著成《仁学》，认为"仁为天地万物之源，故唯心，故唯识"，且以"爱"与"通"以说之。惜其时日不假，未能雕琢精密。他的诗文不多，临刑前狱中题壁诗是激昂慷慨的：

> 望门投止思张俭，忍死须臾待杜根。
>
> 我自横刀向天笑，去留肝胆两昆仑！

诗界革命中成就最高的诗人是黄遵宪。

黄遵宪（1848—1905）字公度，嘉应（今广东梅州）人。他曾出使日本、美国、英国、新加坡等，回国后与梁启超同办《时务报》，是维新派的重要人物。诗歌方面倡导"以言志为体，以感人为用"；"扫去辞章家一切陈陈相因之语，用今人所见之理，所用之器，所遭之时势，一寓之于诗"。正如其《杂感》云："我手写吾口，古岂能拘牵？即今流俗语，我若登简编，五千年后人，惊为古斓斑。"《人境庐诗草自序》说："仆尝以为，诗之外有事，诗之中有人，今之世异于古，今之人亦何必与古人同？……要不失乎为我之诗。"黄氏作品有《人境庐诗草》和《日本杂事诗》。例如《哀旅顺》记旅顺港被日军占领，其情雄壮悲愤：

> 海水一泓烟九点，壮哉此地实天险。
> 炮台屹立如虎阚，红衣大将威望俨。
> 下有洼池列巨舰，晴天雷轰夜电闪。
> 最高峰头纵远览，龙旗百丈迎风飐。
> 长城万里此为堑，鲸鹏相摩图一啖。
> 昂头侧睨何眈眈，伸手欲攫终不敢。
> 谓海可填山易撼，万鬼聚谋无此胆。
> 一朝瓦解成劫灰，闻道敌军蹈背来！

黄遵宪早在"五四"白话文运动之前30年，就已经注意到白话文问题，他在《日本国志·学术志·文学》中说：

> 盖语言与文字离，则通文者少；语言与文字合，则通文者多。其势然也。……若小说家言，更有直用方言以笔之于书者，则语言文字几几乎复合矣。……欲令天下之农工商贾妇女幼童皆能通文字之用，其不得不于此求一简易之法哉！

继黄遵宪之后，裘廷梁正式提出了白话文的主张。

裴廷梁（1857—1943）字葆良，江苏无锡人。他是维新派中人物，办《无锡白话报》。他意识到语言文字问题关系到社会改革，作《论白话为维新之本》，提出："有文字为智国，无文字为愚国；识字为智民，不识字为愚民：地球万国之所同也。独吾中国有文字而不得为智国，民识字而不得为智民，何哉？裴廷梁曰：此文言之为害矣。……文字之始，白话而已矣"；"请言白话之益：一曰省日力"，"二曰除骄气"，"三曰免枉读"，"四曰保圣教"，"五曰便幼学"，"六曰炼心力"，"七曰少弃才"，"八曰便贫民"。

在维新派人士中，梁启超的思想最为开放。

梁启超（1873—1929）字卓如，号任公，广东新会人。戊戌政变，史称"康梁变法"，可见其在维新运动中之地位。他的思想倾向跟康有为和谭嗣同的大体一致，但视野更开阔。"五四"以前，世界上各种新思潮包括自由主义思潮纷至沓来，这跟梁启超之大力宣传介绍是分不开的；但另外一方面，他往往被视为"现代新儒家"的先驱。尤其是他的《欧游心影录》，直接开辟了"东方文化派"的前途。所以，梁启超虽然思想成分驳杂，但本质上实在是个"现代新儒家"。他极推崇王阳明的"致良知"，以为"千古学脉，超凡入圣不二法门"[1]；进而吸纳佛学，主张"唯心"，认为"一切物境皆虚幻，惟心所造之境为真实"[2]。

在文学上，梁启超发起"诗界革命"和"小说界革命"。关于诗歌，《饮冰室诗话》说：

> 过渡时代，必有革命。然革命者，当革其精神，非革其形式。吾党近好言"诗界革命"。虽然，若以堆积满纸新名词为革命，是又满洲政府变法维新之类也；能以旧风格含新意境，斯可以举革命之实矣。苟能尔尔，则虽间杂一二新名词，亦不为病；不尔，则徒示人以俭而已。……吾自题所著《新中国未来记》二诗，有云："青年心死秋梧悴，老国魂归蜀道难。"亦颇为平生得意之句。

---

[1]　梁启超：《德育鉴》。
[2]　梁启超：《自由书·唯心》。

而他所谓"诗界革命"的宗旨则是："并世忧天下之士，必将有用子之诗，以存吾国，主吾种，续吾教者，矧乃无可逃哉！"[1]

关于小说，梁启超《论小说与群治之关系》提出：

> 欲新一国之民，不可不先新一国之小说。故欲新道德，必新小说；欲新宗教，必新小说；欲新政治，必新小说；欲新风俗，必新小说；欲新学艺，必新小说；乃至欲新人心，欲新人格，必新小伙。何以故？小说有不可思议之力支配人道故。

关于这篇文章的影响，《二十年目睹之怪现状》作者吴沃尧（1866—1910）指出："饮冰子《小说与群治之关系》之说出，提倡改良小说，不数年，而吾国之新著新译之小说，几于汗万牛充万栋，犹复日出不已，而未有穷期也。"[2]

但实际上梁启超最突出的文学成就乃在散文。他的《丽韩十家文钞序》与此有关，此文既是一篇文论，本身也是一篇不错的古文。文中写道：

> 夫国之存亡，非谓夫社稷宗庙之兴废也，非谓夫正朔服色之存替也，盖有所谓"国民性"者。国民性而丧，虽社稷宗庙、正朔服色俨然，君子谓之未始有国也；反是，则虽微社稷宗庙、正朔服色，岂害为有国？国民性何物？一国之人，千数百年来，受诸其祖若宗，而因以自觉其卓然别成一合同而化之团体，以示异于他国民者，是已。国民性以何道而嗣续？以何道而传播？以何道而发扬？则文学实传其薪火而管其枢机。明乎此义，然后知古人所谓文章为经国大业、不朽盛事者，殊非夸也。

三、民主革命时期的儒学与文学

此处所谓"民主革命"，指的是孙中山领导的同盟会进行的旧民主主义革

---

[1] 梁启超：《人境庐诗草跋》。
[2] 吴沃尧：《月月小说序》。

命活动。虽然孙中山的革命活动早已在进行着，但是，当时民主革命思潮的普遍勃发，直接是由戊戌维新的失败激发起来的，人们感到君主立宪是行不通的，必须推翻君主制度，而把西方的政治制度全搬过来。但是，这一切并没有真正触及中国的文化精神根基：如果说洋务运动触及了中国传统的器物层面，那么，维新运动，尤其旧民主主义革命运动就触及了中国传统的制度层面；而对中国传统的文化精神层面的触及，则是五四运动的事情了。所以，民主派人士多与儒学保持着精神血脉的联系。

这在文学上也反映出来，例如沈粹芬、黄人等所编的《国朝文汇》，跟维新思潮并没有实质的区别。

黄人（1866—1913）字慕庵，又字摩西，江苏常熟人。他是南社社员，属民主派中人，而其《国朝文汇序》说："矧今朝文治，轶迈前古；撰著之盛，尤奄有众长。"接下来对清朝历代文治、文学大加激赏，如说"康、雍之文醇而肆，乾、嘉之文博而精，与古为新，无美不具，盖如日星之中，得春夏之气者焉"；又说镇压太平天国之后，"中兴垂五十年，中、外一家，梯航四达，欧、和文化，灌输脑界，异质化合，乃孳新种，学术思想，大生变革。……四海同文之盛，期当不远"。他虽然说："有一代之政教风尚，则有一代之学术思想，蜕故孳新，瞬息不可复省，而有为之摄影者曰史，而有为之留声者曰文，"但他还是站在儒家立场上来说话的："姬、孔作述，上溯谛煌，下赅谣俗，旁及夷野，标准千祀，复乎莫尚矣。"这与当时属于洋务中人的陈衍并无实质区别。

陈衍（1856—1937）字叔伊，福建侯官（今福州）人，曾做过张之洞的幕僚。他在《瘿盦诗序》中说："六义既设，风、雅、颂之体代作，赋、比、兴之用兼陈，朝章国故，治乱贤不肖，以至山川风土草木鸟兽虫鱼，无弗知也，无弗能言也。"

其实，革命民主派的领袖孙中山（1866—1925）本人的思想就是极其复杂的，而这深层当中，就有儒家文化思想观念。例如他的宇宙论，将宇宙的进化视为一个有目的的生命过程，这跟儒家把宇宙视为一个大生命完全一致；他的"生元"说貌似西方科学，其实在他看来，"孟子所谓良知良能者，非他，即生元之知、生元之能而已"[1]；他的以先知觉后知、以先觉觉后觉的思想，显然是儒家的教化观念："惟夫一群之中，有少数最良之心理，能策其群而进之，使最宜之治法适应于吾群，吾群之进步适应于世界，此先知先觉之天职。"[2] 他对"军人精神"的界定，也是出自孔子的："军人之精神，为智、仁、勇三者。"[3] 尤其是他基本的纲领"三民主义"，"民族"是根本，所以其革命口号一开始就是"驱除鞑虏，恢复中华"，这是儒家传统观念"非我族类，其心必异"的现代表现；"民生"是重心，"是三大主义皆基本于民"[4]，所以他说"历史的重心是民生"，而"民生就是人民的生活，社会的生存，国民的生计，群众的生命"，"民生问题可以说是社会进化的原动力"[5]，这也正是儒家"重民"的传统，即其群体生存伦理精神；"民权"只是手段，即把民主共和当作保障民生、维护民族的有效手段。而就群体而言，他主张社会互助论，其实是儒家的"和"的精神；具体来说，"社会国家者，互助之体也；仁义道德者，互助之用也"[6]。至此，他的思想中的儒学精神充分展示出来。就其基本的文化精神而言，孙中山的思想是中西、儒耶合璧的。例如，他表述其人类理想境界："人类进化之目的为何？即孔子所谓'大道之行也，天下为公'，耶稣所谓'尔旨得成，在地若天'。此人类所希望，化现在之痛苦世界而为极乐之天堂者是也。"[7]

　　以文学的眼光看，孙中山的著述是具有散文的价值的。例如《心理建设》就是一部颇佳的古文，其《自序》中写道：

　　　　夫国者，人之积也；人者，心之器也；而国事者，一人群心理之现象也。是故政治之隆污，系乎人心之振靡。吾心信其可行，则移山填海之难，终有成功之日；吾心信其不可行，则反掌折枝之易，亦无收效之期也。心之为用，大矣哉！

　　　　夫心也者，万事之本源也。满清之颠覆者，此心成之也；民国之建设者，

[1]　孙中山：《孙文学说》。
[2]　孙中山：《民报发刊词》。
[3]　孙中山：《军人精神教育》。
[4]　孙中山：《民报发刊词》。
[5]　孙中山：《民生主义》。
[6]　孙中山：《孙文学说》。
[7]　孙中山：《心理建设》第四章。

此心败之也。……

孙中山的盟友章太炎的思想倾向，在民主革命思潮中是很典型的。

章炳麟（1869—1936）号太炎，余杭（今属浙江）人。作为革命家，他先后参加光复会、同盟会，积极从事革命活动；作为宣传家，他先是编辑《时务报》《昌言报》，后又主持《民报》，跟保皇派展开激烈论战，宣传排满，鼓吹革命；作为经学家，他早年师事俞樾，一生对儒家典籍钻研深湛；作为思想家，他的思想倾向是极为复杂的，佛、道、康德、休谟间杂，但根本上还是基于强烈的民族意识的儒家心学精神，所谓"自贵其心""依自不依他"也就是这个意思，这就是他晚年倡导"尊孔读经"的思想伏笔。

在文学理论方面，《国故论衡·文学总略》是他的代表作。他所说的是广义的文学，而其思维方式乃是清代儒家朴学的传统：

> 文学者，以有文字著于竹帛，故谓之"文"；论其法式，谓之"文学"。凡文理、文字、文辞，皆称"文"；言其采色发扬，谓之"彣"；以作乐有阕，施之笔札，谓之"章"。……古之言文章者，不专在竹帛讽诵之间。孔子称尧舜："焕乎其有文章。"盖君臣、朝廷、尊卑、贵贱之序，车舆、衣服、宫室、饮食、嫁娶、丧祭之分，谓之文；八风从律，百度得数，谓之章。文章者，礼乐之殊称矣。……夫命其形质曰文，状其华美曰彣，指其起止曰章，道其素绚曰彰。凡彣者必皆成文，凡成文者不皆彣。是故榷论文学，以文字为准，不以彣彰为准。

章太炎在当时影响最大的是为邹容《革命军》作的序，他本人也因此系狱。序中的大概意思是说：革命需要舆论宣传，这种舆论宣传应该肆无忌惮：

> 凡事之败，在有其唱者而莫与为和，其攻击者且千百辈，故仇敌之空言足以戮吾实事。……洪氏之败，不尽由计划失所，正以空言足与为难耳。……嗟乎！世皆瞀昧而不知话言，主文讽切，勿为动容，不震以雷霆

之声，其能化者几何？

章太炎本人对自己的文学主张是能身体力行的，《徐锡麟传》就是一个例子。该传记叙了徐锡麟短暂而壮烈的一生，颇有太史公书的风格。其中写徐锡麟刺杀恩铭的经过：

> 时，援未集，顾已不可奈何，乃密与陈伯平、马宗汉为备。及期，鼓吹作，诸大吏皆诣校疑立，巡抚前即位，三司诸吏以次侍。锡麟令顾松键门，拒出入。顾松固知情，阳诺，不为键。锡麟持短铳，遽击恩铭，数发，皆中要害。左右舆之走，三司皆夺门走，即闭城门，拒外兵。诸军至，不得入乃发兵捕锡麟。锡麟知事败，传呼巡警生百余人，曰："立正！"巡警生皆立正。锡麟曰："向左转走！"巡警生皆左转走。走则攻军械局，据之。发铳，弹丸尽。发炮，炮机关绝。陈伯平战死。锡麟即登屋走，追者至，被禽。恩铭已死，三司问锡麟状，曰："受孙文教令耶？"锡麟曰："我自为汉种，问罪满洲，孙文何等鲰生，能教令我哉！"

与徐锡麟同样赴国难的，还有女革命家秋瑾。

秋瑾（1875—1907）字璿卿，号竞雄，别署鉴湖女侠，会稽（今浙江绍兴）人。她是同盟会的女英雄，也是杰出的诗人。"平生忼爽明决，意气自雄；读书敏悟，为文章，奇警雄健如其人；尤好剑侠传，慕朱家、郭解为人。"[1]其诗《黄海舟中日人索句并见日俄战争地图》作于再次东渡日本之时，表现了忧国济世的情怀：

> 万里乘风去复来，只身东海挟春雷。
> 忍看图画移颜色？肯使江山付劫灰！
> 浊酒不销忧国泪，救时应仗出群才。

---

[1]　徐自华：《鉴湖女侠秋君墓表》。

拼将十万头颅血，须把乾坤力挽回！

其词《满江红》在女性的自豪感中抒发救国决心：

肮脏尘寰，问几个男儿英哲？算只有蛾眉队里，时闻杰出。良玉勋名襟上泪，云英事业心头血。醉摩挲长剑作龙吟，声悲咽。

自由香，常思蓺。家国恨，何时雪？劝吾侪今日，各宜努力。振拔须思安种类，繁华莫但夸衣袂。算弓鞋三寸太无为，宜改革。

陈天华（1875—1905）字星台，又字过庭，湖南新化人。他与黄兴一起建立了华兴会，后又积极参与筹建同盟会，并拟定《革命方略》。后在东京抗议日本政府《取缔清韩留日学生规则》，愤而投海自尽。他所作的《猛回头》《警世钟》和《狮子吼》，既是反清反帝的鼓角，也是优秀的散文。如《警世钟》写道：

嗳呀！嗳呀！来了！来了！甚么来了？洋人来了！洋人来了！不好了！不好了！大家都不好了！老的，少的，男的，女的，贵的，贱的，富的，贫的，做官的，读书的，做买卖的，做手艺的，各项人等，从今以后，都是那洋人畜圈里的牛羊，锅子里的鱼肉，由他要杀就杀，要煮就煮，不能走动半分。唉！这是我们大家的死日到了！

苦呀！苦呀！苦呀！我们同胞辛苦所积的银钱产业，一齐要被洋人夺去；我们同胞恩爱的妻儿老小，活活要被洋人拆散……

恨呀！恨呀！恨呀！恨的是满洲政府，不早变法。……

恨的是曾国藩，只晓得替满人杀同胞，不晓得替中国争权利。……

快呀！快呀！快呀！我这人人笑骂个个欺凌将要亡的中国，一朝把国势弄得蒸蒸日上起来，使他一般势利鬼不敢轻视，倒要恭维起来，见了中国的国旗，莫不肃然起敬。……

在革命民主派人士中，柳亚子是个真正的"文人"。

柳亚子（1887—1958）名弃疾，晚年以字行，江苏吴江人，曾担任过孙中山的秘书长。他是革命派的文学社团"南社"的发起人之一。他以诗人著称，而其文论涉及的范围较广。他为白话报刊《二十世纪大舞台》所作的《发刊词》是代表作，倡言"戏剧改良"，本身也是一篇慷慨激昂的散文：

> 波尔克谓报馆为第四种族；拿破仑曰："有一反对之报章，胜于十万毛瑟枪。"此皆言论家所援以自豪之语也。虽然，热心之事，无所凭藉，而徒以高文典册，讽诏世俗，则权不我操；而《阳春》《白雪》，曲高和寡，崇论闳议，终淹没而未行者有之矣。今兹《二十世纪大舞台》，乃为优伶社会之机关，而实行改良之政策，非徒以空言自见，此则报界之特色，而足以优胜者欤！
>
> 嗟嗟！西风残照，汉家之陵阙已非；东海扬尘，唐代之冠裳莫问。黄帝子孙受建虏之荼毒，久矣，中原士庶愤愤于腥膻异族者，何地蔑有？徒以民族大义，不能普及，亡国之仇，迁延未复，今所组织，实于全国社会思想之根据地，崛起异军，拔赵帜而树汉帜。他日民智大开，河山还我，建独立之阁，撞自由之钟，以演光复旧物、推倒虏朝之壮剧快剧，则中国万岁，《二十世纪大舞台》万岁！

作为诗人，柳亚子的造诣是颇高的。这里略举几首以诗论诗的作品：

> 放翁爱国岂寻常？一记南园目论狂。
> 倘使平原能灭虏，禅文九锡亦何妨！[1]
>
> 诗派江西宁足道？妄持燕石诋琼琚。
> 平生自有千秋在，不向群儿问毁誉！

---

[1] 柳亚子：《王述庵论诗绝句诋诹放翁，感而赋此》。

> 分宁茶客黄山谷，能解诗家三昧无？
>
> 千古知言冯定远，比他媭妇与驴夫。[1]

有一个人物虽然不参与民主革命，甚至对此极为反感，但就其文学贡献而言，却是属于这个时期成就最大者之一，那就是王国维。

王国维（1877—1927）字静安，号观堂，浙江海宁人。起初研究西方哲学、中国文学；辛亥以后致力于殷墟甲骨卜辞及古史研究，每个领域都有杰出贡献。他后来成为清华大学国学研究院"四大导师"之一，声誉卓著。他是一个性格极为复杂的人物，大致说来，其视野是开阔的，其思想是开放的，然而其情感却是"前朝遗老"式的，其心灵是灰暗的。对他这种奇特的个性，至今没有一个透彻的分析。

在文学理论上，王国维最突出的成就是著名的"境界"说。境界又称意境，或单称"意"。他说："沧浪所谓'兴趣'，阮亭所谓'神韵'，犹不过道其面目，不若鄙人拈出'境界'二字为探其本也"；"文学之事，其内足以摅（shū）己而外足以感人者，意与境二者而已。上焉者意与境浑，其次或以境胜，或以意胜。苟缺其一，不足以言文学。"[2]

究竟何为境界，我们可以参考他的另一番议论：

> 文学中有二原质焉：曰景，曰情。前者以描写自然及人生之事实为主，后者则吾人对此种事实之精神的态度也。故前者客观的，后者主观的也；前者知识的，后者感情的也。……要之，文学者，不外知识与感情交代之结果而已。[3]

"境界"说在诗词理论上的体现，就是他那本影响至巨的《人间词话》。此书作于辛亥革命以前。下面是该书中的几个著名的片段：

---

[1]　柳亚子：《妄人谬论诗派，书此折之》。
[2]　王国维托名樊志厚所作《人间词乙稿序》。
[3]　王国维：《文学小言》。

有造境，有写境，此理想与写实二派之所由分。然二者颇难分别，因大诗人所造之境必合乎自然，所写之境亦必邻于理想故也。

有有我之境，有无我之境。"泪眼问花花不语，乱红飞过秋千去"，"可堪孤馆闭春寒，杜鹃声里斜阳暮"，有我之境也。"采菊东篱下，悠然见南山"，"寒波淡淡起，白鸟悠悠下"，无我之境也。有我之境，以我观物，故物皆著我之色彩；无我之境，以物观物，故不知何者为我，何者为物。……

境非独谓景物也。喜怒哀乐亦人心中之一境界。故能写真景物、真感情者，谓之有境界；否则谓之无境界。

"红杏枝头春意闹"，著一"闹"字而境界全出；"云破月来花弄影"，著一"弄"字而境界全出矣。……

古今之成大事业、大学问者，必经过三种之境界："昨夜西风凋碧树，独上高楼，望尽天涯路"，此第一境也；"衣带渐宽终不悔，为伊消得人憔悴"，此第二境也；"众里寻他千百度，蓦然回首，那人正在，灯火阑珊处"，此第三境也。……

此间类似王国维的，还有刘师培。

刘师培（1884—1919）字申叔，江苏仪征人。其人经历较为复杂，早期曾通过办报参与革命活动，宣传"攘除清廷，光复汉族"；加入同盟会，办过"社会主义讲习会"，宣传过无政府主义；后来入端方幕，辛亥以后又加入筹安会，作《君政复古论》；"五四"时期成为新文化运动的反对派；如此等等。但他在文学语言上的观点却并不是一味保守的，倒有几分"一分为二"的意思，例如《论文杂记》认为：

英儒斯宾塞耳有言："世界愈进化，则文字愈退化。"夫所谓退化者，乃由文趋质、由深趋浅耳。及观之中国文学，则上古之书，印刷未明，竹帛繁重，故力求简质，崇用文言；降及东周，文字渐繁；至于六朝，文与笔分；宋代以下，文词益浅，而儒家语录以兴；元代以来，复盛兴词曲。

此皆语言文字合一之渐也。故小说之体，即由是而兴，而《水浒传》《三国演义》诸书，已开俗语入文之渐。陋儒不察，以此为文字之日下也。然天演之例，莫不由简趋繁，何独于文学而不然？故世之讨论古今文字者，以为有浅深文质之殊，岂知此正进化之公理哉？故就文字之进化之公理言之，则中国自近代以来，必经俗语入文之一级。昔欧洲十六世纪，教育家泰达氏以本国语言用于文学，而国民教育以兴。盖文言合一，则识字者日益多。以通俗之文，推行书报，凡世之稍识字者，皆可家置一编，以助觉民之用。此诚近今中国之急务也。然古代文词，岂宜骤废？故近日文词，宜区二派：一修俗语，以启瀹齐民；一用古文，以保存国学，庶前贤矩范，赖以仅存。

第二节　儒学与现代文学

　　下文所要讨论的是一个颇为困难的题目，因为儒学与中国现代文学的关系是一个复杂而敏感的问题，迄今为止可以说是中国文学史研究中的一个空白。"五四"以后，儒学失去了它原有的对社会精神生活的支配地位，甚至被认为是腐朽没落的东西而被打倒，以至人们普遍以为，中国现代文学跟儒学已毫无关系了。而我想说的是：这是一种极大的误会。既是"中国文学"，却跟"儒学"没有丝毫关系，这恐怕是永远也不可能的。

　　我们知道，"五四"以来，中国现代思想文化领域一直都呈现为一种三足鼎立的局面：以西化派为代表的自由主义，以现代新儒家为代表的"文化保守主义"，以马克思主义者为代表的"激进主义"。[1] 这种基本格局，无疑也会反映到文学当中来。现代新儒家的文学是一种儒家文学，这应该是不成问题的，

---

[1] 所谓"文化保守主义""激进主义"这些说法都是来自西方学者的提法，其实是不确切的。例如，马克思主义者在很多时候并不是"激进"的；而现代新儒家在政治上往往"激进"，在文化上也不"保守"，因为他们主张的"儒学"往往乃是一种中西结合的、或多或少经过了"现代转换"的东西，实质上是一种纯粹的现代观念。

所以，这是我们这里所要着重讨论的内容。而与之对立的西化派的文学，还有马克思主义者的文学，跟儒学有没有关系？这要看我们如何理解"儒学"。

儒学对现代、当代中国的影响，主要的已经不是在制度层面上了，更不是在器物层面上了，而是在精神层面上；而且这种精神层面不是具体的概念术语那套东西，而是一些基本的深层的观念。儒学对中国现代文学的影响，乃是这种"儒学精神"对我们的影响。儒学精神已经渗透到我们的血脉中，成为我们中国人的某种"集体无意识"。中国的自由主义者、马克思主义者，他们首先是中国人，在他们的血管中依然流淌着儒学精神的潜流，这是我所坚信不疑的。否则我们无法理解作为自由主义者的胡适对"国故"的热情，无法理解毛泽东对中国文化传统的热情。胡适当年主编《国学季刊》，大力提倡"国学""整理国故"。张君劢曾指出："适之推崇清代经学大师，称为合于西方科学方法。"[1]毛泽东在名篇《新民主主义论》中批判了"所谓欧美派的文化人"的"全盘西化"的文化主张[2]，同时树立了鲁迅作为"在文化战线上……的空前的民族英雄"的形象[3]，流露出在文化问题上的深层的民族情结。所以，笔者曾经指出：

> 五四时期的思想精英们无不以民族主义精神为动力；而且不特五四时期，中国近代以来的所有思潮无不贯穿民族主义精神。林毓生曾指出："中国接受西方的思想和价值观念，主要是以中国的民族主义为基础的。"这是颇有见地的。民族主义，这实在是理解中国近代、现代、当代历史的一把钥匙。[4]

中国近代以来的文学运动的主流，也是受到这种"民族主义"情结的驱动的，而此"民族主义"情结在文化上的体现，正是儒学精神。那么，何谓儒学精神？这当然是一个比较复杂的问题。这里，我想介绍一下张岱年先生对中国文化精神、中华民族精神的一种概括。他选取了《周易·象传》里面关于"乾""坤"

[1] 张君劢：《再论人生观与科学并答丁在君》，收入《科学与人生观》，上海亚东图书馆1923年初版，山东人民出版社1997年再版。
[2] 《毛泽东选集》第二卷，人民出版社1991年6月第2版，第704、707页。
[3] 《毛泽东选集》第二卷，第698页。
[4] 黄玉顺主编、黄德昌等著：《中国之自由精神》，四川人民出版社，2000年，第16页。

两卦的两句话："天行，健；君子以自强不息"；"地势，坤；君子以厚德载物"。我们知道，《周易》乃是儒家的"六经之首"；而"自强不息"和"厚德载物"，正可以视为对儒学精神的一种高度概括。当然，儒学精神不仅于此，它的内容是丰富的，表现在我们中国人的精神生活乃至日常生活的方方面面；但是这两条无疑是其最根本的精神。

"自强不息"精神在中国美学中的体现便是"阳刚之美"，"厚德载物"在中国美学中的体现则是"阴柔之美"。而这两条美学原则，也体现于现代、当代的中国文学之中。举个例子，在 14 亿中国人中，每天都有高唱国歌的声音响起。《义勇军进行曲》，就其歌词而言，当然也属"现代文学"的范畴，而难道它不正是中华民族"自强不息"的阳刚精神的体现吗？

一、"五四"时期的儒学与文学

我们注意到，"五四"激进派人士，往往后来回归传统，以至径返儒学，此何以故？这实在是一个值得认真研究的现象。其实，在我看来，简单而言：他们纵然西装革履，欧言美语，血管里却淌着中国文化传统的血。这一切在蔡元培身上是颇为明显的。

蔡元培（1868—1940）字鹤卿，号子民，浙江绍兴人。他是光绪朝进士，曾投身于维新思潮，后来又加入同盟会；赴德留学，颇受康德、尼采影响。但他最大的历史贡献，还是出任北大校长以后，倡导思想自由、学术民主，使北大成为新文化运动的中心。在某种意义上，他是"五四"新文化运动的守护神。大家比较熟悉的他的思想，是"意在兼采周秦诸子、印度哲学及欧洲哲学，以打破墨守孔学的旧习"[1]。我们知道，在新文化运动中首当其冲的，就是儒学，尤其是"孔学"，而蔡元培对此显然与有力焉。

但当我们仔细寻绎其思想根基时，则当另有发现。且以他所著《中国伦理学史》来看，在谈到儒家、孔子时，不仅毫无批评之意，而且其激赏之情溢于

---

[1]　蔡元培：《我在教育界的经验》。

言表。再以他后来出任北大校长时的就职演说为例，其新官上任三把火："一曰抱定宗旨"，"二曰砥砺德行"，"三曰敬爱师友"。贯穿全篇的乃是伦理至上的道德精神。关于砥砺德行，他说："然国家之兴替，视风俗之厚薄"；"苟德之不修，学之不讲，同乎流俗，合乎污世，己且为人轻侮，更何足以感人？"他在《〈北京大学月刊〉发刊词》提出："大学者，'囊括大典，网罗众家'之学府也。《礼记·中庸》曰'万物并育而不相害，道并行而不相悖'，足以形容之"；"研究也者，非徒输入欧化，而必于欧化之中为更进之发明；非徒保存国粹，而必以科学方法揭国粹之真相"；"闻吾校之伦理学，用欧美学说，则以为废弃国粹，而不知哲学门中，于周秦诸子、宋元道学，固亦为专精之研究也"。

特别有意思的是，林琴南致函批评北大教授"覆孔孟，铲伦常"，蔡元培的答辩：校内绝无"覆孔孟铲伦常"的教学内容，反倒是"尊孔者多矣"；校外"则惟《新青年》杂志中，偶有对于孔子学说之批评，然亦对于孔教会等托孔子学说以攻击新学说者而发，初非直接与孔子为敌也"；"伦亦有五：君臣、父子、兄弟、夫妇、朋友。其中君臣一伦，不适于民国，可不论。其他父子有亲，兄弟相友（或曰长幼有序），夫妇有别，朋友有信，在中学以下修身教科书中，详哉言之；大学之伦理学涉此者不多，然从未有以父子相夷、兄弟相阋、夫妇无别、朋友不信教授学生者"；"至于五常，则伦理学中有言仁爱，言自由，言秩序，戒欺诈，而一切科学皆为增进知识之需，宁有铲之之理欤？"[1]

新文化运动中最先系统批判儒家的是陈独秀，正如胡适所说："吴（虞）先生和我的朋友陈独秀是近年攻击孔教最有力的两位健将。"[2]

陈独秀（1879—1942）之批儒批孔的文章，诸如《〈新青年〉罪案之答辩书》《吾人最后之觉悟》《再质问〈东方杂志〉记者》《宪法与孔教》《尊孔与复辟》《旧思想与国体问题》《孔子之道与现代生活》《东西民族根本思想之差异》等等。其实不难看出，他的这种攻击也主要是针对当时的"孔教会"所作的矫枉过正之举："'孔教'二字，殊不成一名词。孔子，儒者也。""孔教

[1]　蔡元培：《致〈公言报〉函并答林琴南函》。
[2]　胡适：《吴虞文录序》。

绝无宗教之实质（宗教实质，重在灵魂之救济，出世之宗也。孔子不事鬼，不知死，文行忠信，皆入世之教。所谓'性与天道'，乃哲学，非宗教）与仪式，是教化之教。"[1] 而事实上他对孔子另有一套更为公允的看法："中国宗教思想，渊源甚古。敬天明鬼，皆不始于孔氏。孔子言天言鬼，不过假借古说，以隆人治。此正孔子之变古，亦正孔子之特识。倘缘此以为敬天明鬼之宗教家，侪于阴阳、墨氏之列，恐非孔意"；"欲强拉此老属诸宗教家，岂非滑稽？" "其实孔子精华，乃在祖述儒家，组织有系统之伦理学说。宗教、玄学，皆非所长。"[2] 由此看来，他对孔子的"特识""精华"并非毫无所见。

新文化运动中的文学思想，最有代表性的莫过于陈独秀的《文学革命论》。他提出了他自己的"文学革命"纲领：

> 旗上大书特书吾革命军三大主义：曰，打倒雕琢的阿谀的贵族文学，建设平易的抒情的国民文学；曰，打倒陈腐的铺张的古典文学，建设新鲜的立诚的写实文学；曰，打倒迂晦的艰涩的山林文学，建设明了的通俗的社会文学。

仔细寻绎文意，他所反对的东西不能简单说是儒家文学，例如他提出的"立诚"原则，这本身就是儒家的一个核心观念。所以，他对作为儒家经典的《诗经》是很推崇的："《国风》多里巷猥辞，……非不斐然可观。"他所反对的乃是后儒的某些文学思想，例如：

> 吾人今日所不满于昌黎（韩愈）者二事：一曰，文犹师古。虽非典文，然不脱贵族气派，寻其内容，远不若唐代诸小说家之丰富，其结果乃造成一新贵族文学。二曰，误于"文以载道"之谬见。文学本非为载道而设，而自昌黎以迄曾国藩所谓载道之文，不过抄袭孔孟以来极肤浅、极空泛之门面语而已。

---

[1]　陈独秀：《驳康有为致总统总理书》。
[2]　陈独秀：《答俞颂华》。

但他对唐宋儒家的"古文运动"还是很赞许的：

> 韩柳崛起，一洗前人纤巧堆朵之习，风会所趋，乃南北朝贵族古典文学，变而为宋元国民通俗文学之过渡时代。韩、柳、元、白应运而生，为之中枢。俗论谓昌黎文章起八代之衰，虽非确论，然变八代之法，开宋元之先，自是文界豪杰之士。

接着陈独秀之后，易白沙（1886—1921）发表了《孔子评议》（上下），对儒学进行了更为系统的批判。这是当时第一篇直接对孔子本人发起指名道姓的攻击的文章，指出孔学的弊病有四：

> 孔子尊君权，漫无限制，易演成独夫专制之弊；孔子讲学不许问难，易演成思想专制之弊；孔子少绝对之主张，易为人所借口；孔子但重作官，不重谋食，易入民贼牢笼。

且不说这些攻击是不是完全符合事实，至少他实质上并不是直接针对孔子本人的，而只是针对汉代以来的儒学："汉武当国，罢黜百家，独尊儒术，利用孔子为傀儡，垄断天下之思想。"易白沙本人对孔子还是有比较公允的认识的："孔子当春秋季世……主张君权于七十二诸侯，复非世卿，倡均富，扫除阶级制度之弊，为平民所喜悦，故天下丈夫、女子，莫不延颈举踵而愿安利之。"

"五四"时期最激进、被胡适称誉为"只手打倒孔家店的老英雄"的吴虞，也是值得我们重新研究的。

吴虞（1872—1949）字又陵，四川成都人。"五四"时期在《新青年》杂志上发表了诸如《家族制度为专制主义之根据论》《说孝》《吃人与礼教》《儒家主张阶级制度之害》等一系列文章，激烈批判儒家孔教，名噪一时。关于他对儒教孔学的种种攻击，这里没有必要一一列举；但我们注意到他在写给陈独秀的一封信里谈到了他的初衷：

> 不佞常谓孔子自是当时之伟人，然欲坚执其学，以笼罩天下后世，阻碍文化之发展，以扬专制之余焰，则不得不攻之者，势也。梁任公曰："吾爱孔子，吾尤爱真理。"区区之意，亦犹是耳，岂好辩哉？[1]

他所说的致使自己"不得不"矫枉过正、连孔子都一齐骂倒的那种"势"，就是当时意欲复辟帝制的"筹安会"和"孔教会"之类反动势力的嚣张。其实，这是当时激进人士的普遍心态。吴虞内心深处的"吾爱孔子"源于他早年问学于廖季平、张星平的经历，更源于中国人潜意识中与民族情感相交融的文化主体意识。

胡适（1891—1962）也被人们视为反孔批儒的代表之一。诚然，胡适激烈地批判传统的礼教；就他的个人主义的人生观、全盘西化的文化观来看，他反对中国传统文化，尤其儒家孔学似乎是理所当然的。但事实上胡适对中国传统文化是心存敬意的，而且很少直接攻击儒家孔学的言论。他那本破除传统哲学史观念的《中国哲学史大纲》，虽然把孔子与诸子并列，从而打破了儒家正统观念；但在《导言》中他谈到中国现代学术思想的渊源时，认为："我们今日的学术思想，有这两个大源头：一方面是汉学家传给我们的古书，一方面是西洋的新旧学说。"谈到中、西哲学比较时，他说："须知东、西的学术思想的互相印证、互相发明，……西家未必不如东家，东家也不配夸炫于西家。"在《先秦名学史·前言》中，胡适对儒家经典《大学》很是推崇："他们（程颢、程颐）在这本小书里找到了那提供他们认为可行的逻辑方法的儒家唯一著作"；这本书"也许是公元前四、三世纪的某一儒家所写的著作，实际上是近代中国哲学的所有学派的《新工具》，它宣布了致知在格物，这或者是受当时科学倾向的不自觉的影响。"他在《新思潮的意义》中提出："我们对于旧有的学术思想有三种态度。第一，反对盲从，第二，反对调和，第三，主张整理国故。"

---

[1]　发表于《新青年》第三卷第5号；转引自郭湛波《近五十年中国思想史》，第210页。

胡适在他的《自由主义是什么》一文中有这样一段话：

> 古代思想的第一位大师老子，就是一位大胆批评政府的人。……另一位更伟大的人就是孔子，他也是一位偏向左的"中间派"，他对于当时的宗教与政治，都有大胆的批评……。从老子孔子打开了自由思想的风气，二千多年的中国思想史、宗教史，时时有争自由的急先锋，有时还有牺牲生命的殉道者。孟子的政治思想可以说是全世界的自由主义的最早一个倡导者。孟子提出的"大丈夫"是"贫贱不能移，富贵不能淫，威武不能屈"。这是中国经典里自由主义的理想人物。

他下文还提到了一串儒家的名字：范缜、傅奕、韩愈、王阳明、李卓吾、颜元、李塨……这简直是一篇儒家颂歌了。

陈独秀在《文学革命论》中声援胡适："今欲革新政治，势不得不革新盘踞于运用此政治者精神界之文学"；"文学革命之气运，酝酿已非一日，其首举义旗之急先锋，则为吾友胡适。余甘冒全国学究之敌，高张'文学革命军'大旗，以为吾友之声援。"

新文化运动时期在文学上的最高成就是鲁迅的小说，以及后来郭沫若等的新诗。

1918年5月，《新青年》发表了鲁迅的白话小说《狂人日记》，这是新文学运动取得"实绩"的开端。鲁迅自己说过："从一九一八年五月起，《狂人日记》，《孔乙己》，《药》等，陆续的出现了，算是显示了'文学革命'的实绩。"[1]《狂人日记》的基本思想倾向，集中体现于下面这段"狂人"的话：

> 凡事总须研究，才会明白。古来时常吃人，我也还记得，可是不甚清楚。我翻开历史一查，这历史没有年代，歪歪斜斜的每叶上都写着"仁义道德"几个字。我横竖睡不着，仔细看了半夜，才从字缝里看出字来，满本都写

---

[1]　鲁迅：《中国新文学大系·小说二集序》。

着两个字是"吃人"！

如果我们以为，把"仁义道德"说成是"吃人"，就是全盘否定儒家文化，那是非常肤浅的看法；其实，儒学大师戴震早已说过"后儒以理杀人"这一类的话。鲁迅的矛头所向，其实正是"后儒"而非"原儒"。

郭沫若的诗集《女神》出版于 1921 年，而创作于 1919 年至 1921 年，可以说是新文学运动在诗歌方面的最高成就。这本诗集的主调，可以用《女神》一诗的序诗来概括：

> 《女神》哟！
> 你去，去寻那与我的振动数相同的人；
> 你去，去寻那与我的燃烧点相等的人。
> 你去，去在我可爱的青年的兄弟姊妹胸中，
> 把他们的心弦拨动，
> 把他们的智光点燃吧！

这本诗集的某种思想感情，值得我们注意。郭诗往往令人想起李白，但有时也令人想起杜甫。例如《棠棣之花》写道：

> 不愿久偷生，但愿轰烈死。
> 愿将一己命，救彼苍生起！

这样的情怀，其实正是真正的儒者的胸襟：杀身成仁，兼济天下。

二、"五四"以后的儒学与文学

新文化运动后期，"现代新儒家"这个思想文化现象出现了。这个现象对于中国思想文化历史的巨大意义，直到 20 世纪 80 年代才被人普遍意识到。简

单说来，这个意义就是：迄今为止，现代新儒家的思想，是中国文化传统，尤其是儒家传统的"现代转换"的最高水平。这个时期现代新儒家的代表人物是梁漱溟、张君劢。

梁漱溟（1893—1988）的代表作是《东西文化及其哲学》和《中国文化要义》，其思想谓之"新孔学"。1922年，《东西文化及其哲学》出版，这在中国思想史上是一件值得大书特书的大事。书中，他将中国文化与西方文化和印度文化进行了比较，认为它们代表了人生的三种根本态度、生活的三种基本样态、人类社会历史发展的三种可能的路向。他的结论是："质而言之，世界未来文化就是中国文化的复兴"；所以，"第一，要排斥印度的态度，丝毫不能容留；第二，对于西方文化是全盘承受，而根本改过，就是对其态度要改一改；第三，批评的把中国原来态度重新拿出来。"[1] 这样三点基本主张表明，梁漱溟新孔学思想的重大意义，并不在其学理以及具体结论本身，而在其"态度"，即批判地继承中国文化，改造地接受西方文化。这就为现代新儒家的取向确定了一个基本的思路。这种"辩证"态度，他曾作表比较如下：[2]

西洋	中国
心思偏于理智。 满眼所见皆物，不免以对物者对人。 科学大为发达。 科学研究与农工商诸般事业相通，相结合。 学术研究促进了农工商业，农工商业引发了学术研究，学术与经济二者循环推动，一致向大自然进攻。于是西洋人在人生第一问题上乃进步如飞，在人类第一期文化上乃大有成就，到今天已将近完成。	心思偏于理性。 忽视于物，而看重人。 科学不得成就。 把农工商业划出学术圈外。 学术研究留滞于所到地步，一般经济亦留滞于所到地步。且学术思想与社会经济有隔绝之势，鲜相助之益，又加重其不前进。于是中国人在人生第一问题上陷盘旋状态，在人类第一期文化上成就甚浅，且无完成之望。

有学者认为，现代新儒家依然是洋务派的"中体西用"的路数。其实不然，洋务派是以中学为形上之体，西学为形下之用，而现代新儒家则是不论形上、形下，均以中国文化为本，而以西方文化为末，并将两者融通起来。严格来讲，洋务派的思想是没有哲学的，而现代新儒家的思想则是建立在严密的哲学之思

---

[1]　梁漱溟：《东西文化及其哲学》第五章。
[2]　梁漱溟：《中国文化要义》第十三章。

的基础之上的。

张君劢（1887—1969）是现代新儒家早期的另一个重要代表人物，自称其思想为"新宋学"。他于1923年在清华大学发表了著名的"人生观"演讲，引发了影响深远的"科学与玄学的论战"或者"人生观论战"。演讲中，他把西方文化的实质归结为"科学"，而把中国文化的实质归结为"人生观"，并比较如下：

第一，科学为客观的，人生观为主观的。

第二，科学为论理的方法所支配，而人生观则起于直觉。

第三，科学可以以分析方法下手，而人生观则为综合的。

第四，科学为因果律所支配，而人生观则为自由意志的。

他还认为："自孔孟以至宋元明之理学家，侧重内心生活之修养，其结果为精神文明；三百年来之欧洲，侧重以人力支配自然界，故其结果为物质文明。"其结论是："科学无论如何发达，而人生观问题之解决，决非科学所能为力。"[1]张君劢关于"人生观"的思想本身也是比较粗疏的，但他引发的那场"科玄论战"对于中国传统思想文化的现代转换确实具有特别重要的启发意义。

"五四"以后，新文化运动领袖们发生了分化，当时除了东方文化派、新儒家外，主要的思潮是马克思主义者和自由主义者。这就出现了一种"三足鼎立"的思想文化格局，并一直维持到今天。但是在这种分离对立的背后，实际上存在着一种深层的一致：中国文化，尤其是儒家文化的基因，始终在发挥着"百姓日用而不知"的作用。这种思想文化格局也在文学领域表现出来，文学的理论和创作都潜流着文化历史的回音。例如无产阶级革命家邓中夏是这样看待文学的功能的：

我们承认人们是有感情的动物。我们承认革命固是因生活压迫而不能

---

[1]　张君劢：《人生观》。

不起的经济的政治的奋斗，但是傲醒人们使他们有革命的自觉，和鼓吹人们使他们有革命的勇气，却不能不首先要激动他们的感情。激动感情的方法，或仗演说，或仗论文，然而文学却是最有效用的工具。[1]

这"激动感情"的说法，与早期儒家关于文学、诗歌功能的理解，何其相似乃尔。还有类似的观点，也是当时著名的左翼文学团体"文学研究会"的看法，例如其代表人物之一沈雁冰（茅盾）说：

> 文学不仅是供给烦闷的人们去解闷，逃避现实的人们去陶醉；文学是有激励人心的积极性的。尤其在我们这时代，我们希望能够担当唤醒民众而给他们力量的重大责任。[2]

另一个著名文学团体"创造社"也有类似的看法，例如成仿吾说：

> 我们的时代是一个弱肉强食，有强权无公理的时代，一个良心枯萎，廉耻丧尽的时代，一个竞于物利，冷酷残忍的时代，我们的社会的组织，既与这样的时代相宜，我们的教育又是虚有其表，所以文学家在这一方面的使命，不仅是重大，而且是独任的。我们要在冰冷而麻痹了的良心，吹起烘烘的炎火，招起摇摇的激震。[3]

这就是儒家那种"仁以为己任，不亦重乎"的责任感、使命感。

在后来的"革命文学"思潮中，作为"旗手"的鲁迅先生曾有一番话，使我们想起儒家的"文以载道""言须有文"的主张：

> 美国的辛克来儿说：一切文艺是宣传。……一切文艺，是宣传，只要

---

[1] 邓中夏：《贡献于新诗人之前》，原载《中国青年》第十期。
[2] 茅盾：《大转变时期何时来呢》。
[3] 成仿吾：《新文学之使命》，1923 年 5 月登载于《创造周报》第 2 号。

你一给人看。即使个人主义的作品，一写出，就有宣传的可能，除非你不作文，不开口。那么，用于革命，作为工具的一种，自然也可以的。……但我以为一切文艺固是宣传，而一切宣传却并非全是文艺，……革命之所以于口号，标语，布告，电报，教科书……之外，要用文艺者，就因为它是文艺。[1]

三、抗战以来的儒学与文学

日本的侵略和中国人民的全面抗日战争，对于中国现代历史包括中国现代思想文化历史的巨大影响，是再怎么强调也不算过分的。值得注意的是，儒学在民族主义情感高涨的背景下出现了某种复兴的迹象。冯友兰先生在《中国现代哲学史》中列举了"中国哲学现代化时代中的理学"和"中国哲学现代化时代中的心学"。前者他列举了金岳霖、冯友兰，而后者他列举了熊十力（其实还应该加上贺麟的"新心学"）。我们似乎不能简单地将这理解为他对于宋明理学的"接着讲"，而应该理解为民族精神与时代精神之精华的一种融合事态。这种事态表明儒学的现代转换已经更加细密，已形成了可称之为"现代理学"和"现代心学"的这样两大形态。

现代心学一派的熊十力（1885—1968）被奉为狭义的现代新儒家的实际开山祖师，他自称《新唯识论》是他的"归宗大易"，实际上他是用阳明心学改造了易学以及佛学。我曾有一首诗，可以说是对熊十力哲学的一个概括：

> 百年谁是出群才？唯识子真翻别裁：
> 儒释之间君自立，陆王而后我重来。
> 元亨往复何须问？大易乾坤不费猜；
> 体用圆融一源出，物心翕辟二门开。
> 安排东土千秋业，扫荡西风万里埃。

---

[1]　鲁迅：《文艺与革命》。

世道人心今不古，令吾一读一衰哉！

他的哲学要领在于"知实体非是离自心外在境界"，"真见体者，反诸内心，自他无间，征物我之同源"[1]，这就开辟了现代新儒家的"心体"论的道路。

现代心学的另一位代表是贺麟（1902—1992），他标榜"唯心论"，而人称其学说为"新心学"。其核心观点是："心物永远平行，而为实体之两面。心是主宰部分，物是工具部分。心为物之体，物为心之用。心为物的本质，物为心的表现。"[2] 他的代表作之一是《儒家思想的新开展》，可以说是现代新儒家的第一篇"宣言"：

> 儒家思想，就其为中国过去的传统思想而言，乃是自尧舜禹汤文武成康周公孔子以来最古最旧的思想；就其在现代及今后的新发展而言，就其在变迁中、发展中、改造中以适应新的精神需要与文化环境的有机体而言，也可以说是最新的思想。在儒家思想的新开展里，我们可以得到现代与古代的交融，最新与最旧的统一。根据对于中国现代的文化动向和思想趋势的观察，我敢断言，广义的新儒家思想的发展或儒家思想的新开展，就是中国现代思潮的主潮。

以上两家现代心学发源于陆王，以下两家现代理学发源于程朱。

现代理学的最大代表是冯友兰先生（1895—1990），他的"新理学"乃是对于程朱理学的"接着讲"。现代心学家贺麟对此是不以为然的："对陆王学说太乏同情，斥之为形而下学，恐亦不甚平允。且与近来调和朱、陆的趋势不相协和。他以西方新实在论的共相说，去解释朱子的'理'，……他自称他自己所谓《新理学》为'最哲学的哲学'，也没有人承认他这种吹嘘。"[3] 我不知道贺先生在写下这些话时，是否已读过冯先生业已出版的《新原人》的"境界"

---

[1]　熊十力：《新唯识论·明宗》。
[2]　贺麟：《近代唯心论简释》。
[3]　贺麟：《当代中国哲学》。

说？在谈到最高境界"天地境界"时，冯先生乃一本孟子"尽心—知性—事天"之说，我不知道这算不算一种心学的思路？冯友兰新理学的意义，正在于开辟了现代新儒学的另外一种可能的思路：逻辑—分析的思路。

现代理学的另外一种形态，是金岳霖（1895—1984）的"知识"论和"道"论。所谓"另外一种形态"其实未必，它们只是在说明"世界的逻辑构造"或"理的世界"时使用了不同的符号而已。因此，我们在此不必对它详加申论了。

现在我们来谈文学。抗战以来的儒学与抗战以来的文学之间有一种内在的关联，这似乎可以用贺麟先生《儒家思想的新开展》里的一段话来说明：

> 中国当前的时代，是一个民族复兴的时代。民族复兴不仅是争抗战的胜利，不仅是争中华民族在国际政治中的自由、独立和平等，民族复兴本质上应该是民族文化的复兴。民族文化的复兴，其主要的潮流、根本的成分就是儒家思想的复兴，儒家文化的复兴。假如儒家思想没有新的前途、新的开展，则中华民族以及民族文化也就不会有新的前途、新的开展。换言之，儒家思想的命运，是与民族的前途命运、盛衰消长同一而不可分的。

这里的"民族文化"，当然包括"民族文学"。既然民族文化的复兴根本上是"儒家文化的复兴"，那么"儒家文学的复兴"也是题中应有之义了。

关于这段时期的文学精神，我们决不能忽略的是毛泽东的两篇论著：《新民主主义论》和《在延安文艺座谈会上的讲话》。前者包括了对一般的文化问题的立场[1]，后者则是前者在文学艺术领域的体现。在《新民主主义论》一五《民族的科学的大众的文化》中，毛泽东说：

> 这种新民主主义的文化是民族的。它是反对帝国主义压迫，主张中华民族的尊严和独立的。它是我们这个民族的，带有我们民族的特性。……一切外国的东西，如同我们对于食物一样，必须经过自己的口腔咀嚼和肠

---

[1]　该文是为《中国文化》创刊而作，原题为《新民主主义的政治与新民主主义的文化》。

胃运动，送进唾液胃液肠液，把它分解成精华和糟粕两部分，然后排泄其糟粕，吸收其精华，才能对我们的身体有益，决不能生吞活剥地毫无批判地吸收。所谓"全盘西化"的主张，乃是一种错误的观点。……

中国的长期封建社会中，创造了灿烂的古代文化。清理古代文化的发展过程，剔除其封建性的糟粕，吸收其民主性的精华，是发展民族新文化提高民族自信心的必要条件；……中国现时的新文化也是从古代的旧文化发展而来的，因此，我们必须尊重自己的历史，决不能割断历史。

依毛泽东的理解，发展出"新文化"的古代"旧文化"，当然是包含着儒家文化在内的，而儒家文化也包含着"糟粕"和"精华"两方面。《在延安文艺座谈会上的讲话》进一步指出：

新文化中的新文学新艺术，自然也是这样。对于中国和外国过去时代所遗留下来的丰富的文学艺术遗产和优良的文学艺术传统，我们是要继承的，但是目的仍然是为了人民大众。对于过去时代的文艺形式，我们也并不拒绝利用，但这些旧形式到了我们手里，给了改造，加进了新内容，也就变成革命的为人民服务的东西了。……

我们必须继承一切优秀的文学艺术遗产，批判地吸收其中一切有益的东西，作为我们从此时此地的人民生活中的文学艺术原料创造作品时候的借鉴。有这个借鉴和没有这个借鉴是不同的，这里有文野之分，粗细之分，高低之分，快慢之分。所以我们决不可拒绝继承和借鉴古人和外国人，哪怕是封建阶级和资产阶级的东西。……

这里的中国"文学艺术传统"，当然包含了儒家的文学艺术传统。毛泽东的这些观点和主张，在当时确实是产生了广泛巨大的实际影响的。抗战以来的文学创作确实不仅在形式上，而且在内在精神上蕴含着儒家文化传统、儒家文学传统的因素。

例如当时出现的关于文学的"民族形式"的争论，存在着两派意见。

一派是西化派，例如胡风认为："新的文艺要求和先它存在的形式截然异质的突起的'飞跃'…… 它要求从社会基础相类似的其他民族移入其形式（以及方法）"；"以市民为盟主的中国人民大众底'五四'文学革命运动，正是市民社会突起了以后的，积累了几百年的世界进步文艺传统底一个新拓的支流。"[1]

一派是民族形式派，例如向林冰说："民族形式的创造，便不能是中国文艺运动的'外铄'的范畴，而应该以先行存在的文艺形式的自己否定为地质"；"民族形式的中心源泉，实在于中国老百姓所习见常闻的自己作风与自己气派的民间形式之中。"[2]

而周扬的看法似乎更透彻一些，他认为：

> 新文艺，是作为一个打倒少数人的贵族的文学建立多数人的平民的文学的运动而兴起的，是一直在为文艺与大众的结合的旗帜下发展起来的，她不能坐视自己与广大民众直到现在还隔膜的状态，…… 旧形式有广大社会基础，所以利用旧形式就有特别的必要，但是新文艺并不因此而放弃原来的新形式，不但不放弃而且仍要以发展新形式为主。…… 利用旧形式，就并不只是新文艺对于社会，今天说对于抗战的一种责任，而同时也正是为自己的普及与提高，也就是为自己的更大发展。[3]

这涉及如何看待新文化运动中产生的新的文学形式和中国尤其民间所固有的旧的文学形式之关系问题，民间旧文学形式更富于儒家文学形式的特征。

---

[1]　胡风：《论民族形式问题》。
[2]　向林冰：《论"民族形式"的中心源泉》。
[3]　周扬：《对旧形式利用在文学上的一个看法》。

第三节　儒学与当代文学

一、中国的儒学与文学

自 1949 年以来，儒学在中国大陆上的命运几经反复，而主要的态势似乎是每况愈下。大致可以分为三个阶段："文革"前，儒学大约是一种只能在研究所里摆弄、在博物馆里陈列的古董；"文革"当中，儒学被"踏上一只脚，叫它永世不得翻身"；"文革"后，儒学的遭遇竟为复杂一些。有的人继续对它口诛笔伐，视之为导致了中国之愚昧落后的罪魁祸首；而有的人则对它又爱又怕，心态颇为矛盾；还有的人却对它敬奉有加，试图"重建儒家传统"。这后一种人，主要就是当代新儒家学者。而在这最后的阶段里，我们似乎确也可以读出几许儒学复兴的意味。这个问题过于复杂敏感，我们姑且放到一边；现在我们着重观察一下：儒学究竟对于当代中国文学有无实际的影响？

表面看来，自从中华人民共和国成立以来，儒学对于文学的影响力，似乎不断地趋向"无穷小"。确实，再也没有人会自称其文学是受到儒学影响的了；相反，人们似乎是越来越乐于、急于"划清界线"，表明自己的创作与传统"封建文化"无关。到了"文革"时，这种情形达到了极致。但实际上人们似乎总是摆脱不掉儒学的"幽灵"，一个最典型的例子是在"批林批孔"运动中双方心态的表现：不论反对还是拥护他的，都把作为总理的周恩来视为现代的"周公"，这实在是耐人寻味的现象。到了 1976 年，在天安门广场悼念周总理的自发群众运动中，中国大陆出现了一次罕见的"诗潮"，这些诗歌后来被编为《天安门诗抄》，流传甚广。其中大量的新诗、古典诗词，不仅渗透着儒学的精神，而且充满着传统儒学的话语。

再接下来的情景更是人们记忆犹新的，那就是自 1978 年改革开放以来"新时期"，尤其是 20 世纪 80 年代中的思想文化斗争状况：一方面是资产阶级自由化思潮的泛起，另外一方面则是"传统文化热"的兴起。总之，"五四"后期的景况再次出现。这一切在思想界、文学界都充分地表现出来。在 80 年代末，资产阶级自由化思潮沉寂了，"国学热""寻根热"却进一步升温。与此同时，港台新儒家的思想、哲学、文化观念也被引进，可以说掀起了一股"新儒家热"。

二、中国港台地区及海外的儒学与文学

当初，现代新儒家学者们移居港台地区以后，一直处于一种"边缘话语"的境地，只能在一个一个很小的圈子里师徒授受，所以他们曾经自叹"儒门淡泊，收拾不住""花果飘零"。港台地区学术界、文化界的西化程度甚深，西化派似乎占据着主导地位，中国文化本位派似乎显得颇为无奈。且以哲学来说，其主流是西方哲学影响笼罩之下的所谓"士林哲学"，包括儒学传统在内的中国哲学传统并不受到重视。

但当代新儒学，却又仿佛一夜之间变成了一门"显学"。这确实是很富于戏剧性的，却蕴含着某种"历史必然性"：港台地区的这种转变，似乎是与大陆的情形同步的，甚至还有某种国际的文化思潮背景，这就值得我们深思了。毕竟何以故？我这里不敢妄自置评。

然而在当代海外华人文化中，不论在显性文化中的境遇如何，儒学在隐性文化中始终保持着作为华人社会的文化基因、精神血脉的实际地位，这在海外华人文学中亦然。中国文化、儒家文化不仅渗透在民风民俗中，而且渗透在大量的通俗文学甚至高雅文学的作品中。别的且不说，我们只消看看流行的武侠小说就够了。我个人对武侠小说不感兴趣，原因之一在于，它们既传递着中国传统文化的精华，也夹杂着中国传统文化的糟粕。不过，无论如何，这是中国文化传统并未断绝的一个文学象征。

三、儒学与文学的未来展望

作为这本书的结束语，这又是个艰难的题目。我们不是算命先生，怎能强不知以为知，信口开河？不过，虽然我们不敢有什么"科学预测"，但似乎也

是可以根据过去、现在的情况，而对未来作些模糊的估计的。

　　事实上，今天有志于"儒学"者可分为三类：一类是学术的儒学，仅仅是把儒学作为一门"学问"来做。其中做得好些的或许可以"历史地"认识儒学；等而下之者则把儒学弄成了"稻粱谋"的工具。另外一类是意识形态的儒学，试图恢复儒学作为社会主导意识形态、"官方哲学"的崇高地位，儒学不仅是他们的文化信念，而且是他们的政治信念。这是两个极端，显然都是很不可取的；尤其是后者，可以说是"逆历史潮流而动"。

　　但是还有一类做法，我以为是可取的：儒学既非所谓的"纯粹学术"或者"学问"，亦非政治的或者意识形态的工具，而是真正的哲学。请注意我所说的"哲学"，它不是"哲学史"，而是哲学本身。这并不是说它既不问历史，也不问现实，而是说它即便在观察历史和现实之时，也是对历史（包括对哲学史）作哲学之思、对现实作哲学之思。在我看来，这是对儒学进行"现代转换"乃至"后现代转换"，以求"儒家思想新开展"的最好的方式。它是形而上的，不是政治学、考据学，更非技术的、制度的；然而它又有其形而下的维度，即能通过逻辑的、伦理的、审美的层面而"下达"至现实问题。

　　这样做法的儒学通过审美的层面，就必然对文学有所影响。但是这种影响不是表面文章的、形式的，而是内在的、精神实质方面的。儒学的未来发展及其对于文学的影响，所需要的绝不是那种细枝末节的东西，而是精神实质。这就是我对于未来的儒学和文学的希望，也是我对此所持有的一种信念。

主要参考书目[1]

刘军宁.北大传统与近代中国［M］.北京：中国人事出版社，1998.

黄德昌，冯军，黄玉顺，等.中国之自由精神［M］.成都：四川人民出版社，2000.

朱良志.中国艺术的生命精神［M］.合肥：安徽教育出版社，1995.

朱东润.中国历代文学作品选［M］.上海：上海古籍出版社，1980.

中国科学院文学研究所中国文学史编写组.中国文学史［M］.北京：人民文学出版社，1962.

复旦大学中文系古典文学教研组.中国文学批评史［M］.上海：上海古籍出版社，1981.

敏泽.中国文学理论批评史［M］.长春：吉林教育出版社，1993.

蒙培元.中国心性论［M］.台北：学生书局，1990.

郭绍虞.中国古代文论选［M］.上海：上海古籍出版社，1979.

成复旺.中国古代的人学与美学［M］.北京：中国人民大学出版社，1992.

《复旦学报》编辑部.中国古代美学史研究［M］.上海：复旦大学出版社，1983.

郭绍虞，罗根泽.中国近代文论选［M］.北京：人民文学出版社，1959.

刘若愚.中国的文学理论［M］.成都：四川人民出版社，1987.

严耀中.中国宗教与生存哲学［M］.上海：学林出版社，1991.

蒙培元.中国哲学主体思维［M］.北京：人民出版社，1993.

---

[1]　本书目只收入了本书所参考引用的已经正式出版的图书著作（不含古籍），所引用的单篇报刊文章随文注出。

汤一介，杜维明.中国哲学百年经典［M］.深圳：海天出版社，1998.

刘绶松.中国新文学史初稿［M］.北京：人民文学出版社，1979.

王瑶.中国新文学史稿［M］.上海：新文艺出版社，1954.

谢祥皓，刘宗贤.中国儒学［M］.成都：四川人民出版社，1998.

赵吉惠，郭厚安，潘策.中国儒学史［M］.郑州：中州古籍出版社，1991.

北京大学中国文学史教研室.先秦文学史参考资料［M］.北京：中华书局，1962.

施昌东.先秦诸子美学思想述评［M］.北京：中华书局，1979.

杨伯峻.论语译注［M］.北京：中华书局，1980.

北京大学中国文学史教研室.两汉文学史参考资料［M］.北京：中华书局，1962.

郭湛波.近五十年中国思想史［M］.济南：山东人民出版社，1997.

黄玉顺.易经古歌考释［M］.成都：巴蜀书社，1995.

陈平原.学人［M］.南京：江苏文艺出版社，1993.

杨伯峻.孟子译注［M］.北京：中华书局，1960.

张君劢，丁文江.科学与人生观［M］.济南：山东人民出版社，1997.

李泽厚.美的历程［M］.北京：文物出版社，1981.

钱志熙.唐前生命观和文学生命主题［M］.北京：东方出版社，1997.

韩经太.理学文化与文学思潮［M］.北京：中华书局，1997.

姜广辉.理学与中国文化［M］.上海：上海人民出版社，1994.

梁启超.清代学术概论［M］.上海：上海古籍出版社，1998.

宋仲福，赵吉惠，裴大洋.儒学在现代中国［M］.郑州：中州古籍出版社，1991.

北京大学中国文学史教研室.魏晋南北朝文学史参考资料［M］.北京：中华书局，1962.

后 记

这本书稿写成于 2001 年 6 月，原属于我的导师蒙培元先生主编的一套丛书《儒学与中国文化》，是中国社会科学院的重点课题，但因丛书其他作者拖延爽约之故，未能出版。

我过去曾专治中国文学，而同时又酷爱哲学、颇好儒学；而后专修中国哲学、主攻儒学，却未能忘怀于文学。所以，当蒙先生以此书的写作任务交代于我时，我欣然接受，甚至颇有"正中下怀"之感。这是因为：我自认对于中国文学还算是略知一二，而后来的研究方向是儒学，此二者之结合，正相应于这个题目。孰料后来诸事缠身，临笔仓促，但好歹把它写出来了，至于及格与否，读者自有明察。

此书原题为《儒学与中国文学》，现在改名为《儒家文学史纲》。不过，书中叙述的内容未做任何改动，以保存我当时认识水平的原貌。我的理解是："儒家文学"是"儒学"的一个方面，而且显然是非常重要的一个方面。然而如今研究儒学的人，通常重视儒家哲学、儒家思想，但基本上都忽略了儒家文学。这不能不说是一种缺憾。我这本书，算是在这方面"拾遗补缺"的一种努力吧。

黄玉顺

2019 年 3 月